21 SHIJI CHENGREN GAODENGJIAOYU CAIJINGLEI XILIE JIAOCAI

21世纪成人高等教育财经类系列教材

管理学原理

GUANLIXUE YUANLI

主　编：张丽莲
杨　倩
副主编：李亚军
编　者：张丽莲
杨　倩
林倩敏
李亚军
杨志宁
邓洁华

U0955610

图书在版编目(CIP)数据

管理学原理/张丽莲,杨倩主编．—成都:西南财经大学出版社,
2013.2(2020.8 重印)
ISBN 978-7-5504-0962-0

Ⅰ.①管…　Ⅱ.①张…②杨…　Ⅲ.①管理学—成人高等教育—教材　Ⅳ.①C93

中国版本图书馆 CIP 数据核字(2013)第 004261 号

管理学原理

主　编:张丽莲　杨　倩

责任编辑:汪涌波
助理编辑:江　石
封面设计:大　涛
责任印制:朱曼丽

出版发行	西南财经大学出版社(四川省成都市光华村街 55 号)
网　　址	http://www.bookcj.com
电子邮件	bookcj@foxmail.com
邮政编码	610074
电　　话	028-87353785
照　　排	四川胜翔数码印务设计有限公司
印　　刷	郫县犀浦印刷厂
成品尺寸	185mm×260mm
印　　张	18
字　　数	410 千字
版　　次	2013 年 2 月第 1 版
印　　次	2020 年 8 月第 4 次印刷
印　　数	11001—13000 册
书　　号	ISBN 978-7-5504-0962-0
定　　价	35.60 元

21世纪成人高等教育财经系列教材简介

随着成人高等教育事业的蓬勃发展，成人高等教育教材存在可选版本较少和内容陈旧等问题。虽不少学校借用普通高校教材，但所借用的教材通常难度较高并脱离成人教育实际情况。

为解决这些问题，广东省普通高等学校成人高等教育研究会在总结广东省各普通高校成人教育教学、实践经验的基础上，组织有关高校专家编写本系列教材。本系列教材根据成人高等教育学生的实际入学基础编写，重点突出成人、业余、实用的特点，以求达到理论与实践相结合、学习内容和形式与成人学习者相符合的目的。

本系列教材实行主编负责制，由西南财经大学出版社于2011年11月起陆续出版。

本系列教材编审委员会成员：

顾　问：谭泽中　李少白

主　任：曾荣青

副主任（按姓氏笔画排列）：

丁邦友　尹北晖　代永华　孙树民　何勇斌　张建伟
林　兰　段雄春　谢光汉　廖仕湖　熊　静

委　员（按姓氏笔画排列）：

王康华　申玉杰　龙大宏　刘幸东　汤耀新　许松荣
吴　养　李卫安　李旭旦　陈　军　姜新发　胡生泳
胡克章　钟良珍　党丽娟　索庆华　黄水清　黄世扬
谢培豪　雷　丹

总策划：广东省普通高等学校成人高等教育研究会

总序

他们或许是一群走上社会后还需要更新知识和提升技能的人，他们或许是一群由于种种原因没能接受普通高等教育的人，对他们而言，时间始终是一个极为坚硬的约束，但对知识的渴求和现实的压力使得他们义无反顾地选择了成人高等教育这一学习形式，以期实现自己的理想。

成人高等教育既是高等教育的重要组成部分，又是终生教育体系的重点发展方向。就培养目标而言，成人高等教育旨在培养具有专业知识和专业技能的应用型人才，以满足知识经济时代人才的需求特征。基于此，成人高等教育的教学内容就应当能及时反映当代科技与经济发展水平，及时吸收经济与科技发展中创造出的新成果，并充分体现“学”和“用”的紧密结合。

为了解决成人高等教育教材“普教化”以及成教学生“工”与“学”的矛盾，由广东省普通高校成人高等教育专业委员会牵头，组织省内重点高校共同编写出版的“21世纪成人高等教育财经类系列教材”面世。该套教材共16种，其中6种本科用教材：《中级财务会计》《成本会计》《管理会计》《会计电算化》《管理学原理》《中国税制》，6种专科用教材：《会计学原理》《财务管理学》《审计学基础》《管理学原理》《市场营销学》《财政与金融》，4种本科专科通用教材：《宏观经济学》《微观经济学》《统计学原理》《人力资源管理》。我们将分批推出这套系列教材。

我们奉行的理念是：集众多成人教育教材之精华，融几十位相关专业教师之经验，呈特色精品于学生。在充分顾及成人高等教育的教学规律和教育对象特点的基础上，本着“实用为主，够用为度”以及注重理论联系实际的总原则，博采众长地形成了具有明显成人高等教育特色的系列教材。该套教材总体特色体现在以下六个方面：

第一，内容简明。教材充分考虑到成人教育的特点，内容以涵盖本学科的主要知识为度，对围绕主要内容的扩展性知识点到为止。略去了复杂的推理、演绎和论证过程，以突出重点。

第二，体例新颖。教材各章正文前以“学习目标”和“引导案例”作为本章的学习提示，引领学生以探究、思考和追踪的方式学习相关知识。章前“学习目标”与章后“本章小结”相互辉映，便于学生加深对本章重要知识点的印象。章后的思考题、练习题和案例分析题有利于学生通过思考和探讨，提高对理论和业务原理的认知程度，培养学生的分析能力、决策能力和创新能力。

第三，彰显实用。教材内容突出实践中普遍应用的原理和方法，除个别教材受内容限制外，大部分教材各章、各节内容中辅之以鲜活实用的“小案例”和“小链接”，在阐述理论知识的同时，引发学生对现实问题的思考和探究，并有助于“教”与“学”的互动。

第四，体现前沿。教材充分体现了各专业和各学科的国内外最新研究成果和研究动向，同时修订了以往教材中已经陈旧过时的内容，以期实现与经济发展和科学研究同步，其中的会计系列教材更是体现了近年来我国会计改革与国际趋同的理念。

第五，系统完整。在该套教材的编写过程中，我们更加重视各门课程之间的内在联系以及同一门课程内容的前后关联，以期更好地帮助学生把握相关专业知识的系统性和整体性，避免局部知识之间相互隔离与割裂。与此同时，系列教材还有意识地避免了某些知识点在多门课程中重复出现。

第六，生动立体。以成教学生为主体，教材尽可能用通俗的、简明的、生动的语言，将原本复杂难懂的理论表达出来。通过大量的图表呈现庞杂的流程和钩稽关系，使学生可以轻松地理清其中的原理和相互关系。此外，该套教材在架构上注意预留进一步编写制作电子课件、电子题库和网络测试题等其他辅助学习工具的空间，我们将进一步完善和补充成教学生需要的学习工具。

鉴于本系列教材的特点，它不仅适合成人高等教育，如脱产、业余及函授三种形式的教学使用，亦可作为各专科院校、各类型专业培训机构的教材，同时也适合广大财经从业人员作为学习参考用书。

受编者水平和经验所限，加之编写时间仓促，本系列教材不足之处在所难免，我们真诚地希望广大读者提出宝贵意见和建议，以使之日臻完善。

本次出版发行的系列教材是一个起点而不是终点，我们将伴随着经济发展的步伐，以“如切如磋，如琢如磨”的精神不断修订和完善这一阶段性成果。

总主编　周传丽

2011 年 9 月

前 言

管理是社会化劳动的必然产物，凡是有活动的组织都需要管理。管理学是一门研究管理活动及其规律的学科，也是理论性和实践性有机结合的实用性很强的科学。学习管理学理论知识和方法，无论对政府机关还是对企业的各级管理人员以及从业人员来说，都具有重要的现实意义。“管理学原理”是管理科学的一门基础课程。

成人高等教育是我国终生教育体系的重要构成部分，是实施人才强国战略的基础，在我国学习型社会的构建中具有重要的地位。成人高等教育教材必须遵循成人高等教育的教学特点和规律，实现培养目标人性化、学习形式多元化、课程模块实用化，使教学内容具有针对性和应用性，既符合就业岗位的需求，又符合学生能力的多维特征，尽可能满足学生自主学习的要求。

本书系广东省普通高校成人教育研究会专门为解决成人教育教材“普教化”和成教学生“工”与“学”的突出矛盾，以“提高成人高等教育教材质量”为总目标而组织编写出版的“21 世纪成人高等教育财经类系列教材”之一。本书的编写以“遵循成人高等教育规律，适合成人学习需要”为前提，切实贯彻“实用为主，够用为度”和“创新体例，学用一体”两大原则。教材内容设计上力求“实用为主”，使其更贴近管理一线岗位的需要；难度上以“够用为度”，淡化理论灌输，突出实践，使学生达到所学即所用的目的。本教材借鉴国内外成人教育和管理科学的最新研究成果，创新编写体例，充分体现“做中学”的教育理念，实现理论与实践的融合、教学与评价的融合、学校与社会的融合，开创“学用一体”教学新范式。

编写组成员经过深入研究，博采众家之长，结合多年的教学实践经验，完成了本教材的编写。总结起来，本书具有以下五大特色：

一、内容简明，体现前沿，突出实用

根据“实用为主，够用为度”的原则，简明扼要地介绍管理的基本概念、原理和方法，在理论“够用”的基础上，辅以大量鲜活实用的管理百科知识，引发实践思考，以促使学生更好更快地领悟、理解、掌握乃至运用管理知识。

二、贴近现实，强调实践，突出学用一体

根据成人高等教育培养应用型人才的目标和“工学结合”的教育要求，本教材各单元先明确本单元预期达到的学习目标，以便学生在学习时有的放矢。各单元开篇设“引导案例”，以简明的案例提示学生本章学习的焦点问题，引导学生进行理论与实践的讨论分析。各单元中间为每一小节设计“管理现场”模块，通过生动的管理情景呈现管理一线中常见的问题，供学生课堂分析讨论。各单元结尾设“管理工作坊”，针对本章内容设置思考问题和实践项目。这样，通过章前、章中、章后丰富多样的练习，使学生能通过本章所学的管理知识来解决管理实践中的问题，做到“学用一体”。

三、体例新颖，图文并茂，突出简易

本书采用自学式教材的编写模式，以学生为主体，使用简明的语言，将教学活动纳入学习材料的编写当中，形式活泼、实用。全书辅以丰富图例，将原本复杂难懂的管理理论通过图表呈现出来，使学生即使通过自学的方式，也能轻松理清其中的条理，理解本书所讲的管理知识。另外，章节中添加了“管理百科”模块，以丰富教材内容，增加学习趣味性。

四、教材立体化，方便使用，突出互动

本教材同时配套推出丰富的电子资源，包括教学大纲、教学进度范例、电子教案、电子课件、习题参考答案、评价标准及方法等，让老师能够“拿来即用”。同时，教材的编写突出“互动化”，具体体现在“教师与学生的互动、课上与课下的互动、学校与社会的互动、学生与网络的互动、学生与学生的互动”。这些互动可以增加教学的趣味性，提高学生的参与度，从而全面提高教学的效率。

五、评价多元化，全面客观，保障学习效果

以国内外多元化评价的研究理论为指导，结合中国成人高等教育的实际，本教材的编写充分体现“评价体系的多元化”，每一章节都有明确的评估目标、不同作业形式的评价标准，能够体现评价内容、形式、方法、主体、时段的多元化，以实现对学生职业能力和素质的全面、客观的评价。

总之，本教材集众家之长，独辟蹊径，内容全面，结构新颖，有很强的实用性和可操作性。它既是一本时代特色鲜明的应用性成人高等教育教材，适合成人大学、大专、函授、现代远程教育和自学考试教学使用，又可作为各专科院校、各类型专业培训机构的管理学教材，同时也是经济管理领域各类型经营管理人员的必备入门读物。

本教材在编写过程中参考了大量的国内外书籍，在此谨对原作者表示真诚的感谢。本教材由张丽莲主编，杨倩、李亚军任副主编；张丽莲、杨倩、李亚军、林倩敏、邓洁华、杨志宁参与编写。其中第一、二、九、十章及附录由张丽莲编写，第三章由李亚军编写，第四章由杨志宁编写，第五章由邓洁华编写，第六、七、八章由杨倩编写，第十一、十二章由林倩敏编写。全书由张丽莲负责统稿和审核，周传丽教授对本书进行最后审定。

由于编者水平和经验所限，书中错误和缺点在所难免，欢迎广大读者批评指正。

编者

2012年8月于深圳西丽湖畔

教材使用说明

本教材共12章，分别为：管理学导论、管理思想、计划、决策、组织、组织文化、人员配备、领导、激励、沟通、控制和创新。这些章节基本涵盖了管理的各个环节，为管理实践提供了科学、系统的理论基础知识。各章以“引导案例”和“管理百科”为媒介，让学生拓宽管理视界；以“管理现场”和“管理工作坊”为平台，为学生创造最接近实际的管理情景；以“学习档案”和“评价标准”为导向，促进学生自主学习，为培养学生的管理实践能力创造条件。

《管理学原理》每个单元的编排体例基本一致，具体说明如下：

1．学习目标

学习目标包括知识学习目标和能力实训目标。在每章开头明确列出，有利于教师和学生了解学习本单元后应该掌握的知识、技能和能力目标。

2．内容结构图

把本章内容以结构图方式呈现出来，使本章主要内容与层次脉络一目了然。

3．引导案例

每章伊始均设置一个与单元主题相关的典型案例。通过案例分析将主题引出，激发学生对相关主题的兴趣，引导学生把章节重点由感性认识提升到理性认识。

4．基础知识

科学系统地介绍管理学的基本概念、基本原理和方法，给学生打下基本的理论基础，使其掌握管理的一般原则、过程、步骤、方法和技巧。

5．管理百科

章节正文的“管理百科”模块添加各种相关的管理知识和鲜活实用的小链接，以丰富章节内容，增加趣味性，激发学生学习兴趣，更轻松地掌握相关理论。

6．管理现场

单元中每小节结束都精心设计了“管理现场”模块，通过生动的管理情景呈现管理一线中常见的问题，供学生课堂分析讨论，以操练本小节所学的管理知识与技能。

7．精要回顾

本部分将总结介绍单元主题学习必备的专业术语和理论精要，旨在帮助学生在较短的时间内熟悉和掌握管理基本理论知识，提高学生学习的效率和效能。

8．重点概念

本部分列出本章涉及的重要概念，以帮助学生掌握本章的重要知识点。

9. 管理工作坊

针对每个单元的学习目标，“管理工作坊”设置多个动脑思考题和动手操作项目。思考题使学生回顾思考本章关键内容；操作题使学生能在真实或仿真的工作场景中开展针对性的任务操练，进行调研、分析、演示、报告等活动，突出对学生的社会一线管理能力的培养。

10. 学习档案

为了实现对学生学习的多元评价，设立了学生“学习档案”。其主要内容包括：学习目标和要求、详细的考评标准、学习与调研证据（包括自学、“管理现场”以及“管理工作坊”各环节产生的报告、论文、图片、图表、复印件、录像等资料）的累积、教师对学习过程的指导意见与反馈信息。

编者

2012 年 10 月于深圳西丽湖畔

目 录

1 管理学导论

学习目标

通过本章的学习，要求：

1. 理解管理的含义、特征与要素；
2. 掌握管理的基本职能；
3. 认识并能分析解释管理者的基本类型、素质和技能；
4. 掌握管理的基本原理并了解其基本原则；
5. 能对管理案例进行恰当的分析。

内容结构图

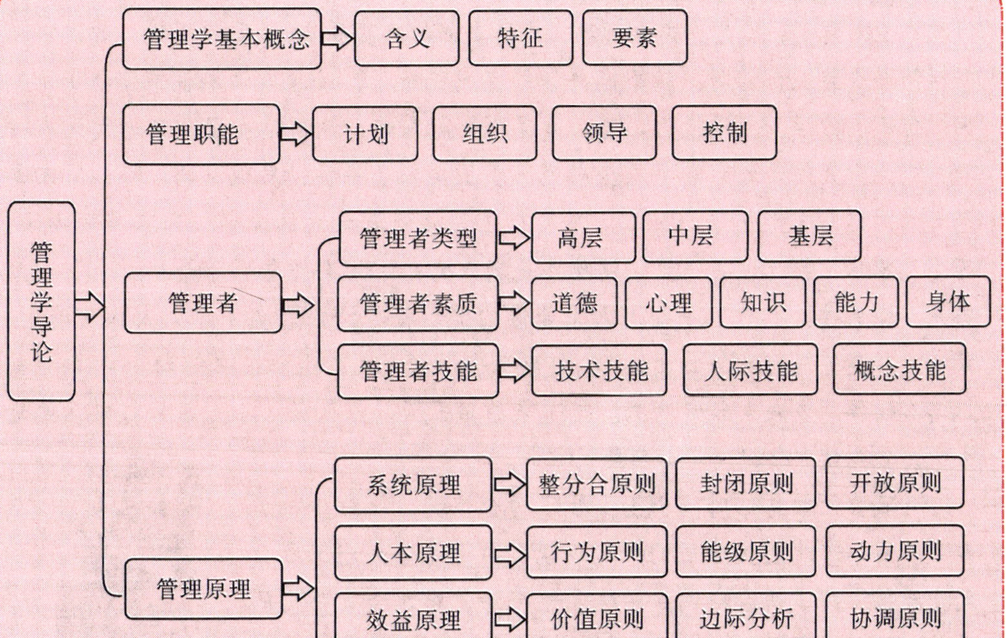

引导案例

海尔的特色服务

1998年在中国内地发生过这样一件事情：一天，一位留美博士给海尔大连工贸公司打电话提出了一个要求。他说他母亲是一位孤寡老人，当时天气很热，他希望海尔公司帮他母亲安装空调。另外，由于老太太好忘事不识字，他希望海尔公司能提供特色服务，帮助老太太学会使用空调。海尔大连工贸公司的张经理接了这个单，在对方把钱汇到工贸公司后，安排小王来完成这项工作。

小王是位出色的技术员，他严格按照海尔非常个性化的服务流程完成了这项工作。例如，敲门要敲四声、见面第一句话、铺地毯等，所有步骤都显示出干净、利落的个性。在离开之前，小王耐心地教会了老太太使用空调，整个过程使老太太非常满意。可是，第二天小王刚上班，老太太就打来了电话，说空调坏了，要求小王过去看看。这时候小王着急了，心想：怎么回事？维修来回的路费要70多元钱不说，耽误一上午时间会少装一台空调，就不能按计划完成任务了，一台空调利润有1 000元钱啊。但不去的话，会被投诉。怎么办呢？权衡利弊，他还是去了。到老太太家一看，老太太大热天还穿着毛衣坐着呢。小王检查了一番，发现空调没坏，原来是老太太忘记怎么操作了。第三天早晨小王又接到老太太的电话，说空调又坏了。等小王急急忙忙赶过去一看，发现还是老太太忘了怎么操作。于是小王想了一个办法，在遥控器上画了一些老太太能懂的提示符号，并教会了老太太如何使用。第四天早晨他提前半个小时上班，打电话告诉老太太，他会在中午11点打电话教她怎么操作。老太太非常高兴。接下来的第五天、第六天，小王每天打电话给老太太，直到她完全记住了如何使用空调。

月底公司做总结时，小王少装了两台空调，业绩排在了最后。海尔东北经贸公司的严经理说，由于海尔大连工贸公司市场部少装了两台空调，影响了整个海尔东北经贸公司的总体业绩，根据规定扣除了海尔大连工贸公司200元奖金。

但这件事的最终处理结果是：张经理奖励了小王200元钱，同时自己承担了200元钱的惩罚。

案例讨论

1. 你认为在这个案例中小王的做法有无不妥？为什么？

2. 请分别评价作为管理者的严经理与张经理对事情的处理方法。如果你是他们，你会如何处理？为什么？

1.1 管理学基本概念

1.1.1 什么是管理

自从人类有了群体活动，便出现了管理，它存在于人类生活与社会发展的方方面面。可以说管理随着人类社会的诞生而产生，随着人类社会的发展而发展，人们对管理的研究和探索也一直持续到今天。但是对于什么是管理，至今仍未有一个统一的认识。不同的研究者在不同的时代，站在不同的角度对管理进行诠释。表1－1列举了具有代表性的管理定义：

表1－1　管理的不同定义

研究者	研究者身份	管理的定义
玛丽·P. 福莱特（Mary P. Follett）	“管理学先知”、“管理理论之母”	管理是通过其他人来完成工作的艺术。
弗雷德里克·W. 泰罗（Federick W. Tailor）	“科学管理之父”	管理就是确切地知道你要别人去干什么，并使他用最好的方法去干。
亨利·法约尔（Henri Fayol）	法国古典管理学家	管理就是计划、组织、指挥、协调和控制。
赫伯特·西蒙（Herbert Simon）	美国管理学家、诺贝尔奖得主	管理就是决策。
哈罗德·孔茨（Harold Koontz）	当代管理过程学派代表	管理就是设计和保持一种良好的环境，使人在群体里高效率地完成既定目标的过程。
乔治·E. 梅奥（George Elton Meyao）	行为科学学派创始人（人际关系学说）	管理就是做人的工作，它的主要内容是以研究人的心理、生理、社会环境影响为中心，激励职工的行为动机，调动人的积极性。
斯蒂芬·P. 罗宾斯（Stephen P. Robbins）	组织行为学、管理学大师	管理是指同别人一起或通过别人使活动完成得更有效的过程。
彼得·德鲁克（P. Druck）	美国管理大师	管理包括五项基本活动：确定目标、组织实施、考核结果、激励与沟通、培训人才。

可见，对于管理概念的各种定义，反映了人们对管理的理解各有侧重。我们综合了这些概念，将管理定义为：

管理是在特定环境条件下，管理者对组织所拥有的资源进行有效的计划、组织、领导和控制，以实现一定目标的活动过程。

这一定义包含了以下几层含义：

（1）管理是什么？管理是个活动过程，即管理者为了实现一定目标，运用计划、组织、领导、控制等职能来对各种管理要素资源进行优化配置的过程（如图 1.1 所示）。

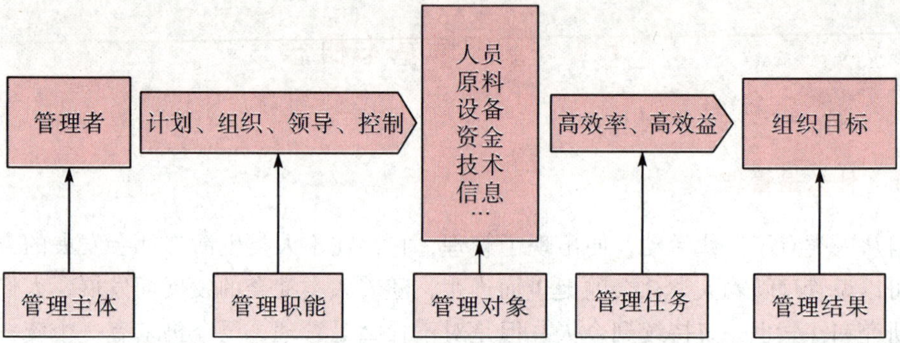

图 1.1　管理含义示意图

（2）由谁来管理？管理的主体是管理者。

（3）管理什么？管理的对象是组织所拥有的资源，包括人、财、物、技术、信息等。

（4）为何而管？管理是为了实现一定的组织目标。所以管理工作不但要追求高效率，也要考虑效益的最大化，即达到效率与效益的统一。

（5）通过什么来管理？管理的载体是组织，即管理不能脱离组织存在；同样，组织中必定存在管理。

（6）在什么情况下管？管理活动是在一定的组织环境制约下进行的；同时，组织通过管理活动来改变环境。

1.1.2　管理的特征

（1）管理的二重性

二重性是管理的根本属性，它是指管理同时具有自然属性和社会属性。前者指的是管理同生产力和社会化大生产相联系，它的水平由生产力发展水平和劳动的社会化程度决定；后者指的是管理体现阶级的意志，是为阶级利益服务的，因此与生产关系和社会制度相联系。

掌握管理的二重性能够更好地区分管理的共性与个性，有助于我们全面而深刻地理解管理的性质、特点、职能、作用和规律，有利于我们学习和借鉴发达国家的先进管理技术，以提高我国的管理科学和管理水平。

管理百科

管理具有二重性，是马克思在19世纪末首先提出来的。马克思指出：“一方面，凡是有许多人进行协作的劳动，过程的联系和统一都必然要表现在一个指挥的意志上，表现在各种与局部劳动无关而与工场全部活动有关的职能上，就像一个乐队要有一个指挥一样。这是一种生产劳动，是每一种结合的生产方式中必须进行的劳动。”

“另一方面……完全撇开商业部门不说……凡是建立在作为直接生产劳动者和生产资料所有者之间的对立上的生产方式中，都必然会产生这种监督劳动。这种对立越严重，这种监督劳动所起的作用也就越大。”①

后来，列宁结合社会主义经济管理的实际，进一步发展了马克思的这一理论，并用这种科学的理论指导当时俄国经济管理的实践。

（2）管理的目的性

任何组织的管理活动都是围绕着目标展开的，离开了目标，管理活动便失去了意义。所以，组织的目标是任何一个组织的出发点和归宿点，是组织活动的导向，也是评价管理活动的基本依据。因此，管理工作要服从组织目标。

（3）管理的组织性

管理的“载体”是组织，而组织是指由两个或两个以上的人组成的，为一定目标而进行协作活动的集体，所以人是管理的首要因素，人与组织的问题是管理的基本问题。因此，要提高组织的运行效率，就必须从组织的构成要素出发，明确人员的岗位、职责、权利以及相互间的关系，建立合理的激励和约束机制。

（4）管理的人本性

“人”既是管理的主体又是管理的客体，是管理的重要对象和组织最重要的资源。在管理当中，人是决定性的因素。所以在管理过程中要以人为根本，理解人、尊重人、调动人的积极性，处理好各种人际关系。只有这样，才能协调好管理中的其他要素，实现高水平的管理。

（5）管理的科学性

管理的科学性是指管理工作有其内在的客观规律，它已形成一门科学，以反映客观规律的管理理论和方法为指导，有一套分析问题和解决问题的科学的方法论。这些系统的原理、原则和方法论经过长期的管理实践的检验，已构成了管理科学的基本框架，反过来对管理实践起到重要的指导意义。

（6）管理的艺术性

管理的艺术性就是强调其实践性。也就是说，由于管理所涉及的变量是极其复杂

---

① 资本论：第3卷［M］//马克思恩格斯全集：第25卷. 北京：人民出版社，1973：431.

的，成功的管理工作不能“纸上谈兵”，管理人员不能生搬硬套管理原则与原理，而必须在管理实践中发挥积极性、主动性和创造性，灵活地将管理知识与具体管理活动相结合，才能进行有效的管理。

1.1.3 管理的要素

不同的研究者对管理要素的描述不尽相同，但至少包含人、资金、物资、信息和时间五个要素（如图1.2所示）。

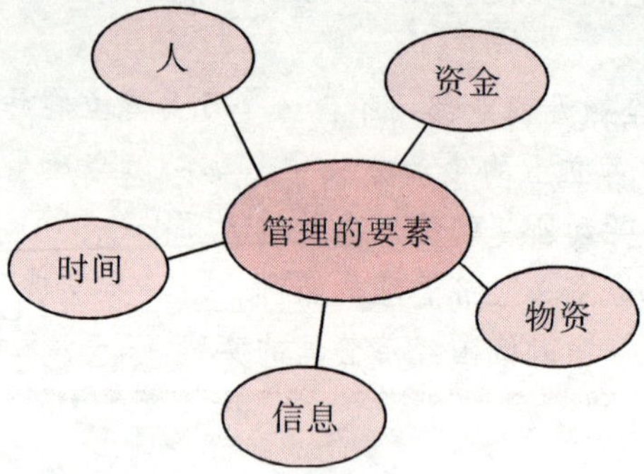

图1.2 管理的基本要素

人是管理的第一要素，其他要素的价值都要通过人的价值的实现来完成。对于作为主体的人和作为客体的人，管理研究的侧重点是不同的。关于管理的主体，管理要研究的是人的知识、能力、权力、效率和行为方式；关于管理的客体，管理要研究的是人的个性、能动性和与管理主体的相关性。

资金作为组织的一种资源，是每一个组织都需要的基础性资源。一方面，组织的所有活动都有赖于资金资源的支持；另一方面，组织的许多资源最终都需要通过货币来衡量和计算。因此需要对组织资金的筹集、投放以及循环过程加以有效的管理，以做到生财有道、用财有方。

物资是开展组织活动的基础条件，任何组织都离不开一定的物质资源。虽然对于不同的组织，其物资的构成可以有很大的不同，但是物资管理对于保证组织的物资供应、加快资金周转、提高物资利用率、提高组织经济效益等都有重要的意义。

信息是开展管理活动的前提。管理者对组织的有效控制，依赖于组织内外的各种信息，换言之，一切有效的管理都离不开信息管理。信息管理是指在整个管理过程中，人们收集、加工、传输和储存信息的过程。信息的及时性和准确性非常重要，为了让管理者能及时掌握准确可靠的信息，必须建立一个功能齐全的信息管理系统以及一套行之有效的信息管理制度。

时间的特征是供给无弹性、无法储存、无法取代、无法失而复得的。时间的分配和使用影响工作的效率。时间管理主要是研究如何减少时间浪费、提高时间利用率，以便有效地完成既定目标。

管理现场 1.1

家庭生活与管理

请列举你家庭生活中一天的事务并进行说明：

1. 你的家庭生活需要管理吗？需要管理些什么？
2. 你的管理成效如何？有没有更好的管理办法？
3. 通过本章节的学习，对你的家庭管理有何启示？

1.2 管理职能

管理职能是对管理职责与功能的简要概括。关于管理职能的划分，不同学派的管理学者提出了不同的划分。法国管理学家法约尔最早提出管理职能，包括计划、组织、指挥、协调和控制。美国著名的管理学家孔茨则认为管理的职能是计划、组织、人事、领导和控制。后来还有人把激励、沟通、决策、创新等纳入其中。这些划分既有区别又有联系，在本书中我们将对其中一些重要的管理职能另立章节，并分别作出具体的阐述。在这里我们只简单介绍计划、组织、领导和控制这四项最基本的管理职能（如图 1.3 所示）。

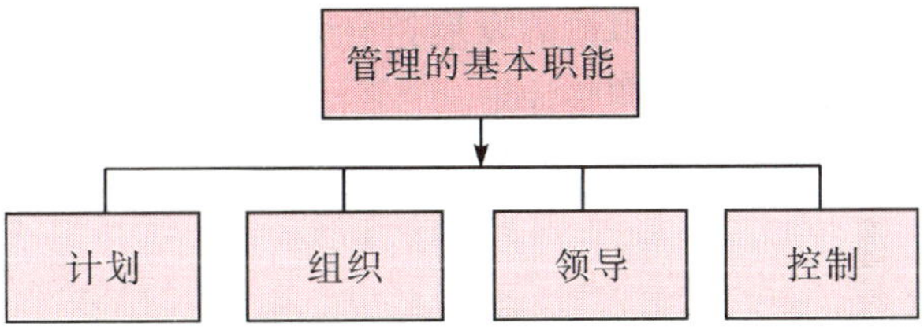

图 1.3　管理的基本职能

1.2.1 计划

计划是指人们为了实现一定的目标而对未来的行动事先做出安排，即为实现这一目标而预先决定做什么、如何做等问题。计划职能是全部管理职能中最基本的一个职能。为保证组织达到预定目标，组织、领导和控制职能都必须围绕计划展开。管理学中的计划有两重含义：一是动态的计划管理，是对组织未来目标的分析、制定和调整，以及对实现目标的各种方案的设计等一系列活动的统筹安排；二是静态的书面文件，指为实施计划管理职能而准备的规划、预算等具体形式。

1.2.2 组织

在计划制订出来之后，就需要组织必要的人力物力去执行。所谓组织就是为了有效地实现计划目标，把组织的各种资源、要素、工作的各个环节进行科学合理的组合，以保证决策目标的实现和计划的有效执行。组织的具体内容一般包括：合理确定组织架构，规定各个部门的职责分工、工作权限和组织协作关系；正确配备各类人员，明确各员工的职责分工与相互关系；通过分析，选择合适的组织变革方式，以实现组织的发展。可以说，一个组织的组织职能水平高低，直接关系到能否调动员工的积极性，从而决定着组织整个管理效率的高低和管理目标的实现。

1.2.3 领导

领导是指管理者利用职权和威信施展影响力，使组织内的个人或者群体为了实现共同的组织目标而做出努力和贡献的过程或艺术。领导职能贯穿在整个管理活动过程中，其实施对象是人。不同层次、不同类型的管理者，其领导职能的内容和侧重点有所不同，但总的说来，领导职能的主要内容包括：如何激励下属、调动他们的积极性、激发他们的创造性、指导他们的活动、推动他们的工作、协调他们的行为、解决他们的冲突、选择最有效的沟通方式以及营造良好的组织气氛等。

1.2.4 控制

控制职能也称监督职能，即管理者根据计划目标进行工作衡量、发现偏差、寻找原因和纠正偏差的过程。因为组织在制定目标时有可能考虑不周，而环境的变化也会对计划的执行造成意外的影响，为了保证事情按照既定计划进行，必须对实际工作进行监控、比较、评估和调整，使得事情的发展符合计划目标。如果产生的差异无法消除，结果不能被接受，则必须随时调整计划。

管理现场 1.2

玛丽的烧饼店（1）

玛丽的奶奶做烧饼很有一手，吃过的人都赞不绝口。玛丽大学毕业以后开了一家烧饼店，做起了奶奶的烧饼买卖。她租用了一个临街的铺子，购置了烤炉等二手设备，请了3个亲戚家的阿姨帮忙，在充分研究试验了奶奶的烧饼“秘方”之后，烧饼店就开张了。没想到开业后生意出乎意料的火爆。起初，玛丽在自家的烧饼店里售卖，但很快就供不应求，买烧饼的人在门口排起了长龙。当地报纸还专门进行了报道，有人想要团购，周边的餐厅也找上门来订货，还有人找玛丽要求加盟……（待续）

1. 如果你是玛丽，你会选择如何发展烧饼店（比如：扩大产销规模、与餐厅合作、准许加盟等）？

2. 在你所选的模式中，玛丽每天需要做哪些方面的工作？这些工作分别属于何种管理职能？

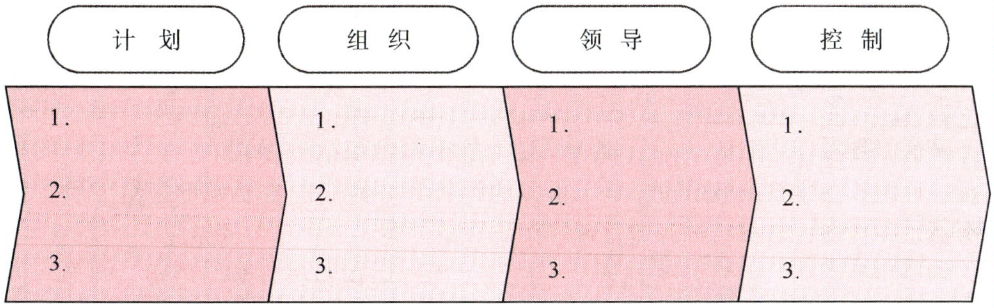

1.3 管理者

管理者是指在组织中担任一定职务，具有相应权力与责任，为实现目标而指挥别人工作并对他人工作负有责任的人。管理者与非管理者的主要区别在于前者有下属，而后者没有。

1.3.1 管理者类型

(1) 按管理的层次划分

按照管理的层次进行划分，管理者可以分为高层管理者、中层管理者和基层管理者，如图 1.4 所示。

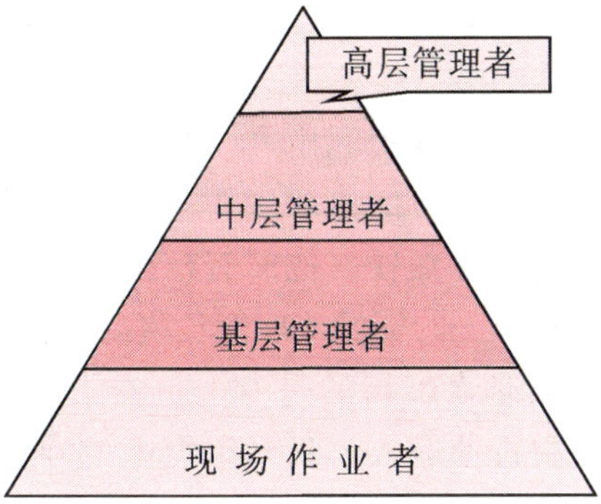

图 1.4 组织的管理层次

高层管理者是对一个组织的管理负有全面责任的人，如公司的总裁、总经理、总监、大学的校长、医院的院长等。他们的主要职责是制定组织长远发展的目标和发展战略，制定方针政策、评价组织的整体绩效等。他们在与外界的交往中，往往代表着组织的官方形象。

中层管理者是指处于高层管理者与初级管理者之间的管理人员，如公司的部门经理、工厂的车间主任、学校的教务处处长，政府机关的处长等。他们的主要职责是贯彻执行高层管理者制定的重大决策，同时监督和协调基层管理者的工作，在组织的管理层级中起到承上启下的作用。和高层管理者相比，中层管理人员更注重日常事务的管理。为了实现组织的总目标，他们为所负责的部门制定部门目标，筹划和选择达到目标的实施方案，分配资源，协调活动。

基层管理者即组织的一线管理者，是组织中最低层次的管理人员，如工厂的车间主任、班组长、学校的教研室主任、机关的科长等。他们的主要职责是给下属工作人员分派工作任务，直接指挥和监督现场作业活动，保证工作任务的完成。

不论是处在哪一层次的管理者，他们的工作都应该包括计划、组织、领导和控制几个方面。他们在管理工作上的差别，不是职能本身的不同，而是履行各项职能的程度和重点不同。一般而言，高层管理人员花在组织和控制工作上的时间要比基层管理人员多，而基层管理人员花在领导工作上的时间要比高层管理人员多（如图 1.5 所示）。

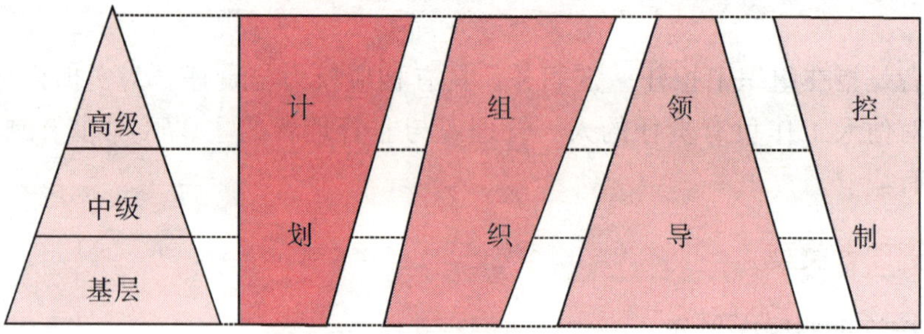

图 1.5　管理者的层次与职能侧重

（2）按管理的领域划分

按照管理者所从事管理工作的领域不同，可以划分为综合管理者和职能管理者两大类。

综合管理者是指负责整个组织或组织中某个部门的全部管理工作的管理人员，比如高层管理者、中层甚至基层组织中的直线主管一般都属于综合管理者。他们对整个组织或该部门的目标实现负有全部责任，他们有权指挥或支配该组织或该部门的全部资源与职能活动，而不只是对单一的资源或职能负责。

职能管理者也称为专业管理者，指的是专门负责组织中某一类活动的管理人员，他们只在本专业或职能领域内行使职权，只对组织中该专业或该职能领域的工作目标负有责任。一般来说，专业管理者一般包括以下类型：研发部门管理者、生产部门管理者、营销部门管理者、人事部门管理者、财务部门管理者等（如图 1.6 所示）。随着现代组织的不断发展和环境的日益复杂，职能管理者的类型越来越多，地位也越来越重要。

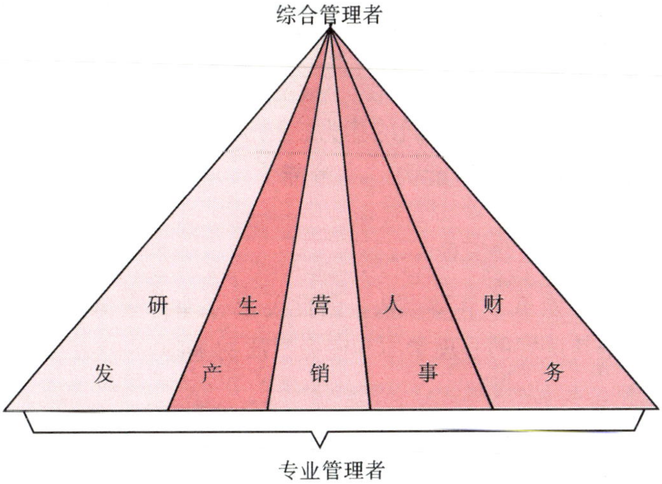

图 1.6 管理者的领域分类

1.3.2 管理者素质

现代社会的分工越来越细，竞争越来越激烈，对管理者的要求也越来越高。为了适应现代管理工作的要求，管理者至少需要具备以下几方面的素质（如图 1.7 所示）：

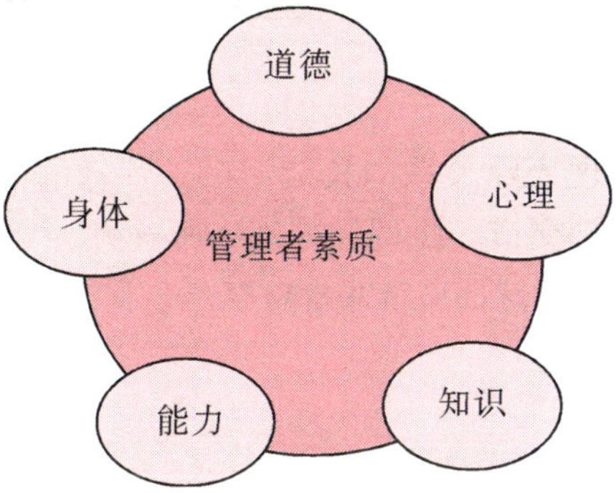

图 1.7 管理者素质

（1）道德品质

道德品质是管理者的灵魂，在管理者素质中起主导作用。管理者应该具备较高的政治觉悟和政治素养、较高的品德修养、良好的思想作风。

（2）心理素质

由于管理工作的复杂性，管理者应该具有比一般人更强的事业心、责任心、紧迫感、细致的观察力、敏锐的洞察力、丰富的想象力、坚强的意志力、健康的情感、良好的合作意识等，另外还要具有面对风险、挫折和逆境时的承受力和勇气。

（3）知识素质

现代管理是一项复杂的系统运动，它要求管理者既熟悉管理的职能和原理，也能熟练掌握管理的方法与技术，也就是说管理者应该具备相当的专业知识和足够的知识跨度。管理者的知识面越宽眼界就越宽，解决问题的思路就越多。因此基础知识牢固、博学多才对现代管理者而言非常重要。

（4）能力素质

管理工作要求管理者具有多方面的能力，除了完成管理活动所必备的知识、经验和能力外，还包括较出色的创造能力、决策能力、应变能力、组织能力、协调能力、沟通能力等。

（5）身体素质

管理工作往往任务繁重、节奏很快，因此要求管理者身体健康状况良好。管理者健康的身体同时也是其良好的心理素质和能力素质的基础。

1.3.3 管理者技能

良好的管理者素质需要通过恰当的管理技能才能在管理实践中转化成为实际功效。管理学者卡兹提出，管理者必须具备三种基本技能，即技术技能、人际技能和概念技能。

（1）技术技能

技术技能是指通过自己所从事的专业领域的知识、技术、方法、程序来完成工作的能力，例如营销总监要懂得营销方法，贸易经理要懂得贸易流程等。作为管理者，虽然没有必要成为精通所管理领域的专家，但必须掌握一定的技术技能，以便对所管辖的业务工作进行有效的指导和监督。

（2）人际技能

人际技能指管理者处理人际关系的技能。由于管理的活动离不开人与人的合作，因此怎样和组织内外的人打交道、协调和处理人际关系、与他人进行有效沟通、适时激励下属的工作积极性和创造性都显得非常重要。

管理百科

费雷德·卢桑斯曾经考察研究了450多位管理者，发现成功的管理者用在人际沟通、人力资源管理和人际交往的时间占其工作总时间的81%。这项研究结果表明了人际技能对管理者的重要性。管理者的工作性质决定了他必须要和他的上下级以及部门内外的相关人士打交道，因此如果缺乏人际技能是很难把工作做好的。

（3）概念技能

概念技能是指在洞察组织与环境之间相互关系复杂性的基础上，纵观全局、识别因果关系、抓住问题实质、权衡利弊风险、做出正确决策的能力。

实际上，虽然管理者都要求具备以上三方面的技能，但不同层次的管理者所需的技能要求是不一样的。比如，基层管理者对技术技能的要求更多，而高层管理者需要具备更强的概念技能（如图1.8所示）。

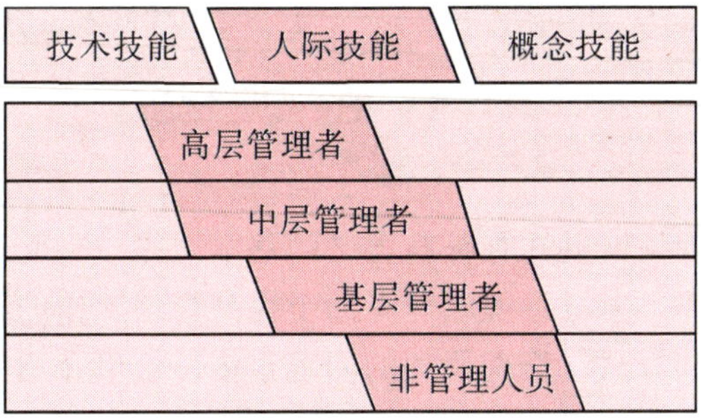

图 1.8　不同管理层次需要的管理技能比例

管理现场 1.3

玛丽的烧饼店（2）

（续前）……玛丽经过慎重考虑，决定扩大经营。她把隔壁的铺子也租了过来，这样，店铺面积就扩大了一倍。她在店铺里添加了一些休闲座椅，供顾客进餐休息。又添置了一套设备，这使店铺的产能提高到原来的 38 倍左右。同时，她跟附近一家餐馆达成了协议，每天供应餐馆 500 张烧饼试销。从目前的情况来看，烧饼的销路不成问题，但是现有的人手确实不够，于是她准备招聘几个人……

1. 根据烧饼店目前的经营状况，玛丽需要招聘哪些人才能实现她的计划？
2. 这些人分别属于管理者的哪些类型？他们应该具备怎样的素质和技能？

类　型	素　质	技　能
1.		
2.		
3.		
4.		
5.		

1.4 管理原理

管理原理是指管理领域里具有普遍意义的基本规律，它反映了一切具体管理活动的实质和基本运动规律。学习管理原理有助于提高管理工作的科学性，更有效地找到解决管理问题的途径和方法。管理原理的内容很多，这里介绍四个基本的原理：系统原理、人本原理、效益原理和动态原理。图 1.9 所示为基本管理原理及其原则。

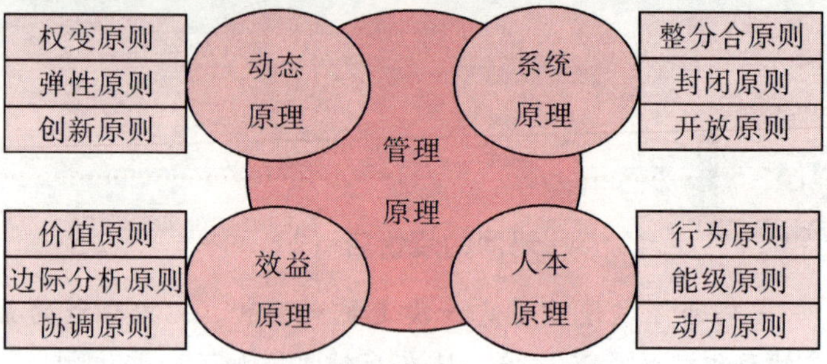

图 1.9 基本的管理原理与其原则

1.4.1 系统原理

系统原理是指任何组织都是一个完整的系统或者是某一大系统中的子系统，管理主体在进行管理工作时要遵循系统的观念，应用系统的理论和方法，进行系统的分析，才能达到整体优化的目的。

管理百科

蝴蝶效应

20 世纪 70 年代，美国气象学家洛伦兹在解释空气系统理论时说，亚马逊雨林一只蝴蝶偶尔扇动它的翅膀，也许两周后就会引起美国得克萨斯州一场龙卷风。

蝴蝶效应说明，初始条件十分微小的变化经过不断放大，对其未来状态会带来极其巨大的改变。这给管理的启示是：有些小事貌似无关紧要，但是如果经过系统放大，则可能对一个组织乃至一个国家都造成巨大影响。今天，诸如产品质量、购物环境、服务态度等问题都可能成为让企业命运发生改变的“蝴蝶”，开放式的竞争让企业管理不能因为“事小而不为”。

为了恰当运用系统原理，管理者应该遵循以下原则：

(1) 整分合原则

任何管理系统都是一个有机整体。整分合原则是指管理必须要立足全局，在整体规划的前提下，进行科学的专业化分工，正确处理好整体与局部的关系，对资源进行最优化配置，又在分工的基础上，进行有效地综合，实现整个组织效率的提高。

（2）封闭原则

封闭原则是指系统内必须形成有效的回路，即管理系统内的决策机构、执行机构、监督机构、反馈机构，以及管理制度、方法和手段等相互联系和相互制约，构成相对连续的封闭回路，以达到有效控制管理活动的目的。

（3）开放原则

每一个系统都是某个更大的系统的一部分，这个更大的系统就是其环境。开放原则是指一个有机系统必须对外开放，通过与外界环境进行物质、能量、信息的交换，补充系统内部消耗失去的能量，才能保持系统的活力。这种交换的效率决定了组织的运作效率。

1.4.2 人本原理

人本原理是指管理的一切活动要以人为核心，以调动人的主观能动性和创造性为出发点。人既是管理的主体又是管理的客体，是管理系统中最活跃、最能动的因素，是其他所有管理要素的主宰，所以要强调人本原理。这个原理强调，在管理中要做到人尽其才，尊重人性，激发员工的主动参与性。

管理百科

3P 理论

西方管理学家曾把人本原理表述为“3P”理论，即：

- Of the people：企业是以人为主体组成的；
- By the people：企业是依靠人进行生产经营活动的；
- For the people：企业是为人的需要而进行生产的。

管理者在运用人本原理时需要遵循以下几个原则：

（1）行为原则

行为原则是指管理者要对下属的行为进行科学有效的管理，最大限度地调动员工的积极性、主动性和创造性。人的行为都可以归结到某种需要的满足，特别是人的动机性行为。所以人本管理要面向人的主导动机，从而激发强大的动力，通过对其行为的科学管理，正确引导人的行为向组织目标方向发展。

（2）能级原则

能级原则指的是在组织进行人员配置时，应按照员工自身的能力素质，将其恰当地安排在相应的岗位上，实现职位与人员之间的动态平衡。这个原则要求管理者首先要了解各个工作岗位的目标和工作要求，然后充分了解员工的能力素质，再把合适的人放到合适的岗位上，这样才能使人们各得其所，各尽其职，保证组织结构的科学合理，提高组织管理效益。

（3）动力原则

动力原则认为组织管理必须正确运作动力，才能使管理活动持续有效地进行下去。动力主要包括物质动力、精神动力和信息动力，这些动力又有个体动力和集体动力、眼前动力和长远动力之分。管理者要注意协调好这些动力之间的关系，在尊重个人动力的前提下引导和教育，使个人目标与集体目标保持方向一致。

1.4.3 效益原理

效益是管理活动的核心。效益原理是指管理活动要讲求实际效益，以尽量少的投入实现尽量多的产出。影响一个管理系统效益的因素有三个：① 管理系统是否与外部环境相协调；② 管理系统内部各个部门是否协调；③ 系统内部各个部门的效益如何。这三个影响因素不是孤立的，一个系统的整体效益的好坏取决于这三个因素的组合方式。用公式可表示为：

效益 = 系统与环境的协调 × 系统内部各部门的协调 × 各部门的效益

在这里，各部门的效益是基础，各部门的协调是保证，管理系统与环境的协调是关键。因此，任何系统的效益既要依赖于自身的素质，又要有良好的环境支持。作为管理者，应该把管理重点放在提高系统素质和协调系统外部环境的关系上。

管理百科

效益、效果、效率

效益的含义与效果、效率既有联系又有区别：效果是指将投入经过转换而产生的有用成果。这种成果中有些是有效益的，有些可能是无效益的。效率指的是单位时间内的投入与所产生的效果的比率。这个比率经常被用来衡量管理水平的高低，如果一定时间内消耗的物资越少、产生的效果越大，说明效率越高，管理水平就越高；反之反是。而效益是某种活动所产生的有益效果及其所达到的程度，是效果和利益的总称。它可分为经济效益和社会效益两个方面，两者既有联系又有区别。通常经济效益比较直观，可以直接运用经济指标来计算和考核；而社会效益具有间接性，难以完全量化。不同性质的组织对经济效益和社会效益的追求目标不同，但总体来讲，管理者应努力追求两者的有机结合。

运用效益原理的时候也要遵循几个基本的原则：

（1）价值原则

效益的核心是价值。价值原则是指管理过程中各个环节、各项工作都要以围绕提高效益为中心，科学地、有效地使用人、财、物和时间，以创造最大的经济价值和社会价值。

（2）边际分析原则

管理决策问题往往也就是最优化问题，而最常用的方法是边际分析法。边际分析法是通过投入与产出微小增量的比较分析来考察实际效益的大小，以作出科学决策。

（3）协调原则

虽然效益原理的核心是追求效益的不断提高，但是管理者需要兼顾局部利益与整体利益、短期效益与长期效益，要协调好管理过程中相关的各种关系，以提高组织利益。

1.4.4 动态原理

管理的要素与组织环境是不断变化的，管理活动是动态的，因此管理必须随机应变。动态原理就是指管理者应该不断更新管理观念，处理管理问题时不僵化，不凭主观臆断，而是要根据环境的变化而作出相应变化。动态原理强调对管理目标、计划、管理的方法手段等做出及时不断的调节，以保证管理系统的正常运转。

管理百科

动态原理的依据

提出管理的动态原理的一个重要依据是20世纪60年代末70年代初在西方形成的权变管理理论。那个时期西方社会企业面临复杂多变的生存发展环境，人们发现，在解决企业面临动荡不定的外部环境工作问题时，所谓的普遍适用的、最合理的管理模式与原则是不存在的，这是产生权变管理理论的客观原因。权变管理理论“承认在各组织中既有相似性，又有差异性，但仍然强调主要的管理任务是寻求组织与其环境之间以及组织内部各分系统的一致性”①。

在运用动态原理时，需要遵循以下几个原则：

（1）权变原则

权变原则是指管理者根据组织的内部条件和外部环境来确定其管理方法。“权”在此是“权衡”、“比较”的意思。权变意即根据管理对象和环境的不同，或者通过比较不同管理方式产生的效果，然后选择合适的管理方法。这样做的最大的好处是能扬长避短。

（2）弹性原则

弹性原则是指管理应具有伸缩性，尽可能全面考虑各种影响因素，留有余地，以求能随时调节以达到综合平衡。管理需要弹性是因为管理活动所涉及的因素很多很复杂，因而管理的结果具有不确定性。

---

① 弗里蒙特·E. 卡斯特，詹姆斯·E. 罗森茨韦克. 组织与管理：系统方法与权变方法［M］//国外经济管理名著丛书. 傅严，等，译. 北京：社会科学出版社，1985：143.

（3）创新原则

创新原则要求管理者根据新的管理对象和环境变化的特点做出改变，选择合适的管理方式和方法。创新是组织活力的源泉，但需要注意的是，创新必须建立在客观现实之上，脱离现实的“标新立异”往往都是不可行的，结果可能是给组织带来的损失多于收益。

管理现场 1.4

卖不出去的书包

宏达服装厂在生产淡季里产能过剩。经理们一致认为，与其闲置生产线，不如用来生产紧俏商品。于是他们用很短的时间设计生产了5 000只质量不错的书包，赶在新学年开学前1个月投放市场。不过由于设计没有跟上市场潮流，销路很不好，只卖出去大约20%的产品，剩下的80%积压在仓库里放了一年时间，既占了空间又占用了资金。于是有人建议把它们当废品卖算了，但总经理采纳了员工的建议，最后把它们全部捐给了贫困山区的孩子们，让4 000名从没用过书包的孩子背上了崭新的书包。

1. 请用效果、效率、效益（包括经济效益和社会效益）三个概念解释本案例中发生的情景。

2. 分析本案例中经理们利用产能过剩的生产线来生产书包的行为，以及后来总经理处理库存书包的方式，他们运用了哪种管理原理？效果如何？

	生产书包	处理书包
效果 效率 效益		
管理原理		

精要回顾

管理是在特定环境条件下，管理者对组织所拥有的资源进行有效的计划、组织、领导和控制，以实现一定目标的活动过程。管理的特征包括：管理具有自然和社会的二重属性；管理有其明确的目的性；管理的“载体”是组织；管理的主体和客体都是人，所以要体现人本性；管理又是科学性和艺术性的统一。

管理的基本要素至少包含人、资金、物资、信息、时间。计划、组织、领导和控制是管理最基本的职能。

管理者按照管理的层级可分为高层、中层和基层管理者，按照管理的领域可分为综合管理者和专业管理者。作为管理过程中的重要角色，管理者除了应该具备道德、心理、知识、能力、身体等方面的素质，还应具备技术技能、人际技能和概念技能。

管理原理是指在管理领域内具有普遍意义的基本规律。管理过程应遵循系统原理、人本原理、效益原理和动态原理。

重点概念

1. 管理	2. 管理职能	3. 计划	4. 组织
5. 领导	6. 控制	7. 技术技能	8. 人际技能
9. 概念技能	10. 系统原理	11. 人本原理	12. 效益原理
13. 效果	14. 效率	15. 效益	16. 动态原理

管理工作坊 -1

思考题

1. 什么是管理？管理具有哪些特征？
2. 管理包括哪些要素？人在管理中的角色和地位如何？
3. 什么是管理职能？简单介绍管理的四个基本职能。
4. 管理者应具备哪些管理技能？不同管理层次对所需管理技能有何侧重？
5. 管理的一般原理有哪些？运用这些原理时应该遵循哪些原则？

操作题

请与你的组员一起，通过书刊、网络、企业、亲友等渠道寻找下列问题的答案，并带回充分的证据资料与大家分享：

1. 结合自身的实际情况分析，你具备了哪些管理的素质和技能？是否存在某些欠缺？你在管理方面的愿望是什么？为实现愿望应该如何提高自己？

2. 访问一位管理者，了解他（她）的职位以及胜任该职位必需的管理技能，以及他（她）经常运用的管理原理。

3. 钟彬娴是雅芳公司百年历史上第一位华裔女性 CEO，她是在当年雅芳的销售和盈利急剧下滑，股票暴跌 50%，前任 CEO 查尔斯·佩林引咎辞职的紧急关头，临危受命接任雅芳 CEO 的。但是钟彬娴以自己的能力充分证明了自己的实力。她上任后曾经连续 6 年入选美国《财富》杂志评选的“全球最有影响力的 50 位商界女性”排行榜，并入选《时代》杂志评选的“全球 25 位最有影响力的商界领袖”，被《商业周刊》评为“25 位最佳经理人”之首。请查阅资料，找出钟彬娴作为杰出的管理者，她有哪些过人之处？

学习档案

为了证明你在完成这一章的学习之后，已经掌握了相关的理论知识和技能技巧，达到了本章提出的学习目标，你需要提供以下资料：

1. 对本章“引导案例”的分析理解；

2. 对本章“管理现场”的分析理解；

3. 对本章“关键概念”的理解回答；

4. 对本章“管理工作坊-1”提出的“思考题”的分析理解，以及对“操作题”的完成情况（包括书面报告、口头演示、材料整理等）；

5. 在本章学习过程中的其他相关管理活动的参与情况、课外学习的成果（包括资料、方式证据与反馈等）。

2 管理思想

学习目标

通过本章的学习，要求：

1. 了解管理理论与思想发展的基本脉络及其代表人物；
2. 理解古典管理理论基本内容；
3. 理解人际关系学说与行为科学理论的基本内容；
4. 熟悉现代管理理论“丛林式”发展的主要流派；
5. 掌握管理思想的现代观点和发展趋势；
6. 能够初步应用管理理念分析与处理实际管理问题。

内容结构图

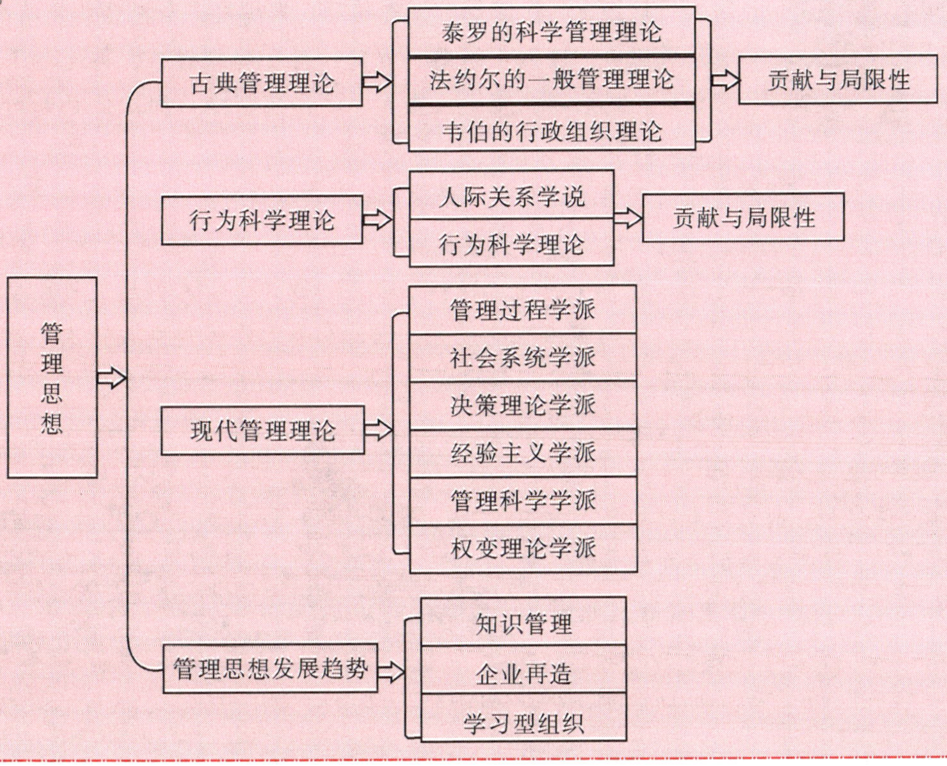

引导案例

向蚂蚁学习管理

小小的蚂蚁经常会被人忽略，但其实我们可以从蚂蚁身上学到很多管理知识。

蚂蚁善于学习总结。英国有一个动物学家，做了一个实验。第一次，他把一支蚊香放到一个蚁窝里面，蚂蚁看到对它们来说犹如漫天大火的蚊香，一时不知所措。20分钟以后，所有蚂蚁倾巢而出来扑灭蚊香所带来的火灾。它们喷射出蚁酸，前仆后继，在一分钟内就把蚊香扑灭了，但死伤也不少。第二次，过了一个多月，这个科学家点了一支蜡烛，放进同一个蚁窝。蜡烛和蚊香相比，火势和火力更强了。但这时蚁群并没有惊惶，而是有条不紊、紧张有序地开展了扑火行动。这次同样是一分钟就扑灭了火灾，并无一伤亡。

这种学习总结的能力正是我们不可或缺的。只有通过不断学习，并且不断地加以总结、优化和提升，才能从成功中提炼方法，从失败中吸取经验和教训。

蚂蚁能够自我组织，根据环境变动，迅速调整，不需要任何领导监督，就能形成一支很好的团队。例如蚂蚁的弹性分工：一只蚂蚁搬食物往回走时，碰到下一只蚂蚁，会把食物交给它，自己再回头，碰到上游的蚂蚁时，将食物接过来，再交给下一只蚂蚁。蚂蚁要在哪个位置换手不一定，唯一固定的是起始点和目的地。

一家大型零售连锁店就借鉴这个模式来管理其物流仓储中心。以前该仓储中心用区域方式来捡货，比如一个人专门负责装商业书，另一 个人专门负责装儿童书。这样一定要上一手完成工作，下一手才能接手。但问题是每个人的速度可能差距非常大，订单对每一种商品的需求也有差异，因此总有人在等待别人完成才能接手。经过研究，该物流中心改用“蚂蚁模式”。即一个人捡出产品后朝下线工作延续，一直到下游有空来接手后，再回头接手上游工作。研究人员用电脑模拟运算发现，将速度最快的员工放在最末端，速度最慢的放在最始端是最有效率的。该仓储中心通过这种方法，生产力比之前提高了30%。

（根据 http://www.chinahrd.net/manage/info/185279 改编）

案例讨论

1. 案例所示的“蚂蚁模式”有哪些优势？

2. 蚂蚁的这些特性说明了什么管理原理？我们可以在哪些管理活动中借鉴运用？

3. 除了案例所列举的，蚂蚁还有哪些特性值得我们学习借鉴？

2.1 古典管理理论

人类长期的管理实践为管理理论的产生提供了肥沃的土壤，资本主义的产生和发展，进一步推动了管理作为一门科学的诞生。一般认为，管理科学是美国管理学家泰罗最先提出的，至今历经古典管理理论、行为科学理论和现代管理理论三个发展阶段（如图 2.1 所示）。

图 2.1 管理科学的三个发展阶段

古典管理理论形成于 19 世纪末 20 世纪初。经过产业革命后，科学技术有了较大的发展，许多新发明开始出现，蒸汽机、电力、无线电等技术的广泛应用大大加速了社会经济的发展，但是管理仍处于师傅带徒弟的经验主义管理方式。随着资本主义竞争的加剧，阶级矛盾越来越尖锐，劳资纠纷此起彼伏，资本家为了榨取最大的剩余价值，不断提高工人劳动强度，不断压低计件工资，于是工人经常组织怠工或罢工进行反抗。为了提高生产效率、对付工人决定生产方法和生产时间的权力，资本家迫切需要改进管理方法。为了适应生产力发展的需要，当时在美、法、德等国家都产生了科学管理运动，从而形成了各有特点的管理理论，奠定了古典管理理论的基础。

一般认为，古典管理理论包括以泰罗为代表的科学管理理论、以法约尔为代表的一般管理理论和以韦伯为代表的行政组织理论（如图 2.2 所示）。

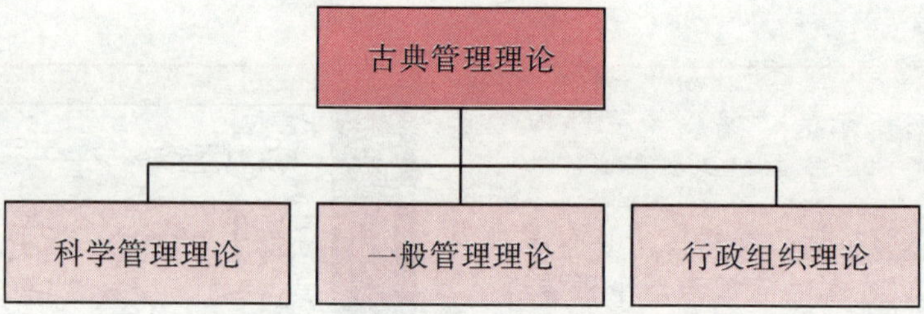

图 2.2　古典管理理论的主要构成理论

2.1.1　泰罗的科学管理理论

（1）泰罗生平

科学管理理论的创始人是美国的弗雷德里克·泰罗（1856—1915）。泰罗出生于美国费城一个富裕的律师家庭，从小接受良好的家庭教育，培养了追求真理、探究事实的强烈欲望和科学态度。泰罗 18 岁以优异成绩考入哈佛大学法律系，第二年因视力问题被迫辍学，进了一家小机械厂当徒工。22 岁进入费城米德维尔钢铁公司当机械工人，后来迅速提升为技师、工长、主任等，28 岁时任钢铁公司总工程师。34 岁在一家制造纸板纤维的制造投资公司任总经理。泰罗丰富的车间实践体验使他对工人的劳动状况有着深刻的认识，并由此引发了他对通过提高低效率工作工人的劳动效率来改变企业工作状况的思考。泰罗为此进行过的一系列著名的实验如搬铁块、铲铁砂、金属切削等。1901 年退休以后，他用大部分时间从事写作、咨询、讲演，传播他的科学管理思想。1911 年发表其代表作《科学管理原理》。在管理思想史上，泰罗被誉为“科学管理之父”，并且这个称号被刻在了他的墓碑上。

管理百科

泰罗的实验

搬铁块实验。泰罗认为：每个搬运工人都有特定的体力消耗，必须给他以复原的时间。一个搬运 100 千克生铁的工人应该有 43% 的时间来承担这一重量，其余 57% 的时间应该让他休息，以恢复体力。泰罗通过对工人的特殊训练，使工人每天搬运铁块的数量普遍从 12.5 吨提高到 47.5 吨，提高了 3.8 倍，工人日工资由 1.15 美元增加到 1.85 美元。

铲铁砂实验。为了确定工作指标，泰罗研究了工人的体力因素。他发现每一铲子最适宜的重量是 21 磅，为此他为不同的材料设计了形状和大小不同的铁锹，并研究了不同材料的装锹的最好方法。

金属切削实验。为了能准确地确定劳动定额，泰罗对车工的全部工作的每个工序进行鉴定，并对凡是可以测量的部分进行了测量，去掉多余无效的动作，使每个车工工作的动作和时间大大减少，提高了金属切削的效率。

（2）科学管理理论的主要内容

泰罗从许多工人表现出来的故意偷懒、“磨洋工”等现象中发现，在当时的条件下，每个工人的能力在工作中只发挥了三分之一，因此，企业提高劳动生产率的潜力非常大。泰罗的科学管理理论的核心就在于提高劳动生产效率。泰罗认为，谋求提高生产率，生产出较多的产品是完全可能实现的，关键在于要确定一个工作日的合理工作量。从这点出发，他在其著作《计件工资制》、《车间管理》、《科学管理原理》等书中，系统地提出了科学管理思想，其中的主要内容有以下几点：

① 科学挑选工人

泰罗认为，为了提高劳动生产效率必须挑选“第一流的工人”。所谓第一流工人包括两个方面：一是该工人的能力最适合他所从事的工作，二是该工人从内心愿意从事这项工作。因为每个人的天赋与才能不同，他们所适宜做的工作也各异，身强力壮的人干体力活可能是第一流的，心灵手巧的人干精细活可能是第一流的。所以要根据人的不同能力和天赋把他们分配到相适应的工作岗位，使之成为第一流的工人。对那些不适合从事某项工作的工人，应加以培训，使之适合工作需要，或把他们重新安排到其他适宜的工作岗位上去。培训工人成为第一流的工人，是领导的职责。

② 工作定额

泰罗认为，企业必须用科学的方法对工作中的操作方法、使用工具、劳动时间和环境等因素进行分析，形成最好的标准化方法。他把每一个工作都分成尽可能简单的基本动作，把其中没用的动作去掉，同时，选择最适用的工具、机器，然后通过对最熟练工人每一个操作动作的观察，选择出每一个基本动作的最快和最好的方法，把时间记录下来。再加上必要的休息时间和其他延误的时间，得到完成这些操作的标准时间。这就是“合理的日工作量”，它构成了每个工作日标准定额的基础。标准定额是对工作进行科学管理的依据。

③ 差别计件工资制

泰罗认为，工人“磨洋工”的一个重要原因是报酬制度不合理。为了激励工人完成或超额完成工作定额，泰罗提出了“差别计件工资制”，即计件工资率随完成定额的程度而上下浮动。如果工人完成或超额完成定额，则定额内的部分连同超额部分都按比正常单价高25%计酬；如果工人完不成定额，则按比正常单价低20%计酬。同时，根据工人的实际工作表现而不是根据工作类别来支付工资。它意味着同一岗位甚至同一级别的工人，都将得到不同的工资。泰罗认为，实行差别计件工资制会大大提高工人的劳动积极性，从而大大提高劳动生产率。

④ 职能工长制

泰罗认为一位“全面”的工长应具备九种品质：智能、教养、专门的或技术的知识、才能、精力、坚韧刚毅、正直、判断力和常识、健康。但是要找到同时具备这些品质的人才几乎不可能。为解决这种矛盾，泰罗提出了分阶段的职能工长的主张，他把责任分为两大类：执行职责和计划职责。在执行部门可分解为：工作分派员、速度管理员、检查员、维修保养员。在计划部门又可分解为：工作流程管理员、指示卡片管理员、工时成本管理员、车间纪律管理员。这样，原来一个工长的工作由八位职能工长分管，不但解决了综合素质人才稀缺的问题，也使得每一个工人在其工作中的任何一个具体方面只有一个职能工长领导，因此不会引起多头领导而使工人无所适从。

⑤ 例外原则

泰罗指出，规模较大的企业不能只依据职能原则来组织管理，而必须应用例外原则，即高级管理人员把处理各项文书、报告等一般日常事务的权力下放给下级管理人员，高级管理人员只保留对例外事项的决策权和监督权。“例外原理”不但有利于经理人员摆脱日常具体事务，以集中精力对重大问题进行决策监督，还使日常业务工作标准化、制度化。

⑥“大饼”原理

例外原则以后发展成了管理上的分权化和实行事业部的管理体制。劳资双方只有不断地提高劳动效率，才有利可图。因此，需要增强责任观念，用相互协作代替对抗与斗争，共同把“饼”做大，每个人才能分到更多。

管理百科

泰罗的追随者

弗兰克和莉莲·吉尔布雷斯夫妇（Frank and Lillian Gilbreth）、亨利·L. 甘特（Henry L. Gantt）是坚定且杰出的科学管理理论的追随者，他们在寻找最优作业方法的过程中，创造的许多实用管理方法和进行的动作研究，至今仍在运用并得到传播与发展。

甘特对科学管理的贡献：

- 提出实行“工作任务和资金”的工资制度（早于泰罗的差别计件工资制）；
- 提出用图表来帮助管理，后人称之为“甘特图”；
- 实践对工人进行指导而不是驱使的管理思想；
- 在晚年，甘特强调企业的重点是服务而不是追求利润。

吉尔布雷思夫妇对科学管理的贡献：

- 分解各种最基本的操作，进行细致的动作研究；
- 进行疲劳研究，寻找工作时间和休息时间的最佳搭配方式；
- 强调进行制度管理；
- 探讨工作、工人和环境之间的互动关系；
- 重视管理人员的培训和发展。

2.1.2 法约尔的一般管理理论

（1）法约尔生平

亨利·法约尔（1841—1925）和泰罗是同一时代的人，是古典管理理论在法国的最杰出的代表。法约尔出身于富裕家庭，1860 年毕业于矿业学校，进入法国一家矿业公司任职，1888 年任该公司总经理，直到 1918 年退休。30 年的总经理经历，使他研究的对象和泰罗有所不同：泰罗着重于车间、工场的生产管理研究，而他则从最高层来探讨企业全面经营管理的问题。法约尔的代表著作是1916年发表的《工业管理与一般管理》，他提出的一般管理理论对西方管理理论的发展具有重大影响，成为管理过程学派的理论基础，也是以后各种管理理论和管理实践的重要依据之一。

（2）一般管理理论的主要内容

① 经营与管理的概念和职能

法约尔认为经营和管理是两个不同的概念，经营并不等于管理。经营是引导一个组织趋向某一既定目标，它的内涵中包括了管理。法约尔把经营活动概括为六个方面，即技术活动、商业活动、财务活动、安全活动、会计活动和管理活动。这六项活动中，管理活动居于核心地位，它又包括以下五种职能（如图2.3）：

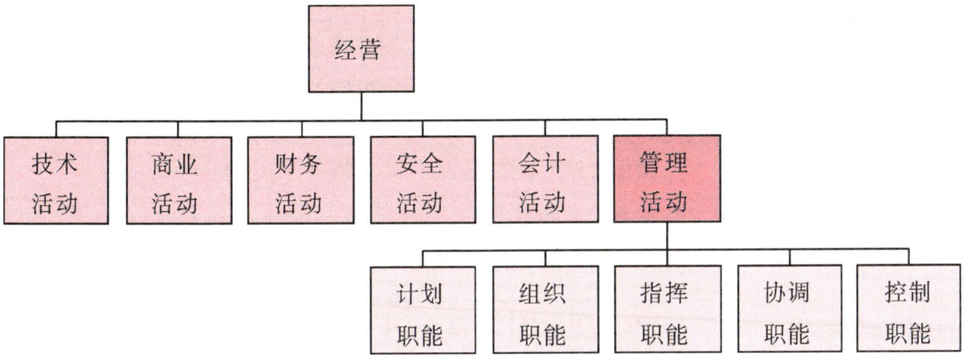

图2.3 法约尔对企业经营活动以及职能的分类

计划：对有关事件的预测，并且以预测的结果为根据，拟订出一项工作方案。

组织：为组织中各项劳动、材料、人员等资源提供一种结构。

指挥：有关促使组织为达成目标而行动的领导艺术。

协调：为达成组织目标而进行的维持必要的统一的工作。

控制：保证各项工作按既定计划进行。

② 法约尔管理的十四项原则

法约尔十分重视探讨管理的一般原则，他认为管理的原则是社会组织正常而又有效地进行活动的条件。根据长期的管理实践，法约尔总结出十四条管理的一般原则（见表2.1）。这些原则在当时是很新鲜又很有启发性的，对以后的管理实践和管理思想影响很大。

表2.1 一般管理的十四条原则

序号	原则	原则的含义
1	劳动分工	劳动分工是提高效率的最好办法
2	权力和责任	权力必须与责任相一致，有权力就有责任，而责任与奖惩紧密相连
3	纪律	高层领导人与下属人员一样，必须服从组织纪律的约束

表2.1(续)

序号	原则	原则的含义
4	统一指挥	一个下属人员只应接受一个领导人的命令，反对多头指挥
5	统一领导	为了达到同一目的而进行的全部活动，只能有一个领导人和一项计划
6	个人利益服从整体利益	在企业中，个人利益不能高于企业利益
7	合理的报酬	人员的报酬必须公平合理，尽可能使雇主和雇员双方都满意
8	适当的集权与分权	权力的集中和分散的程度，要找到适合企业的最高效率的度
9	等级链（即跳板原则）	为了保持行动迅速，要把最高层到最基层之间的等级路线与同级之间直接联系起来
10	秩序	对社会组织而言，要将合适的人安排在适合的岗位上，做到“各有其位，各就其位”；就物品而言，要放在预先规定的地方，保持整洁
11	公平	领导要对下属仁慈和公正，才能赢得忠诚和拥护
12	保持人员稳定	要保持人员职位的相对稳定，反对和避免不必要的流动
13	首创精神	应尽量鼓励和发展全体人员的首创精神，这是一股巨大的力量源泉
14	团结精神	团结就是力量，要保持全体人员的和谐团结，反对分裂

法约尔认为必须灵活地运用这些原则，而灵活地运用各项原则是一门很难掌握的艺术，因为这门艺术是智慧、经验、判断力的综合。所以对管理人员来说，通过学习、培训和实践来掌握这门艺术是非常必要的。

2.1.3 韦伯的行政组织理论

马克斯·韦伯（1864—1920）是行政组织理论的代表人物。他与泰罗、法约尔同一时代，出生于德国一个有着广泛政治和社会联系的富裕家庭，是一个对社会学、宗教、经济学和政治学都怀有极大兴趣的学者。他先后写了《新教伦理》、《经济史》、《社会组织与经济组织理论》等书。他对管理理论的贡献主要在于提出了理想的行政组织体系（即韦伯的官僚制思想），并提出了权威结构理论，被誉为“组织理论之父”。

（1）理想行政组织的主要特征

韦伯认为，理想的行政组织体系最符合理性原则，效率最高，能适用于所有的各种管理工作和各种大型组织，如教会、国家机构、军队和各种团体。表2.2总结了韦伯的理想行政组织体系的主要特征。

表 2.2　理想行政组织体系的主要体征

理想行政组织体系的主要特征	
明确分工	对每个职位上的组织成员的权力和责任都有明确的规定，并作为正式职责使之合法化
权力体系	官员们按职务等级系列和权力等级进行安排，形成一个自上而下的等级严密的指挥体系，每一职务均有明确的职权范围
规范录用	人员的任用完全根据职务的要求，通过正式的考评、教育和训练来保证每个职位上的人员必须称职，同时，不能随意免职
管理职业化	管理人员有固定的薪金和明文规定的晋升制度，是一种职业管理人员，而不是组织的所有者
公私有别	管理人员在组织中的职务活动应当与私人事务区别开来，公私事务之间应有明确的界限。管理人员没有组织财产的所有权，并且不能滥用职权
遵守规则和纪律	组织中包括管理人员在内所有成员必须严格遵守组织的规则和纪律，以确保组织行动的统一

（2）理想行政组织的权力基础

韦伯的行政组织理论，是基于他所提出的权威结构理论的。韦伯区分了权力与权威，指出权力是无视人们反对，强迫人们服从的能力；而权威则是人们出于自愿而接受命令，这就是权威的合法化。他认为，古往今来的一切组织无非建立在三种权威之上：

① 世袭的权威：源于继承得来的地位而拥有的权力；

② 神授的权威：由于拥有“超凡魅力”而被赋予的超自然、超人的权力；

③ 合理合法的权威：这种权力出现于正式的、非人格化的官僚制组织中，它优于世袭权力与神授权力。

韦伯认为，只有合理合法的权威，才是现代社会中有效、合理组织形式的基础。而他所构想的理想行政组织体系，正是基于这种合理合法的权威。

2.1.4　古典管理理论的贡献与局限性

古典管理理论是人类社会有史以来第一次以科学的、系统的方法来探讨管理问题的，突出了管理中采用科学方法的重要性；指出坚持学习会不断地改善工作方法；确定了在组织有效运作中的许多重要原则；强调了薪金作为激励因素的潜在重要性，在当时对于促进社会生产力发展产生了深远的影响。

同时，古典管理理论也存在一些局限性：如把工人看成“经济人”而不是“自然人”，忽视了对“人性”的研究；重技术因素而忽视社会心理因素；仅解决了个别具体作业效率问题，忽视企业整体的经营与管理的问题；某些管理原则过于抽象且缺乏弹性，以至于有时实际管理工作者无法完全遵守。

管理现场 2.1

联合邮包服务公司的最佳效率程序

联合邮包服务公司（UPS）为了实现“在邮运业中办理最快捷的运送”的宗旨，UPS 的管理当局系统地培训他们的员工，为不同员工设计了最佳的效率程序，使他们以尽可能高的效率从事工作。

以送货司机的工作为例：UPS 的工程师们对每一位司机的行驶路线都进行了时间研究，并对每种送货、暂停和取货活动都设立了标准。这些工程师们记录了红灯、通行、按门铃、穿过院子、上楼梯、中间休息喝咖啡的时间，甚至上厕所的时间，将这些数据输入计算机中，从而给出每一位司机每天工作的详细时间标准。

为了完成每天取送 130 件包裹的目标，司机们必须严格遵循工程师设定的程序。当他们接近发送站时，他们松开安全带，按喇叭，关发动机，拉起紧急制动，把变速器推到 1 挡上，为送货完毕的离开做好准备，这一系列动作需严丝合缝。然后，司机从驾驶室下到地面上，左手拿着包裹，右臂夹着文件夹，右手拿着车钥匙。他们看一眼包裹上的地址并把它记在脑子里，然后以每秒钟 3 英尺的速度快步走到顾客的门前，先敲一下门以免浪费时间找门铃。送货完毕后，他们在回到卡车上的路途中完成登录工作。

这种刻板的时间表使 UPS 成为世界上效率最高的公司之一。做个简单的对比：联邦捷运公司（Federal Express）平均每人每天取送包裹 80 件，而 UPS 却是 130 件！

1. UPS 为获得最佳效率所采用的程序是基于什么管理原理设计的？
2. 你认为 UPS 的效率程序在为公司创造丰厚利润的同时，会不会产生副作用？若有缺陷，如何弥补？

2.2　行为科学理论

20 世纪初，资本主义世界经济进入了一个新的时期，生产规模扩大，社会化大生产程度提高，新技术成就广泛应用于生产部门，新兴工业不断出现；同时，社会经济中劳资矛盾进一步加剧，工人不满和对抗的情绪日益严重。在这种情况下，古典管理理论重物轻人，强调严格管理的思想，已不能适应新的形势要求。一些管理学者从进一步提高劳动生产率的角度，把人类学、社会学、心理学等运用到企业管理中去，从 20 世纪 20 年代开始逐渐形成了行为科学理论。

所谓行为科学理论，就是指运用心理学、社会学、人类学等理论和科学方法，分析人的工作动机、情绪、行为与工作之间的关系，探索影响劳动生产率因素的管理理论。行为科学理论的研究基本上分为两大时期（见图 2.4），前期叫“人际关系学说”，由著名的美国学者梅奥的“霍桑实验”为行为科学奠定了基础；后期发展成为“行为科学”，由 1949 年芝加哥大学召开的跨学科讨论会上第一次提出，提倡研究人类行为规律，包括人的本性和需要、行为动机、生产中的人际关系等，以达到预测、控制和引导人的行为，发挥人的作用，调动人的积极性的目的。到了 20 世纪 60 年代，为了避免同广义的行为科学相混淆，出现了“组织行为学”这一名称，专指管理学中的行为科学。

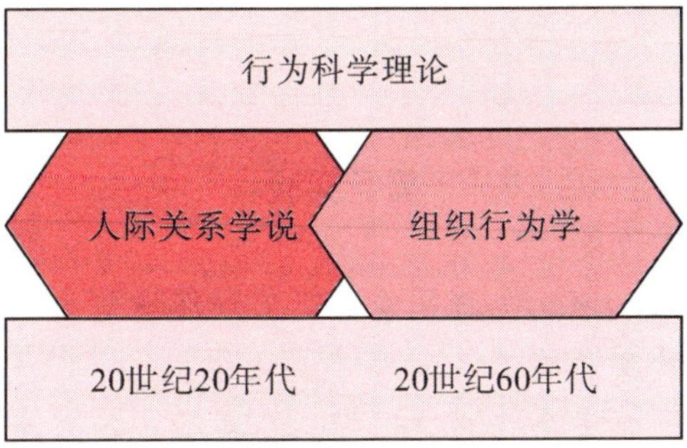

图 2.4　行为科学发展的两个阶段

2.2.1　人际关系学说

人际关系理论的创始人是著名的哈佛大学教授梅奥（E. Mayo，1880—1949）。20 世纪 20 ~ 30 年代间，梅奥等人在美国西方电器公司霍桑工厂进行了著名的“霍桑实验”，在此基础上，创立了早期的行为科学——人际关系学说。

长达九年“霍桑实验”分为照明试验、继电器装配试验、大规模访谈和接线板小组观察研究四个阶段。通过这些实验，梅奥等人认识到，人不是孤立的、只知挣钱的“经济人”，而是处于一定社会关系中的“社会人”，个人的物质利益在调动工作积极性上只具有次要的意义，群体间良好的人际关系才是调动工人工作积极性的决定性因素。因此，梅奥的理论也被称为“人际关系理论”或“社会人理论”。这个结论相对于只重视物质条件，把职工当做“活机器”的科学管理理论来说，无疑是个很大的进步。

根据霍桑实验，梅奥于 1933 年出版了《工业文明中人的问题》一书，创立了人际关系学说，其主要观点包括以下几个方面：

（1）工人是“社会人”而不是“经济人”

梅奥认为，工人不是单纯追求金钱收入，还有社会方面的、心理方面的需要，即追求人与人之间的友情、安全感、归属感和受人尊敬等，而后者更为重要。因此，不能单纯从技术和物质条件着眼，必须从社会、心理方面尊重人的要求，满足精神需要，鼓励工人提高生产率。

（2）企业中存在着非正式组织

企业中除了官方规定的“正式组织”之外，还存在着自发产生的“非正式组织”，它们都有着自己的规范和维持规范的方法，对成员的影响远较正式群体为大，因此管理者不能只关注正式群体而无视或轻视非正式群体及其作用。

(3) 新的领导能力在于提高工人的满意度

梅奥等认为，在决定劳动生产率的诸因素中，工人的满意度等心理满足是第一位的，合理的工作方法和好的工作条件是第二位的。工人的满意度越高，其士气就越高，从而产生的效率就越高。因此，新的领导能力表现为能理解工人的行为和感情，能平衡正式组织的经济需要和非正式群体的社会需要，有效提高职工的满足度。故此需要转变管理方式，应该重视“人的因素”，采用以“人”为中心的管理方式，改变古典管理理论以“物”为中心的管理方式。

管理百科

霍桑实验

霍桑实验分为四个阶段：

(1) 照明实验。工厂照明实验是要证明工作环境与生产效率之间有无直接因果关系。研究者将接受实验的工人分为“对照组”和“实验组”，分别在两个照明度完全相同的房间里做完全相同的工作。在实验中，对照组的照明度和其他工作环境没有什么变化，实验组则将照明度进行各种变化。实验的结果很让研究人员意外：照明度与生产率之间没有直接因果关系，两组的产量都有增无减，因为被测试人员觉得“受到了关注”。

(2) 继电器装配实验。该实验的目的是测试各种工作条件的变动对生产率的影响。研究人员把6名女工从原集体中抽离出来成立单独小组，并给予优厚的工作待遇，比如以小组为单位计酬；撤销工头监督；增加休息时间；提供免费咖啡等。采取这些措施后，女工们的日产量增加了30%以上。一段时间后，研究人员又取消这些优待，但是生产率不降反升。实验证明：各种工作条件包括福利待遇，都不是提高劳动生产率的唯一因素。

(3) 大规模访谈。梅奥用2年多的时间对2万多名职工进行深入而广泛的谈话实验，职工可以自己选择话题、提建议、发牢骚，结果生产量大幅提升。这项实验又一次发现，物质条件往往对生产率影响不大，人们的工作成绩还受情绪以及他人等因素的影响。

(4) 接线板小组观察研究。该实验的目的是要搞清楚社会因素对激发工人积极性的重要性。梅奥等人用6个月时间对14名接线板工人进行观察，发现：不同的行为准则会影响工人的行为，如不准高密度、活儿不应干太多或太少等。梅奥等由此得出结论：实际生产中，存在着一种“非正式团体”在决定着每个人的工作效率，对每个职工来说，其在群体中的融洽度与安全度比工资等物质因素更重要。

2.2.2 组织行为学

霍桑实验之后，大批的研究者和实践者从心理学、社会学、人类学和管理学的角度对人际关系进行综合研究，使得早期的人际关系学说继续发展和完善，形成了后来的组织行为学（即行为科学）。

人际关系学说和组织行为学研究的侧重点不同。前者侧重于“社会人”的研究，关心的是职工在生产中的人际关系和社会需要；后者则侧重于“自我实现人”与“复杂人”的论述，关心的是职工在工作中能否自我实现、成就感和自我满足、群体的行为和组织中的领导行为以及组织发展变革等。组织行为学对人的研究远比人际关系学说要复杂得多。

从研究的对象和涉及的范围来看，组织行为学主要集中在下面四个领域：

①有关人的需要、动机和激励问题，代表理论有马斯洛的“层次需求论”和赫兹伯格的“双因素论”等；

②有关企业中的人性问题，代表理论有麦格雷戈的“X 理论—Y 理论”等；

③有关领导行为问题，代表理论有布莱克和穆顿的“管理方格论”等；

④有关企业中非正式组织和人际关系问题，代表理论有卢因的“团体力学理论”等。

这些理论的许多主张和做法已经融合在现代管理理论当中，并为西方各国广泛使用，正在管理实践中产生着深远的影响。我们将在后面相应的篇章中有选择地进行介绍。

2.2.3 行为科学管理理论的贡献与局限性

行为科学管理理论强调将企业内的人和社会因素协调成一个有机整体，把激励人的积极性、主动性问题放到了管理的首位，这是管理理论发展史上的重大转变。同时，组织行为学所提供的管理措施和研究方法对后来的理论研究和实践提供了广泛的参考价值。

但是，行为科学理论也存在一些缺陷，主要体现在：

（1）忽略了企业外部影响，只注重研究企业内部的人与组织之间的协调与冲突；

（2）过分否定“经济人”的概念，忽略了经济因素对人的制约；

（3）只注重用静态的观点去分析人和群体的行为，未能用动态、发展的观点去研究。

不过，20 世纪 80 年代以后，这些缺陷已在行为科学管理理论研究中有了很大的改观。

管理现场 2.2

解决纠纷的新方案

李某走马上任一家电器公司的总经理后，对公司各方面作了调查研究，发现公司的市场表现不俗，消费者满意度颇高，但部分员工却很有情绪。原来最近员工间、部门间因工作产生了不少纠纷，虽然都按惯例由上级或上级部门进行了裁决，表面上纠纷解决了，但其中的一方心中却很不痛快。

李总经理觉得长此以往必定影响公司的凝聚力，于是决定改变这种状况。会议上，他提出了一个解决员工间、部门间工作纠纷的新方案。具体来说，就是让纠纷双方自己坐下来协商解决。大家听了这个方案，一时议论纷纷，忙请李总经理解释。李总笑容满面地说：“大家请先参观一间新设计的房间吧，看完之后你们就明白了。”

大家随一位工作人员进入了那间神秘的大房间。原来这间大房间被分隔成四小间，一间套一间。进入这大房间先得进第一小间，第一小间迎面立着的一个屏风上装有一大块玻璃镜，绕过镜子几步就进入第二小间；第二小间的门口挂着一个大沙袋，非得推开它人才能进去；第三小间的墙上挂满公司历年所获各种奖状、公司优秀员工的事迹与照片，公司各年业绩的图示等；第四小间就是几个沙发和小桌椅，旁边还有可自取的咖啡、茶、饮料等，似乎就是一个小会议室，另还有一扇门可供外出。

大家参观完毕回到会议室，一下子议论了开来……

1. 李总经理的新方案是基于什么理论？为什么这么做？
2. 行为学家把房间布置成那个样子，其目的和功效究竟是什么？
3. 你有没有更好的方法来解决员工与部门间因工作产生的矛盾冲突？

新方案的理论依据	大房间的布置功效	其他解决办法

2.3 现代管理理论

现代管理理论是指第二次世界大战后至现在的西方管理理论。

第二次世界大战之后，随着经济的复苏，科技日益发展，生产社会化程度日益提高，管理理论的研究出现了百花齐放的局面。许多学者从不同的背景、不同的角度、用不同的方法对管理问题进行研究，相继出现了许多新的理论学派。这些学派相互联系和相互影响，形成了盘根错节、百花争艳的局面，被称为“现代管理理论丛林”。1961 年，美国著名的管理学家哈罗德·孔茨发表了《管理理论的丛林》一文，把当时的各种管理理论划分为六个主要的学派。1980 年孔茨再发表文章《再论管理理论的丛林》，指出管理理论已经发展到 11 个流派：经验学派、人际关系学派、群体行为学派、社会协作系统学派、社会技术系统学派、决策理论学派、系统学派、管理科学学派、权变理论学派、经理角色学派和管理过程学派（见图2.5）。下面介绍几个主要学派的基本内容。

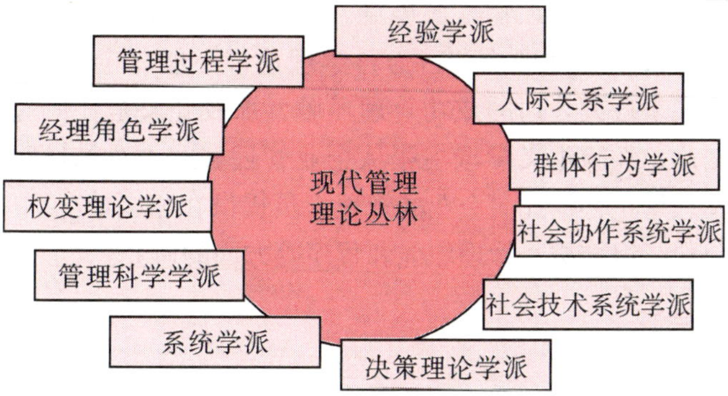

图2.5 现代管理理论丛林

2.3.1 管理过程学派

管理过程学派又称管理职能学派、经营管理学派，它最初的代表人物就是法约尔。该学派认为管理是在有组织的集体中让别人和自己一起去实现既定的目标，是管理人员在执行计划、组织、领导、控制等若干管理职能的一个过程。管理是一个从计划到控制，再从控制到计划的连续的循环的过程。当今大多数管理教材都采用过程学派这一理论框架。本书的内容体系很大程度上也是根据管理过程的思路来编排的。

2.3.2 社会系统学派

社会系统学派的创始人是美国的切斯特·巴纳德（C. I. Barnard，1886—1961）。这一学派认为人的相互关系就是一个社会系统，要受到社会环境各方面因素的影响。它强调管理的系统观，要求管理人员要树立牢固的全局观念、协作观念和动态适应观念，既不能局限于特定领域的专门职能，又不能忽视各自在系统中的地位和作用。系统管理就是将这种拥有的全部资源围绕一个目标发挥作用，而管理人员的职能就是建立组织目标、协调人的活动、维持信息联系系统，从组织成员处获得必要的服务。

2.3.3 决策理论学派

决策理论学派的主要代表人物是美国的赫伯特·西蒙（Herbert A. Simon）。这一学派在社会系统学派的基础上，把行为科学、运筹学和计算机科学综合运用于管理决策问题中，取得了丰硕的成果，其主要观点有：

（1）管理的过程就是决策的过程，即决策贯穿于管理的全过程，突出了决策在管理中的地位。

（2）对决策程序、准则、类型及技术做了科学系统的研究，并提出用“满意准则”替代传统的“最优化原则”去解决决策过程中的冲突。

（3）强调决策者的作用。指出不仅要注意决策中应用定量方法、计算机技术等科学方法，还要重视心理因素、人际关系等社会因素在决策中的作用。

2.3.4　经验主义学派

经验主义学派的主要代表人物是德鲁克，他强调通过研究管理案例来研究管理问题。这一学派认为，古典管理理论和行为科学理论都不能完全适应企业发展的需要，管理知识的真正源泉来自大公司的成功管理经验，那些经验是任何管理理论都难以完整描述的内容。据此，经验主义学派主张从企业管理实践中总结经验，找出共性的东西并使其系统化、理论化，据此向企业的管理人员提供在相同情况下进行管理的建议。他们特别重视对公司组织结构、管理职能和程序等方面的研究。

2.3.5　管理科学学派

管理科学学派也被称为管理数理学派或管理计量学派，是泰罗科学管理理论的继续和发展。这一学派的主要代表人物是美国的伯法等人。他们认为“管理”就是用数学模型及其符号来表示计划、组织、控制、决策等合乎逻辑的程序，求出最优解，以达到企业目标。因此，他们认为管理科学就是制定用于管理决策的数学和统计模型，并将这些模型通过电子计算机技术应用于管理实践中。

2.3.6　权变理论学派

权变理论是一种较新的管理思想，其代表人物较多，有伯恩斯、伍德沃德、莫尔斯和洛希等。权变的意思，通俗地讲，就是权宜应变。该学派认为，在企业管理中，由于企业内外部环境复杂多变，因此管理者必须根据企业环境的变化而随机应变，没有什么一成不变、普遍适用的“最佳”管理理论和方法。要求管理者根据组织的实际情况来选择最好的管理方式。

管理现场 2.3

三人同行，谁更有理？

乔丹、海伦、彼特三人是一家汽车制造公司的管理人员。他们分别负责财务、销售和生产。他们刚参加过一期管理培训学习班。在培训班里主要学习了科学管理理论、社会系统理论和权变理论等内容。他们对所学的理论有不同的看法，现正展开激烈的争论。

乔丹首先说：“我认为社会系统理论对于像我们这样的公司是很有用的。例如，如果生产工人偷工减料，又或者原材料价格上涨，都会影响到我们的产品销售利润。”

海伦抢着说：“但是我不认为这之间有什么必然的内在联系。如果说事物都是相互依存的话，如果所有东西都属于一个系统的话，那么这个系统能帮我们

什么忙呢？我认为权变理论更适合于我们。”

彼特则激动地表达了他的看法。他说：“泰罗和法约尔给了我们一些明确的管理原则，而权变理论却说一切取决于当时的情境，我们一下倒退了七八十年，从一套明确的原则又回到一套不明确的和模糊的指导方针上去了。”

1. 乔丹、海伦和彼特的观点有什么不同？你同意哪一个人的意见？
2. 如果你是海伦，你如何使彼特信服权变理论？

乔丹的观点	海伦的观点	彼特的观点

2.4 管理思想发展趋势

进入20世纪80年代以来，随着全球经济一体化和信息化的迅猛发展，世界企业掀起了新的管理变革浪潮，涌现出许多新的经营管理理念、方法和手段。具有代表性的包括企业战略管理、企业文化管理、客户关系管理、知识管理、企业再造和学习型组织。下面重点介绍管理理论发展的三个重要方向：知识管理、企业再造和学习型组织。

2.4.1 知识管理

知识管理的研究最早始于美国，至20世纪90年代中期得到蓬勃发展并进入实用化的阶段。随着知识经济的发展，知识作为非常重要的资源和无形的生产要素，在提高生产效率，促进经济增长中发挥着日益重要的作用。

知识管理就是在管理过程中把知识作为最重要的资源，通过知识的更有效利用来提高人或组织创造价值的能力，最大限度的开发和利用知识提高企业竞争力。知识管理可分为人力资源管理和信息管理两个方面。人力资源管理是知识管理的核心内容，是一种以“人”为中心，将人看成最重要资源的现代管理思想。

知识管理的主要特点是：重视对组织成员进行精神激励；重视知识的共享和创新；强调运用知识进行管理。

管理百科

管理大师德鲁克

彼得·德鲁克（Peter Drucker）（1909—2005）是最早感知和预言知识经济时代来临的人物之一。他提出21世纪最大的管理挑战是如何提高知识工人的劳动生产率。他的著作对广大管理人员理解、认识知识经济，接受知识管理及现代知识管理的研究与实践都产生了深刻的影响。被誉为“现代管理之父”的德鲁克无疑是20世纪最伟大的管理思想家和百科全书式的管理理论大师。在他将近75年的职业生涯里，德鲁克著书近40部，被翻译成超过30种文字，其中1973年出版的巨著《管理：任务、责任、实践》更被誉为管理学的“圣经”。德鲁克仿佛能预知未来：在1950年就预测计算机的重要性；1960年预见日本崛起成为工业强国；预言1987年股灾；1997年预期行政人员薪酬会反弹。他的远见卓识对于20世纪的管理具有深刻的影响。

2.4.2 企业流程再造

企业流程再造理论，又称公司再造理论，是1993年开始在美国出现的关于企业经营管理方式的一种新的理论和方法。该理论的创始人——美国原麻省理工学院教授迈克·哈默与詹姆斯·钱皮将企业流程再造定义为“为了飞跃性地改善成本、质量、服务、速度等重大的现代企业的运营基准，对工作流程进行根本性重新思考并彻底改革”，即“从头改变，重新设计”。

哈默与钱皮合著的《企业流程再造》（Re－engineering the Corporation）一书指出，信息技术革命使企业的经营环境和运作方式发生了很大的变化，企业应在新的运行空间条件下，从根本上改造原来的工作流程，以使企业更适应未来的生存发展空间。这一全新的思想震动了管理学界，在西方发达国家兴起了一场流程再造革命，被喻为“从毛毛虫变蝴蝶”的革命。

管理百科

企业改革大潮：流程再造

一项调查显示，在欧美的600多家大型企业中，有七成企业正在推行企业流程再造计划，余下企业中有一半也正着手考虑有关事项。IBM公司再造了IBM信用公司的贷款流程。在再造前，整个贷款流程需要16个经办员，流程平均需6个工作日，如果遇到某些障碍，流程甚至需要两个星期。IBM公司研究了问题所在，精简机构，再造流程，使用通才，使顾客贷款的申请表不再需要在各部门之间传阅，整个流程的耗时只需要一个半小时。通用汽车公司经过流程再造后，使北美应付账款部的员工从原来的500名减少到125人，仅为原来的25%。与上述公司相同，许多欧美企业也通过企业流程再造取得了喜人的成绩。例如Ford汽车公司、AT&T、意大利的BAT、德国西门子公司的Nixdorf Service，等等。许多国内的公司如联想、用友、海尔等也重新审视企业的流程，开始调整业务流程和组织结构，以期保持领先地位。

（资料来源：根据锐思管理网，Esoftbank. com. cn改编）

企业流程再造是围绕业务流程展开的，其关键是重新设计业务流程。再造不是对现有的东西稍作改良，而是要治本，要从根本上改变思路开始，做到脱胎换骨。企业再造的要点是，以信息系统、信息技术和全面质量管理为手段，以客户中长期需要为目标，通过最大限度地减少对产品增值无实质性作用的环节和过程，建立起科学的组织结构和业务流程，使企业的生产、产品品质、技术创新和经营规模都发生质的改变，在获取最佳效益的基础上提高企业在全球经济一体化中的竞争能力。

2.4.3 学习型组织

美国管理学家罗宾斯在他的《组织行为学》里指出："……企业再造是20世纪90年代初的潮流，学习型组织已成为跨世纪的最新潮流。"

在知识更新越来越迅速的环境背景下，企业管理再也不能像过去那样被动地去适应，而是要面对未来主动学习，不断用新知识去创新管理手段。美国麻省理工学院的彼得·圣吉教授于1990年出版了《第五项修炼——学习型组织的艺术与实践》一书，指出未来组织所应具备的最根本性的品质是学习。试图推动人们刻苦修炼，学习和掌握新的系统思维方法。

学习型组织是指通过营造整个组织的学习气氛充分发挥员工的创造性思维能力而建立起来的一种有机的、高度柔性的、横向网络式的、符合人性的、能持续发展的组织。要使组织变成一个学习型组织，必须进行以下"五项修炼"：

（1）系统思考：要求人们用系统的观点对待组织的发展；

（2）自我超越：认清理想境界，产生不断学习的意愿，实现自我创造和自我超越；

（3）改善心智模式：改变根深蒂固的旧有思维定势，破旧立新，建立新的心智模式；

（4）建立共同愿景：在组织中建立共同的理想或愿望，使组织形成一种合力；

（5）团队学习：强调组织化的交互式学习，大家共同成长和超越，发挥协同效应。

管理百科

温水煮蛙

彼得·圣吉在《第五项修炼——学习型组织的艺术与实践》一书中描述了这样一个实验：如果把一只青蛙放进沸水中，它会立刻试图跳出来。但是如果把青蛙放在温水里，不去惊扰它，它会待着不动。如果将水慢慢加热，当温度从20℃上升到25℃时，青蛙仍显得若无其事，甚至自得其乐。可悲的是，当温度继续缓慢升高时，青蛙仍然没有跳出来的意思，直至温度逐渐升高，青蛙都没有跳出来，最后成了煮熟的青蛙！

圣吉借用这个例子，形象地说明许多企业在面对环境的缓慢变化时无动于衷，以至于不能适应新的环境而最终被淘汰。为了避免这种悲剧的发生，20世纪至21世纪的企业应该建成“学习型组织”，面对环境变化进行自主学习和修炼，以便能及时觉察管理中的问题，及时作出反应，在竞争中立于不败之地。

（资料来源：彼得·圣吉. 第五项修炼——学习型组织的艺术与实践[M]. 北京：三联书店，1994：24）

管理现场 2.4

学习型组织的典范

实际上，许多有名的大公司都是学习型组织的积极拥护者和实践者。这些公司包括西门子、IBM、百事可乐、GE、3M、江淮汽车等。

例如，联想集团就专门建立了组织学习的保证和促进机制：如它的“鸵鸟理论”（只有比别人有非常明显的优势时，才具有竞争优势）、建立共同愿景（把联想建设成为长久的、有规模的高技术企业）、企业文化认同、领导以身作则、及时调整组织结构、人员合理流动、建立健全管理制度、合理的知识收集与传播和利用等。它的组织学习方式包括：①从合作中学习（与惠普、英特尔、微软、东芝等保持良好的合作关系）；②向他人学习（前车之鉴、后事之师，它山之石、可以攻玉，以及向顾客学习等）；③从自己过去的经验中学习。

微软公司也是学习型组织的典范。它的组织学习“三理念”包括：①自我批评学习（通过“事后分析”、“过程审计”、“自食其果”等活动）；②信息反馈学习（通过用户热线电话、最终用户满意度调查、产品跟踪研究等）；③交流共享学习（相同职能经理“蓝色托盘”午餐会、开发员“自带酒饭”午餐会、部门之间的相互观摩学习等）。

1. 联想集团与微软公司的组织学习活动有何共同之处?
2. 请对其他的学习型组织进行调研分析，并说明作为成功的学习型组织的好处。

学习型组织的共同之处	成为学习型组织的好处

精要回顾

一般认为，管理科学是从美国管理学家泰罗开始出现的，至今历经古典管理理论、行为科学理论和现代管理理论三个发展阶段。

古典管理理论主要有三个学术流派，分别是以泰罗为代表的科学管理理论、以法约尔为代表的一般管理理论和以韦伯为代表的行政组织理论。泰罗的科学管理理论被认为是管理学产生的标志。泰罗倡导在管理中运用科学的方法和科学的实践精神。泰罗科学管理理论的中心问题是提高劳动效率。为了提高劳动生产效率，泰罗认为必须为工作挑选或培训第一流的工人，同时必须研究工时与标准化，在制定标准定额基础上实行差别计件工资制，设置分为计划职责与执行职责的职能工长制，并对组织机构的管理控制则实行例外原则。法约尔的一般管理理论区分了经营与管理的概念，概括并详细分析了管理的五项职能，即计划、组织、指挥、协调与控制，提出了管理中具有普遍意义的十四项原则。韦伯的行政组织理论揭示了组织与权威的关系，划分了权威的类型。

行为科学理论由前期的人际关系学说和后期的组织行为学构成。人际关系学说是在“霍桑实验”的基础上开创建立的。霍桑实验第一次把管理研究的重点从物质因素转移到人的因素上来，开辟了管理研究的新理论，还为现代行为科学的发展奠定了基础。人际关系理论的重要贡献主要有：职工是“社会人”；企业中存在非正式组织；新的领导能力在于提高员工的满意度。

现代管理理论是第二次世界大战以后，人们从不同角度用不同方法对管理问题展开探索，由此带来了管理理论的空前繁荣，形成多种管理理论共存的“管理理论丛林”现象。“管理理论丛林”包括多种流派的管理理论，主要有管理过程学派、社会系统学派、决策理论学派、经验主义学派、管理科学学派、权变理论学派等。不同理论流派的观点、思维方法及构建的管理原理各不相同并且各具特色。

进入20世纪80年代以来，随着全球经济一体化和信息化的迅猛发展，世界企业掀起了新的管理变革浪潮，涌现出许多新的经营管理理念、方法和手段。具有代表性的管理思想新方向包括：知识管理、企业再造和学习型组织等。

重点概念

1．古典管理　2．行为科学　3．科学管理　4．一般管理
5．行政组织理论　6．人际关系学说　7．过程学派　8．社会系统学派
9．决策理论学派　10．经验主义学派　11．管理科学学派　12．权变理论学派
13．知识管理　14．企业再造　15．学习型组织

管理工作坊－2

思考题

1．泰罗的科学管理理论主要包含哪些内容？

2．法约尔提出了哪些管理职能和哪十四条管理法则？

3．人际关系学说的主要观点是什么？

4．现代管理理论主要有哪些流派？各流派的主要观点是什么？

5．现代企业管理中主要出现了哪些新的趋势？其主张分别是什么？

操作题

请与你的组员一起，通过书刊、网络、企业、亲友等渠道寻找下列问题的答案，并带回充分的证据资料与大家分享：

1．除了本章介绍的管理理论之外，你还接触过其他的管理理论吗？请收集整理一两个你感兴趣的管理理论或管理故事，与老师和同学们分享。

2．调查本地的一家企业，了解企业的内部管理制度和实际操作情况，看看体现了哪些管理理论？其管理效果如何？试着运用所学的管理理论进行评价或提出相应的改革措施。

3．海尔集团从1984年开始创业，经过28年的艰苦奋斗和卓越创新，从一个濒临倒闭的集体小厂发展为国内家电行业的龙头，成为国内外享有较高声誉的跨国企业。这跟海尔集团锐意进取，不断借鉴学习世界各国著名企业的管理经验息息相关。请登录海尔集团及相关网站，收集资料进行学习，并从学习型组织和企业流程再造的角度，介绍海尔集团的经验和取得的成绩。

学习档案

为了证明你在完成这一章书的学习之后，已经掌握了相关的理论知识和技能技巧，达到了本章提出的学习目标，你需要提供以下资料：

1. 对本章“引导案例”的分析理解；

2. 对本章“管理现场”的分析理解；

3. 对本章“关键概念”的理解回答；

4. 对本章“管理工作坊－2”提出的“思考题”的分析理解，以及对“操作题”的完成情况（包括书面报告、口头演示、材料整理等）；

5. 在本章学习过程中的其他相关管理活动的参与情况、课外学习的成果（包括资料、方式证据与反馈等）。

3 计划

学习目标

通过本章的学习，要求：

1. 了解计划的含义与作用；
2. 熟悉计划的不同类型；
3. 掌握计划编制的程序；
4. 熟悉常用的计划方法；
5. 掌握计划执行的 PDCA 循环；
6. 了解目标、目标管理的概念和特点；
7. 熟悉目标管理的实施过程和注意事项。

内容结构图

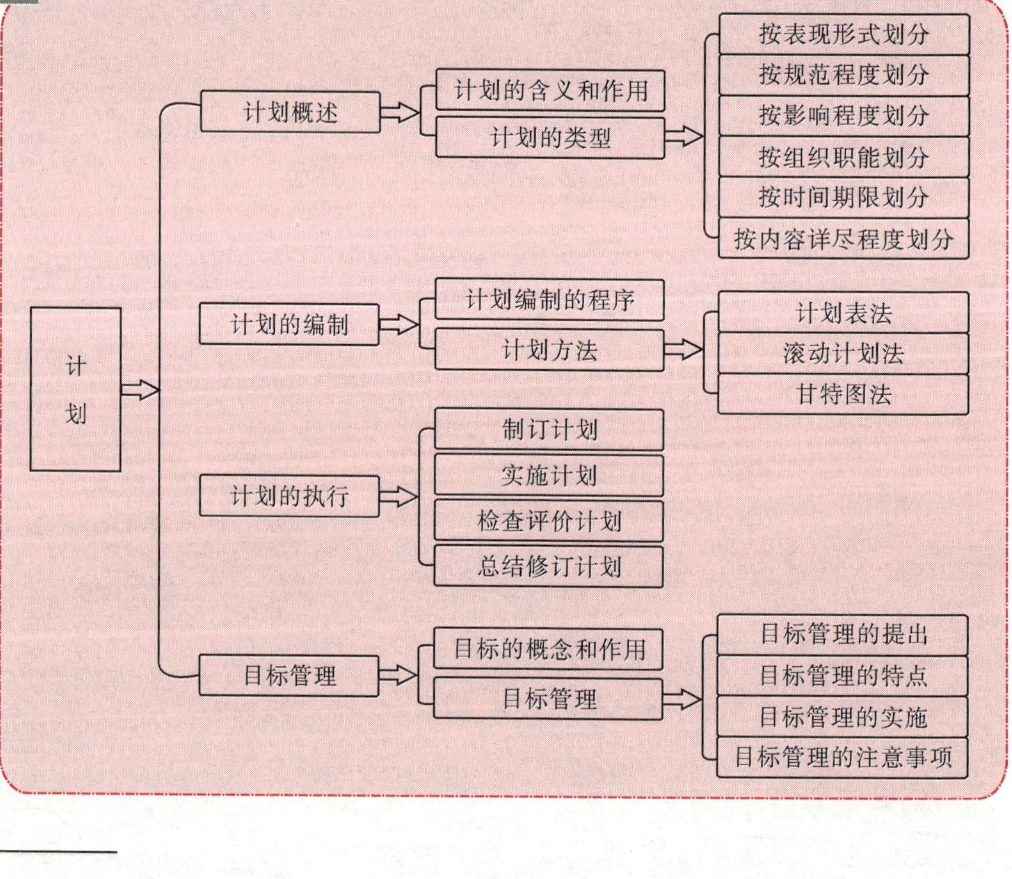

引导案例

松下电器公司的250年计划

日本松下电器产业公司（简称松下电器）是日本大型的电器制造公司，总部设在日本大阪。松下电器的前身是其创始人松下幸之助于1918年创立的松下电气器具制作所，最初生产电灯灯座。公司于1927年更名为松下电器制作所，并在1935年12月改成股份公司。

松下幸之助被尊为日本的“经营之神”。“事业部”、“终身雇佣制”、“年功序列”等日本企业的管理制度都由他首创。松下先生是一位非常有远见的企业领导人。在公司成立早期的一次全体员工大会上，松下幸之助讲道：

“现在我要告诉各位，松下电器的真正使命，就是生产再生产，使物质变成无限多，使人们能买得到便宜的东西，过上舒适的生活。那么怎样才能完成这个使命呢？其方法和顺序如下：从今天起，往后算250年，作为完成使命的期间。把250年分成十个阶段。再把第一个25年分成三期，第一期的10年，当做建设时代。第二期的10年，当做活动时代。第三期的5年，当做是贡献时代。以上三期，第一阶段的25年，就是所在的各位所要活动的时间。第二阶段以后，由我们的下一代，用同样的方法重复实践。第三阶段，也同样由我们的下一代，用相同的方法重复实践。依此类推，直到第十个阶段。换句话说，250年以后，要把这个世界变成一个物质丰富的乐土。如上所述，我们的使命，既任重又道远。从此刻起，我们要把这个远大的理想和崇高的使命，当做我们松下电器的使命。你们应该要自觉、勇敢地承受使命，若某人没有这种自觉的意识，我不得不认为他是与我们松下电器无缘的人。我们并不希求人数众多，我们需要的是，有使命感的人团结起来，朝着目标前进，这才是有意义的事。在此我必须声明一句话：我们的使命重大，理想崇高，因此，有时我不得不以严峻的态度要求你们。可是对各位的辛劳，一定会重重地酬谢。”

在这一宏伟计划的指引下，松下电器通过提供高品质、高性能的商品和优质服务，以“为了使人们的生活变得更加丰富、更加舒适，并为了推动世界文化发展作出贡献”为经营理念，坚持不懈开发新技术和新产品。它先后同荷兰的飞利浦电器公司、美国西方电气公司和美国无线电公司进行技术合作，在20世纪50年代至70年代期间获得突破性成长，业务拓展到世界多个国家和地区，成为全球著名的电器生产商。近年来，日本松下电器产业公司在经济环境不利的情况下继续保持良好发展势头。2011年，在美国《财富》杂志公布的全球500强企业排名中，松下电器排名第50位，营业收入达1 014.9亿美元。

松下幸之助先生的宏伟目标正一步步变为现实……

（根据 http://baike.baidu.com/view/60490.htm；http://www.gdpx.com.cn/news/200639335_6.shtm 改编）

案例讨论

1. 有人说:“计划总是赶不上变化,因此制订长期计划是无用的。”通过上述案例的学习,你同意这种说法吗?

2. 通用电气公司前CEO杰克·韦尔奇说过:“与其让别人掌握你的命运,不如你自己来主宰。”结合自身情况,谈谈你的人生规划。

3.1 计划概述

在一个集体工作的环境里,管理者最主要的任务,就是要努力使每个组织成员理解集体的总目标和一定时期的目标,以及达到目标的方法。如果要使集体的努力有成效,组织成员一定要明白组织期望他们完成的是什么。这就是管理活动中计划工作的职能,而这项职能在所有管理职能中是最基本的。

3.1.1 计划的含义和作用

(1) 计划的含义

可以从名词和动词两种词性来理解计划一词的含义。名词意义的“计划”,是指计划方案(计划书),是计划工作的结果。通常用文字和指标的形式来说明组织、部门及个人在未来一段时间内要实现的目标以及如何实现目标,就资源、时间及所采用的方法进行的具体安排和规定。

动词意义的“计划”,准确地说,应该称为计划工作,它包括预测未来、设立目标、决定政策、选择方案等一系列工作程序,最终目的是对现有资源进行合理的分配和安排,获得满意的效果。其直接成果是制订一份科学合理、完善可行的计划方案。

无论是名词意义还是动词意义,“计划”的内容都包括“5 W 1 H”,即计划必须清楚地确定和描述下述内容:

What——做什么,即明确所要进行的活动的内容与要求。

Why——为什么做,即明确计划工作的原因和目的,并论证可行性。

When——何时做,规定计划中各项工作的开始和完成时间,以便对进度进行有效的控制和对资源进行平衡分配。

Where——何地做,规定计划中的实施地点或场所,了解计划实施的环境条件和限制,以便合理安排计划实施的空间组织和布局。

Who——谁去做,计划不仅要明确规定目标、任务、地点和进度,还应规定由哪个人或哪个部门负责。

How——怎么做,制订实现计划的措施和手段,以及相应的政策。

（2）计划的作用

计划是组织连接现在与未来的桥梁，有效的计划工作会使本来不会发生的事发生，或者让可能发生的事以更有效的方式发生。中国古语讲："凡事预则立，不预则废，"深刻地阐明了计划工作的作用。具体而言，计划工作在管理中的作用可以概括为以下几点：

· 计划可以降低组织经营和管理的风险；
· 计划可以提高组织经营和管理的效益；
· 计划是管理者指挥的依据；
· 计划是管理者控制的标准。

管理百科

时间管理

时间管理（Time Management）就是用技巧、技术和工具帮助人们有计划、高效率地完成工作，实现目标。时间是一种特殊的资源，"没有时间你什么也干不了"，对时间资源的有效管理很大程度上决定了一个管理者或一个组织的效率高低乃至成功与否。

时间管理不是要把所有事情做完，而是更有效地运用时间；时间管理除了要决定该做些什么之外，另一个重要的目的就是决定什么事情不应该做；时间管理不是完全的掌控，而是降低变动性。时间管理最重要的功能是事先的规划，并以此作为一种提醒与指引。

（资料来源：http://baike.baidu.com/view/102959.htm）

3.1.2 计划的类型

从计划的普遍性可知，人类几乎所有的活动都可以计划和能够计划，因而计划的种类很多，可以按不同的标准进行分类。譬如：按内容分类，有综合计划和专题计划等；按范围分类，有国家计划、地区计划、部门计划、单位计划、科室计划、班组计划和个人计划等；按性质分类，有工作计划、学习计划、生产计划、销售计划、科研计划等；按时间期限分类，有长远计划、年度计划、季度计划、月度计划、周计划等。

不同的分类方法有助于我们全面地了解计划的各种类型，在组织的管理实践中，由于一些管理人员认识不到计划的多样性，使得在编制计划时可能会忽视某些重要的计划方面，因而降低了计划的有效性。以下介绍几种组织管理中常用的计划分类方法和相应的计划类型：

（1）按计划的表现形式进行分类

计划的表现形式是多种多样的，凡是基于对组织未来发展的谋划和准备工作都可以纳入计划的范畴。如图 3.1 所示，按照不同的表现形式，从抽象到具体，可以将计划分为使命、目标、战略、政策、规则、程序、规划和预算等类型，这些表现形式构成了一个计划的体系。

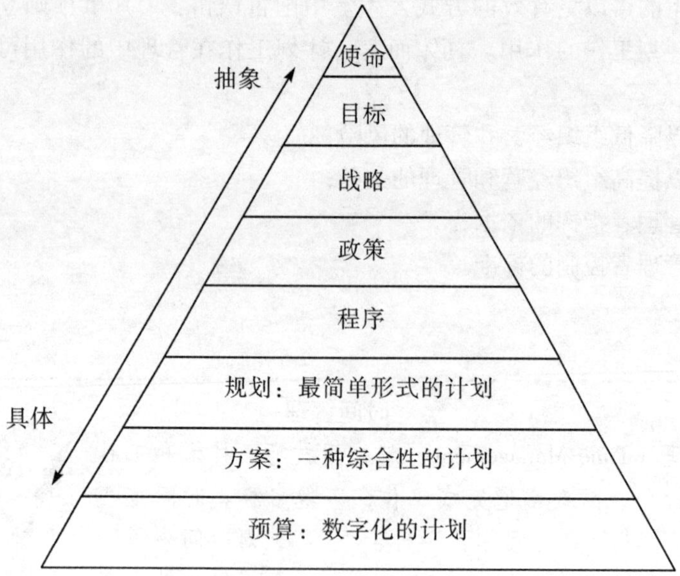

图 3.1　计划的不同表现形式示意图

（2）按计划编制的规范程度进行分类

按计划编制的规范程度不同，计划可分为正式计划与非正式计划。

正式计划一般是以书面文件形式加以表现的计划。正式计划的制订是一个包括了环境分析、目标确定、方案选择以及计划文件编制等一系列工作步骤的完整过程。过程的结果一般会形成一套计划书。在规模比较大、管理工作较规范的组织中，经常需要编制正式计划。

非正式计划一般是指不以书面文件形式来表现的计划，其内容往往比较粗略，也会缺乏连续性。在非正式计划中，虽没有形成书面文件，但这并不意味着当事人就一定没有行动的目标和方案。没有正式计划不简单等同于无计划。譬如：在管理比较粗放的小型企业，企业未来发展的目标和行动方案往往都在主要管理者的脑海里，通常以口头的形式传达给下属执行，并未形成正式的书面文件；在管理工作中，各级管理者都会面对一些需要紧急处理的临时性和突发性事务，这种情况下往往来不及也没必要制订正式的书面计划，而是以口头安排等形式快速处理。

（3）按计划的影响程度和影响范围进行分类

按计划对组织影响程度和范围的不同，计划可分为战略计划和战术计划，见图 3.2。

战略计划一般是由高层管理者负责制订的计划，其目的是确保组织“做正确的事”，侧重于确定组织要做“什么事”（What）以及“为什么”（Why）要做这事，它体现了组织在未来一段时间内总的战略构想和总的发展目标，以及实施的途径。战略计划具有长远性、全局性和指导性，它决定了在相当长的时间内组织资源的运动方向，涉及组织的方方面面，并将在较长时间内发挥其指导作用。

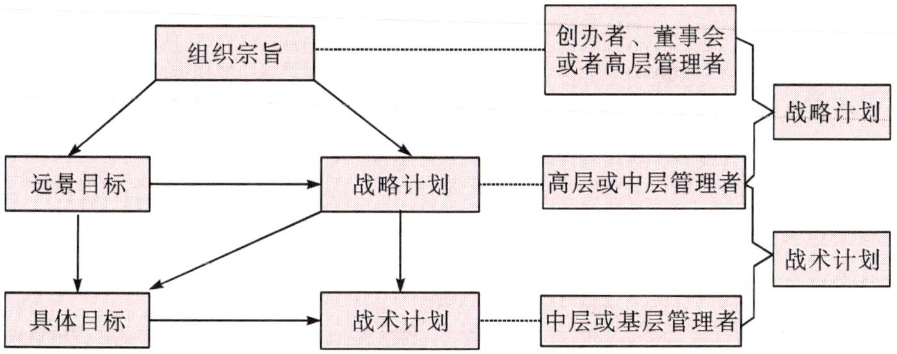

图 3.2 战略计划与战术计划示意图

战术计划是在战略计划所规定的方向、方针、政策框架内，确保战略目标的落实和实现，确保资源的取得与有效运用的具体计划，它主要描述如何实现组织的整体目标，是战略计划的具体化。战术计划旨在追求“正确地做事”，主要侧重于规定需由“何人”（Who）在“何时”（When）、“何地”（Where），通过“何种办法”（How），以及使用“多少资源”（How much）来做这事。

（4）按组织职能进行分类

按组织的职能的不同进行分类，计划可分为生产计划、营销计划、财务计划、人力资源计划等。从组织的横向层面看，组织内有着不同的职能分工，每种职能都需要有特定的计划。如企业要从事生产、营销、财务、人事等方面的活动，就要相应地制订生产计划、营销计划、财务计划和人力资源计划等。通过计划将组织在一定时期内的活动任务分解给组织的每个部门、环节和个人，从而不仅为这些部门、环节和个人在该时期的工作提供了具体的依据，而且为决策目标的实现提供了组织保证。

（5）按计划的期限进行分类

按计划期的长短不同，计划可以分为短期计划、中期计划和长期计划。一般来讲，计划期在 1 年以内的称为短期计划，而计划期在 5 年以上的即为长期计划，介于两者之间的称为中期计划。显然这个划分标准并非绝对，对不同性质、不同规模、不同发展阶段的组织或企业而言，计划期的长与短是相对的。

（6）按计划内容的详尽程度进行分类

按计划内容的详尽程度分类，计划还可分为指导性计划与具体计划。

指导性计划通常只规定一些重大方针，主要是为组织指明方向，统一认识，而不局限于明确的目标或特定的活动方案上，指导性计划不提供实际的操作指南。具体计划则恰恰相反，要求必须具有明确的可衡量目标以及一套可操作的行动方案。组织需要根据所面临环境的不确定性和可预见性程度的不同，有选择地制订这两种不同类型的计划。

管理百科

商业计划书

商业计划书（Business Plan），也称为商业策划书，是指为一个商业发展计划而做的书面文件。商业计划书是创业者提供给投资者和一切对创业者项目感兴趣的人，向他们展现创业的潜力和价值，说服他们对项目进行投资和支持的重要文件。因此，一份好的商业计划书一般要包括以下内容：①公司概述；②研究与开发；③产品或服务；④管理团队和管理组织情况；⑤行业及市场；⑥营销策略；⑦融资说明；⑧财务计划与分析；⑨风险因素；⑩退出机制。

（资料来源：http://baike.baidu.com/view/43184.htm）

管理现场 3.1

保险销售员的销售计划

有个同学举手问老师："老师，我的计划是要在一年内赚 50 万元！请问我应该如何制订我的计划呢？"

老师问他："你相不相信你能实现这个计划？"他说："我相信！"

老师又问："那你知不知道要通过从事哪项工作来实现你的计划？"他说："我现在已经开始从事保险销售了。"

老师接着又问他："你认为保险业能帮你实现这个计划么？"他说："我相信，通过努力是能行的。"

老师又问道："那我们来看看，你要为自己的目标做出多大的努力。根据保险业一般的提成比例，50 万元的佣金大概要做 150 万元的业绩。一年要做 150 万元业绩，那么一个月要做 12.5 万元业绩，每一天要做 4 150 元业绩。"

"如果每一天要做 4 150 元业绩，大概每天要拜访多少客户？""大概每天要拜访 25 个人。"

"那么一天要拜访 25 人，一个月要拜访 750 人，一年则需要拜访 9 000 个客户。"

这时老师又问他："请问你现在有没有 9 000 个 A 类客户？"他说没有。"如果没有的话，就要靠陌生拜访，你平均一个人要谈上多长时间呢？"他说："至少 20 分钟。"

老师说："每个人要谈 20 分钟，一天要谈 25 个人，也就是说你每天要花 8 个多小时在与客户交谈上，还不算路途时间。请问你能不能做到？"……

（资料来源：根据 http://wenku.baidu.com/view/6beac616866fb84ae45c8da5.html 改编）

1. 如果你是那位同学，请问你能不能做到？
2. 通过这个案例，你对目标与实现目标的计划之间的关系做何理解？

	如果你是那位同学，你的目标是？	目标和实现目标的计划间的关系？
你的回答		

3.2 计划的编制

在编制正式计划时，管理者要按照一定的计划编制程序分步骤完成计划的编制，要使用一定的计划方法来保证计划的质量和计划编制的效率。

3.2.1 计划编制的程序

计划类型繁多，但计划特别是正式计划编制的程序基本相同，通常都会包括以下几个工作步骤，如图 3.3 所示。

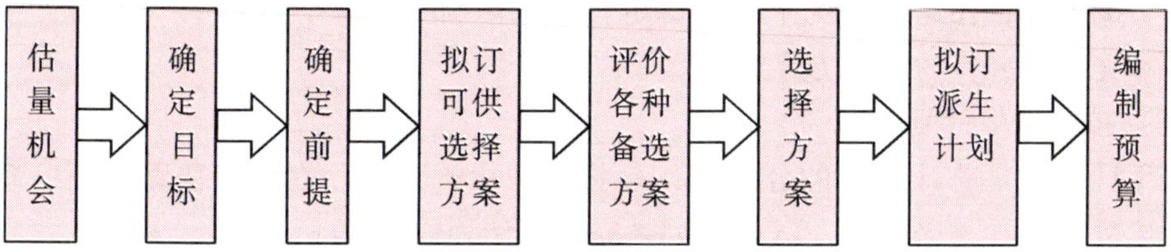

图 3.3 计划编制程序示意图

在管理实践中，一些计划特别是在非正式计划的编制工作中往往会简化某些工作步骤，但这并不能否定一个完整的编制程序的作用。

(1) 估量机会

对机会的估量，要在实际的计划工作开始之前就着手进行，它虽然不是计划的一个组成部分，但通常被视为计划工作的真正起点。

(2) 确定目标

计划工作的第一步就是在估量机会的基础上，为组织及其所属的下级单位确定计划工作的目标。在这一步骤中，要确定基本的方针和要达到的目标，明确制定相应战略、政策、规则、程序、规划和预算的任务，并指出未来工作的重点。在确定目标时应注意几点：一是目标要高低适中；二是要尽可能将指标量化；三是要使目标具体明确。

(3) 确定前提条件

计划工作的第二步是确定一些关键性的计划前提条件，并使计划编制者对此达成共识。所谓计划工作的前提条件就是计划工作的假设条件，换言之，即计划实施时的预期环境。按照组织的内外环境的可控程度，可将计划工作的前提条件分为不可控、部分可控和可控三种。不可控的前提条件越多，计划实施面临的不确定性越大，对预测工作的要求也就更高。

(4) 拟订可供选择的方案

计划工作的第三步是设想和拟订可供选择的行动方案。完成一项任务，往往会有多种行动方案，即每一行动均有异途存在，称为“异途原理”。设计和推敲计划方案是一项需要发挥管理者创造性的工作，体现了计划工作的创新性。方案不是越多越好，有必要对备选方案的数量加以限制，以便把主要精力集中在少数最有希望的方案的分析上。

（5）评价各种备选方案

计划工作的第四步是按照前提和目标来权衡各种因素，比较各个方案的利弊，对各个方案进行评价。评价实质上是一个价值判断，它一方面取决于评价者所采用的评价标准，另一方面取决于评价者对各个标准所赋予的权重。

（6）选择方案

计划工作的第五步是选定方案。这是在前四步工作基础上的关键一步，也是决策的实质性阶段——抉择阶段。在面对不止一个可行的备选方案时，需要决策者根据组织已确定的目标来选出最优的或者是最适合的方案。有可能遇到情况是，同时有两个难以取舍的方案，在这种情况下，应确定优先采取哪个方案，而将另一可行方案也进行细化和完善，并作为后备方案。

（7）拟订派生计划

派生计划就是总计划下的分计划，是具体的执行计划。在做出决策之后，总计划的实现要靠派生计划来保证，派生计划是完成总计划的基础。

（8）编制预算

计划工作的最后一步是把计划转化为预算，使之数字化，通过数字来反映整个计划。预算实质上是资源的分配计划。预算工作做好了，可以成为汇总和综合平衡各类计划的一种工具，也可以成为衡量计划完成进度的重要标准。

管理百科

企业资源计划 ERP

企业资源计划（ERP：Enterprise Resource Planning）是指建立在信息技术基础上，以系统化的管理思想，为企业决策层及员工提供决策运行手段的管理平台。ERP 既是一个针对物资资源管理（物流）、人力资源管理（人流）、财务资源管理（财流）、信息资源管理（信息流）集成一体化的企业管理软件，更是一种体现了完全按客户需求进行经营管理的先进管理思想。

企业资源计划（ERP）是 20 世纪 90 年代初由美国著名的高德纳咨询公司（Gartner Group Inc.）提出的概念。由于 ERP 采用了最新的计算机信息技术，使得完全按客户需求进行经营管理从理论设想成为了现实可能，因而迅速为全世界的商业企业所接受。据统计，目前 80% 以上的世界 500 强企业都在用 ERP 软件作为其决策的工具并管理日常工作流程。

（资料来源：http://baike.soso.com/v447011.htm? ch = ch.bk.innerlink）

3.2.2 计划方法

制订计划的方法很多，有的强调简单实用，如计划表法；有的则复杂精确，如网络计划技术。在管理实践中应根据不同的计划编制要求来选择合适的方法，以提高计划编制的效率和质量。以下介绍几种简单常用的计划方法：

（1）计划表法

表格是计划的常用工具。通过它将工作计划指标或要完成的工作项目列明汇总，表达出工作计划的基本内容。计划表法就是使用表格的形式反映工作计划内容的一种计划方法。作为一种简单实用的计划编制方法，计划表法被普遍应用于小规模工作项目计划的编制。表 3.1 给出了某公司技术部 TS/16949 审核工作计划跟踪表。

表 3.1　　**计划表法的一个应用示例**

×××公司技术部 TS/16949 审核工作计划跟踪表

序号	工作内容	负责部门	完成时间	责任人	备注
1	对体系覆盖的产品图纸进行确认	技术部	9 月 21 日	李玉	
2	收集顾客的特殊要求，如技术协议、合同/质量协议等		9 月 23 日	张蕾	
3	对每一份零件的材料要求进行确认		9 月 26 日	李玉	
4	编制产品生产过程流程图		9 月 30 日	李玉	
5	编制产品作业指导书		10 月 8 日	廖函	
6	编制外来文件清单		10 月 11 日	张蕾	
7	进行顾客工程规范评审		10 月 15 日	张蕾	
8	特殊过程的验证		10 月 18 日	李玉	
9	新产品 APQP		10 月 20 日	李玉	
10	本部门有关过程绩效统计		10 月 21 日	廖函	

审核：姜园　　　　制表：熊丹

（2）滚动计划法

滚动计划法是一种定期修订未来计划的方法。这种方法将短期计划、中期计划和长期计划有机地结合起来，根据近期计划的执行情况和环境变化情况定期修订未来的计划，并逐期向前滚动延伸。由于在制订计划时很难准确预测影响未来发展的各种因素的变化，因而会出现“计划赶不上变化”的情况，而且计划期越长，这种不确定性的影响就越大，若硬性地按若干年前制订的计划实施，可能会导致重大的损失。滚动计划法则可较好地避免这种不确定性带来的不良后果。图 3.4 是一个利用滚动计划法编制的五年计划的示意图。

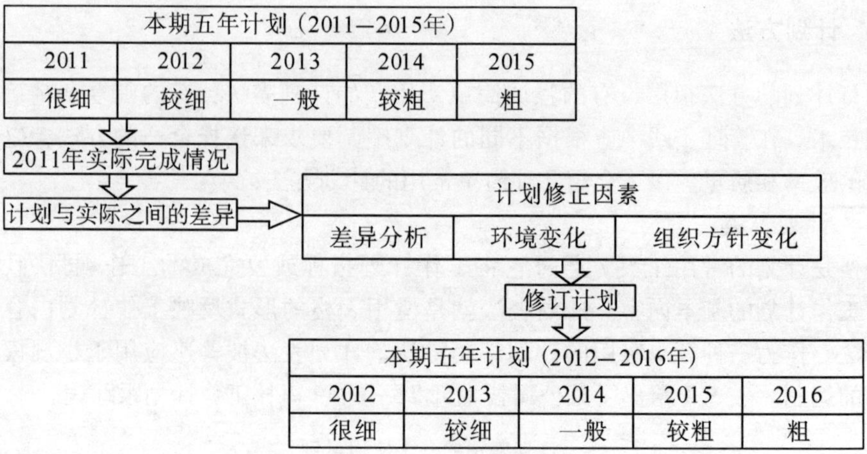

图 3.4　滚动计划法应用案例示意图

(3) 甘特图法

甘特图（Gantt Chart）是 20 世纪初由亨利 · 甘特开发的，也叫横道图或条形图。

甘特图基本上是一种线状图，通常横轴表示时间，纵轴表示安排的活动；两种线条分别表示在整个期间内计划的安排和实际活动的完成情况。甘特图能够从时间上整体把握进度，很清晰地标识出每一项任务的起始与结束时间，以及实际进展与计划要求的对比。

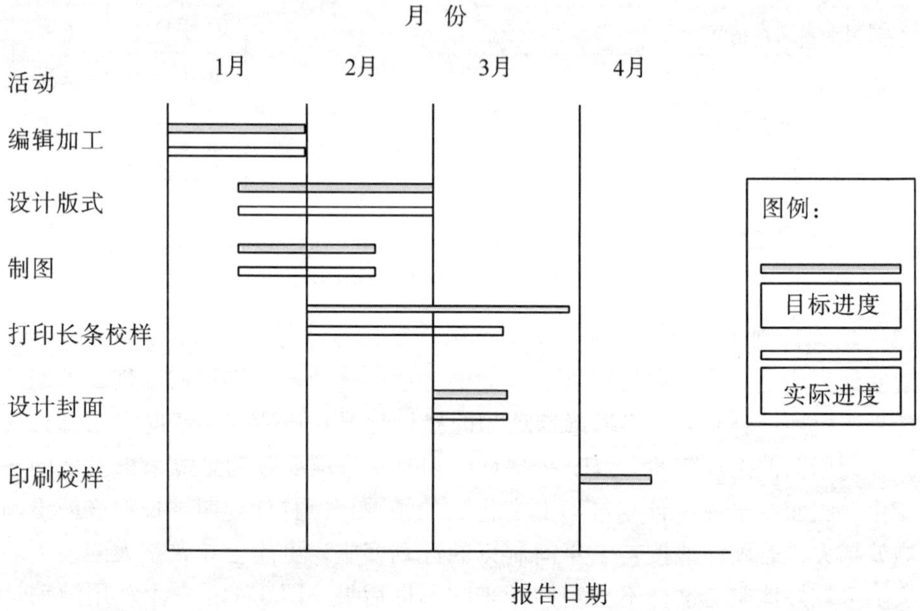

图 3.5　甘特图法示意图

图 3.5 绘出了一个图书出版的甘特图，时间以月为单位表示在图的上方，主要活动从上到下列在图的左边。甘特图还可以作为一种控制工具，帮助管理者发现实际进度偏离计划的情况。

在本例中，除打印长条校样以外，其他各项活动都是按计划完成，而长条校样比计划进度落后了2周。通过这些信息，项目的管理者就可以采取纠正措施，或是赶出落后的2周时间，或是保证不再有延迟发生。

管理百科

北极星导弹计划与网络计划技术

北极星导弹计划（Polaris Missile Project）是美国海军于20世纪50年代后期实施的一项研制导弹核潜艇的计划。由于实施计划的过程中用网络技术创造了一种控制工程进度的新方法——计划评审技术（应用网络模型制订和控制一项工程有关活动的先后顺序和工作进度的计划管理技术，英文简称PERT），使北极星导弹比原计划提前两年研制成功。这种计划与控制方法在工程管理中产生的效益逐渐引起了人们的关注，促进了系统工程技术被广泛应用于管理工作中。

（资料来源：http://baike.baidu.com/view/755185.）

管理现场3.2

计划表法的应用

如果一项工作内容较为复杂，涉及多人的参与配合，这时就需要一份书面的工作计划，将各项工作内容加以明确，通过合理的分工，使大家明确任务，各司其职，共同把这项工作完成好，达成预期目标。

如何制订这样一份工作计划呢？计划表法就是一种非常简单实用的计划工作方法。现实生活和工作中，可以使用计划表法来制订工作计划的情形很多，譬如：举办一场班级联欢晚会、针对某产品的促销活动、部门的月度工作计划等。

结合你的实际情况，请用计划表法制订一份工作计划并与大家分享。

3.3 计划的执行

计划的执行是一个包括四个阶段的往复循环。这四个阶段分别是：计划制订阶段（PLAN）、实施计划阶段（DO）、检查评价计划的实施情况阶段（CHECK）和总结修订计划阶段（ACTION），对此可称为计划执行的PDCA循环，如图3.6所示。

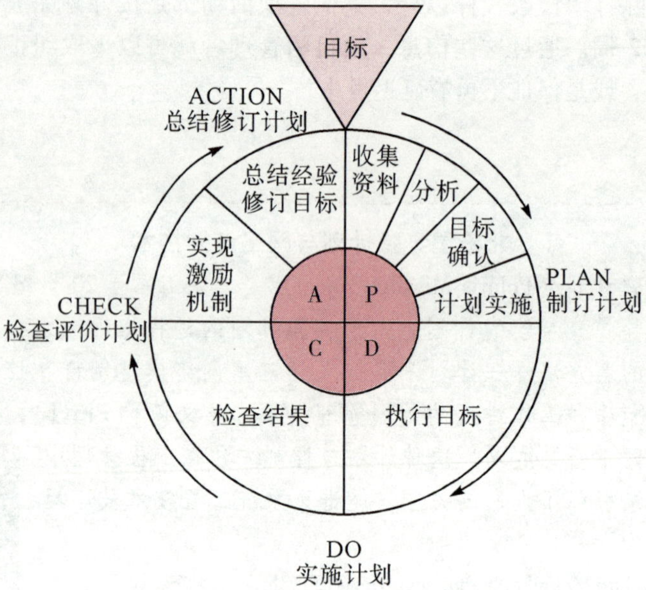

图 3.6 计划执行的 PDCA 循环示意图

3.3.1 计划制订阶段（PLAN）

计划制订阶段主要是完成计划的编制工作，并最终形成完整的计划文件。编制计划是为了执行计划。所编制计划的可执行性是衡量计划编制质量的最重要的标准，要保证计划的可执行，除了上节所论及的要遵循计划编制的基本程序和采用切合实际的计划方法外，计划编制过程中要保证计划涉及的各部门和人员要有机会参与其中，就明确各部门和个人的目标任务、责权利等核心问题进行民主讨论和平等协商，以期达成最大限度的一致，从而使计划成为全体员工的计划而不是少数管理者的计划，为计划的顺利执行奠定基础。

3.3.2 实施计划阶段（DO）

实施计划阶段的主要工作分为：

首先，要做好计划的宣传解释和动员工作，明晰组织总体的、各部门的和全体员工的目标任务和计划考核指标，将各部门和全体员工的思想和行动统一到为实现组织总目标这一大的方向上来。为维护计划的严肃性和权威性，上下级之间通常要签署相应的目标责任书或协议等，将责权利等内容进行规范化的表述，形成有约束性的文件。

其次，各部门和个人在明确目标任务的基础上，启动各自的 PDCA 循环，即为完成各自的目标任务而制订计划（PLAN）、实施计划（DO）、检查计划（CHECK）、修订计划（ACTION），形成一个个小的 PDCA 循环。因此组织计划执行的 PDCA 循环是一个大环套小环，小环保大环的层层循环的体系。

最后，计划是管理的首要职能，在计划实施过程中，对各级管理者而言，就是如何发挥组织、领导和激励、指挥和控制等其他管理职能，确保计划的顺利完成。

3.3.3 检查评价计划阶段（CHECK）

制订计划的前提条件是预测的，预测并不都会成为现实，这种不确定性使得计划通常不会按预定的路线自动实现，在计划实施过程中的检查和评价就显得尤为重要。通过检查和评价，及时掌握计划实施的真实状况，发现可能存在的问题和原因，为下一阶段可能采取的“纠偏”措施或计划调整提供依据。

3.3.4 总结修订计划阶段（ACTION）

这一阶段主要对上述检查和评价的结果进行客观地分析，查明导致计划偏离的原因，总结经验和教训，采取保证原定计划顺利实施的“纠偏”措施，使计划执行及时回到正确航道。

计划也是可以调整的，基于对环境变化新的判断，管理者要审时度势，对组织方针或具体的计划目标和完成期限等及时做出调整修订。

当一个阶段的计划执行完毕，面对新的目标和任务，一个新的 PDCA 循环又开始了。

管理现场 3.3

计划执行中的沟通

某班组的班长以提高班组整体工作能力为目标，经过认真思考，制订出一系列的计划，并开始按照计划严格执行。执行过程中并未事先向班组成员讲述计划的内容及预期达到的目标。班组成员对此不解，常常向班长抱怨：“不需要这样做吧，其他班不这样做也都挺好的，为什么就咱们班不同呀？”班长认为本班组所要达到的目标不同于其他班组，立即否决并回应称：“那是因为每个班的情况不同。”

随着计划实施的深入，执行过程中常常出现问题，成效不明显，且员工们普遍认为班长的想法跟自己格格不入，无法理解，难以贯彻执行。

1. 为什么班组长的计划不为员工所理解？为什么计划未达到预定目标呢？

2. 你认为一个好的计划应如何制订与实施？

	原因分析	如何制订和实施计划
你的主要观点与建议		

3.4 目标管理

3.4.1 目标的概念和作用

(1) 目标的概念

在学习目标管理之前，首先认识和了解目标。目标是个人、部门或整个组织所期望的成果。目标是努力的方向和前进的动力，无论是个人还是组织都应有自己的目标。对组织而言，目标是指组织在一定时期内通过努力争取达到的理想状态或期望获得的成果。无论是企业、政府、事业单位还是社会团体，目标都既是该组织各项管理活动的起点，也是各项管理活动的终点。

(2) 目标的作用

组织目标的作用可概括为四个方面：

①为管理活动指明方向

管理是为达到特定目标而协调集体活动所作出努力的过程。没有特定的目标，就无须管理。有了目标，管理者才能明了为何而管理。因此，目标的作用首先在于为管理活动指明方向。

②激励作用

从组织成员个人角度看，目标的激励作用表现在两个方面：一是明确的目标可以调动个人潜在的积极性；二是目标的实现会给个人带来成就感和满意感，从而激发其为下一个目标的实现而努力。当然，要使目标发挥对组织成员的激励作用，目标设置的恰当与否事关重要。

③凝聚作用

组织是一个社会协作系统，它要靠目标将组织成员凝聚起来。组织凝聚力的大小受诸多因素影响，而是否确立了为大多数组织成员所认可的组织目标是其中的一个主要因素。当组织目标充分体现了组织成员的共同利益从而变成了组织成员的共同追求时，就能极大地激发组织成员的工作热情、团队精神和创造力，使组织成为一个紧密团结、齐心协力的集体。

④考核的标准

大量的管理实践表明，仅凭上级管理者的主观印象和价值判断来考核下属是不科学的，容易引发上下级之间和员工之间的矛盾和冲突，不利于调动下属的积极性。因此，应将目标的实现作为考核组织成员工作业绩的客观标准。

管理百科

制定目标的 SMART 原则

SMART 原则是目标管理中的一种方法，目前在企业界有广泛的应用。它的首次出现一般被认为是在 1981 年 12 月发行的《管理评论》（Management Review）上。SMART 原则中的“S”、“M”、“A”、“R”、“T”五个字母分别对应以下五个英文单词：

- 目标必须是具体的（Specific）
- 目标必须是可以衡量的（Measurable）
- 目标必须是可以达到的（Attainable）
- 目标必须和其他目标具有相关性（Relevant）
- 目标必须具有明确的截止期限（Time - based）

SMART 原则还有另一种变体——SMARTER，前五个字母与上述原则相同，而后两个字母“E”和“R”则分别对应了单词 Evaluate（评估）和 Reevaluate（再评估）。

（资料来源：http://zh.wikipedia.org/wiki/SMART）

3.4.2 目标管理

围绕目标的实现开展管理是所有管理活动的题中应有之义。如何更高效率地达成组织目标始终是管理理论研究与实践的努力方向。尽管没有谁能被称为强调目标方法的创始人，但“目标管理”作为一个有特定内涵的概念和一种管理方法则始于美国管理大师彼得·德鲁克（Peter Drucker）于 1954 年出版的《管理实践》这部著作。

（1）目标管理的提出

目标管理（Management by Objective，缩写为 MBO）是一种以目标为导向，以人为中心，以成果为标准，而使组织和个人取得最佳业绩的现代管理方法。目标管理亦称“成果管理”，俗称责任制，它强调个体员工的积极参与，自上而下、协商一致地确定工作目标，在工作中实行“自我控制”，最终自下而上地保证目标的实现。

德鲁克认为，并不是有了工作才有目标，而是相反，有了目标才能确定每个人的工作。所以“企业的使命和任务，必须转化为目标”，如果一个领域没有目标，这个领域的工作必然被忽视。因此管理者应该通过目标对下级进行管理，当组织最高层管理者确定了组织目标后，必须对其进行有效分解，转变成各个部门以及各个人的分目标，管理者根据分目标的完成情况对下级进行考核、评价和奖惩。

（2）目标管理的特点

和其他管理方法相比，目标管理方法的优点可以总结为以下四点：

①管理强化，水平提高

目标管理以最终结果为导向，迫使各级管理人员去认真思考计划的效果，而不仅仅是考虑计划的活动。为了保证目标的实现，各级管理人员必然认真考虑实现目标的方法和途径，考虑相应的组织机构和人选，以及需要怎样的资源和哪些帮助。许多经理认为，有一套目标体系，有一套评价标准，就激励和控制来讲，没有其他的比这更能推动有效管理了。

②成果导向，结构优化

目标体系的确立，明确规定了组织各层次、各岗位人员的分目标和任务，在允许的范围内，组织机构要按照实现目标的要求来设置和调整，各个职位也应当围绕所期望的成果来建立，这就会使组织结构更趋合理与有效。为了完成目标任务，各级管理人员必须根据他们期望的成果授予下属人员相应的权利，使其与组织的任务和岗位的责任相对应。

③任务承诺，责任明确

目标管理明确了各级管理者和工作人员的责任，使他们不再只是被动执行上级下达的指标和等待指导，而要主动致力于自己目标的实现。由于他们参与了自己目标的拟订，将自己的想法纳入了计划之中，他们了解自己在计划执行中所拥有的自主处置的权限，以及能从上级那里得到多少帮助，自己应承担多大的责任等，因而，他们会努力把自己的工作做得更好。

④监督加强，控制有效

目标管理能使责任更明确，由此不难推理，它会使控制活动更有效。控制就是采取措施纠正计划在实施中出现与目标的偏离，确保任务的完成。有了一套可考核的目标评价体系，监督就有了依据，控制就有了准绳。

（3）目标管理的实施过程

目标管理的实施过程可分为三个阶段：确立目标体系、目标实现的过程管理、总结与评估。这三个阶段是一个周而复始的循环，预定目标实现后，又要开始确定新的目标，展开新一轮的循环。这一过程如图 3.7 所示。

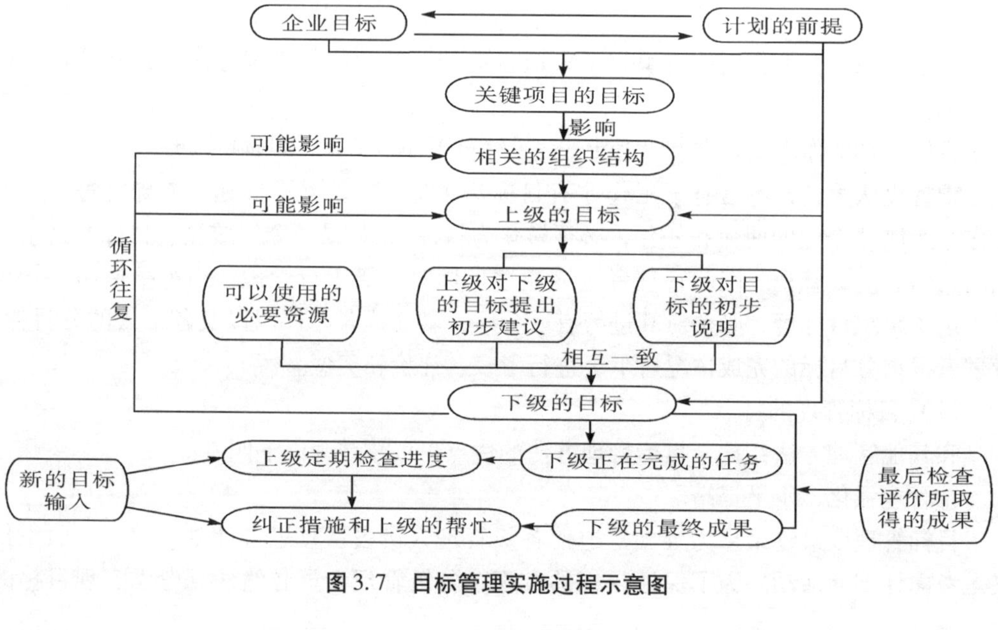

图 3.7　目标管理实施过程示意图

①确立目标体系

这是目标管理最重要的阶段，这一阶段又可以细分为四个步骤：

首先是提出预定的总目标。这是一个可以改变的目标预案，既可以由上级提出总目标，逐级向下分解，也可以由下级提出各自的分目标，上级汇总修订，形成总目标。

其次是重新审议组织结构和职责分工。目标管理要求每一个分目标都有确定的责任主体，因此提出预定总目标之后，需要重新审查现有组织结构，根据新的目标分解要求进行调整，以明确目标责任者和协调关系。

再次是协商确定下级的目标。在协商讨论中上级要尊重下级，平等待人，耐心倾听下级意见，帮助下级发展一致性和支持性目标。分目标要具体量化，便于考核；分清轻重缓急，以免顾此失彼；既要有挑战性，又要有实现可能。每个员工和部门的分目标要和其他的分目标协调一致，支持本单位目标和组织总目标的实现。

最后是上级和下级就实现各项目标所需的条件以及实现目标后的奖惩事宜达成协议。分目标制定后，要授予下级相应的资源配置的权利，实现权责利的统一。

②目标实施过程的管理

目标管理重视结果，强调自主、自治和自觉，但这并不等于领导可以放手不管，相反由于形成了目标体系，一环失误，就会影响全局。因此领导在目标实施过程中的管理是不可缺少的。首先进行定期检查，利用双方经常接触的机会和信息反馈渠道自然地进行；其次要向下级通报进度，便于互相协调；再次要帮助下级解决工作中出现的困难问题；最后当出现意外、不可测事件严重影响组织目标实现时，也可以通过一定的程序修改原定的目标。

③总结和评估

达到预定的期限后，下级首先进行自我评估，提交书面报告；然后上下级一起考核目标完成情况，决定奖惩；同时讨论下一阶段目标，开始新循环。如果目标没有完成，应分析原因总结教训，切忌相互指责，以保持组织内部相互信任的气氛。

（4）推行目标管理的注意事项

目标管理可能看起来简单，但对管理者的要求是很高的，要把它成功付诸实施，管理者至少应注意以下几点：

第一，管理者必须知道什么是目标管理，为什么要实行目标管理。如果管理者本身不能很好地理解和掌握目标管理的原理，那么，由其来组织实施目标管理也是一件不可能的事。

第二，管理者必须知道组织的总目标是什么，以及他们自己的活动怎样适应这些目标。如果组织的一些目标含糊不清、不现实、不协调、不一致，那么主管人员想同这些目标协调一致也是不可能的。

第三，目标管理所设置的目标必须是正确的、合理的。所谓正确，是指目标的设定应符合组织的长远利益，和组织的宗旨使命相一致，而不能是短期的。所谓合理，是指设置目标的数量和标准应当是科学的，因为过于强调工作成果会给人带来压力，导致不择手段的行为产生。为了减少选择不道德手段去达到这些效果的可能性，管理者必须确定合理的目标，明确表达对合理行为的期望，使得员工始终具有正常的“紧张”和“努力”程度。

第四，所设目标无论在数量或质量方面都具备可考核性，这也是目标管理成功的关键。任何目标都应该在数量上或质量上具有可考核性。有些目标，如“时刻注意顾客的需求并很好地为他们服务”，或“使信用损失达到最小”，或“改进提高人事部门的效率”等，都没多大的实际意义，因为在将来考核时没有人能准确地评判他们是否实现了这些目标。

管理现场 3.4

刘总的困惑

北斗公司刘总经理在一次职业培训中学了很多目标管理的内容。他对于这种理论逻辑上的简单清晰及预期的收益印象非常深刻。因此，他决定在北斗公司内部实施这种管理方法。

首先是为公司的各部门制定工作目标。刘总认为：由于各部门的目标决定了整个公司的业绩，因此应该由他本人为各部门确定较高的目标。确定了各部门目标之后，他就把目标下发给各个部门的负责人，要求他们如期完成，并口头说明在计划完成后要按要求进行考核和奖惩。但是他没想到的是中层经理在收到任务书的第二天，就集体上书表示无法接受这些目标，致使目标管理方案无法顺利实施。

刘总感到很困惑。

1. 根据目标管理基本思想和实施过程的要求，你认为刘总的做法有哪些问题？

2. 如果你是刘总，你将如何将目标管理方案推行下去？

	找出问题	给出解决方案
你的观点和方案		

精要回顾

计划是对未来的筹划和安排，计划是管理的基本职能之一，通常也被认为是管理的首要职能。对计划含义的理解有不同的视角，但一个正式“计划”的内容都应包括“5 W 1 H”，即必须清楚地确定和描述下述内容：做什么、为什么做、何时做、何地做、谁去做和怎么做。

计划类型繁多，但计划特别是正式计划编制的程序基本相同，通常都会包括以下几个工作步骤：估量机会、确定目标、确定计划工作的前提条件、拟订可供选择的计划方案、评估各种备选方案、选择方案、拟订派生计划、通过预算使计划数字化。

制订计划的方法很多，在管理实践中应根据不同的计划编制要求来选择合适的方法，以提高计划编制的效率和质量。简单常用的计划方法有计划表法、滚动计划法、甘特图法等。

计划的执行是一个包括计划制订（PLAN）、实施计划（DO）、检查评价计划（CHECK）和总结修订计划（ACTION）四个阶段的往复循环，称为计划执行的 PDCA 循环。

目标管理（MBO）是一种以目标为导向，以人为中心，以成果为标准，而使组织和个人取得最佳业绩的现代管理方法。

重点概念

1. 计划
2. 战略计划
3. 战术计划
4. 正式计划
5. 非正式计划
6. 计划表法
7. 滚动计划法
8. 甘特图法
9. 计划的“5W1H”
10. PDCA 循环
11. 目标
12. 目标管理

管理工作坊-3

思考题

1. 计划内容的“5W1H”分别代表什么含义？
2. 计划的表现形式有哪些？
3. 编制计划要遵循哪些程序？
4. 计划执行的 PDCA 循环是指什么？
5. 目标应具有哪些属性？

操作题

请与你的组员一起，通过书刊、网络、企业、亲友等渠道寻找下列问题的答案，并带回充分的证据资料与大家分享：

1．你做事有无明确的计划？你是否有阶段性的学习目标？能否与老师和同学们分享你这学期的学习计划？

2．时间管理有很多简单实用的工具，譬如：80/20 法则、番茄工作法等。请搜集整理三种以上的时间管理工具并与大家分享。

3．华为技术有限公司（简称华为）是一家总部位于中国广东省深圳市的生产销售电信设备的员工持股的民营科技公司，2010 年的营业收入达到 284 亿美元，是全球最大的电信网络解决方案提供商，全球第二大电信基站设备供应商。华为是一家有着远大目标的中国公司，其管理风格独特，根据已学的计划方面的知识，请搜集整理计划的不同表现形式在华为的管理中是如何体现的？譬如：华为的使命、华为的战略等。

学习档案

为了证明你在完成这一章书的学习之后，已经掌握了相关的理论知识和技能技巧，达到了本章提出的学习目标，你需要提供以下资料：

1．对本章“引导案例”的分析理解；

2．对本章“管理现场”的分析理解；

3．对本章“关键概念”的理解回答；

4．对本章“管理工作坊 -3”提出的“思考题”的分析理解，以及对“操作题”的完成情况（包括书面报告、口头演示、材料整理等）；

5．在本章学习过程中的其他相关管理活动的参与情况、课外学习的成果（包括资料、方式证据与反馈等）。

4 决策

学习目标

通过本章的学习，要求：

1. 了解决策的概念；
2. 熟悉不同类型的决策；
3. 掌握做出决策的基本程序；
4. 熟悉影响决策制定和执行的常见因素；
5. 掌握常用的定性决策方法；
6. 了解常用的定量决策方法。

内容结构图

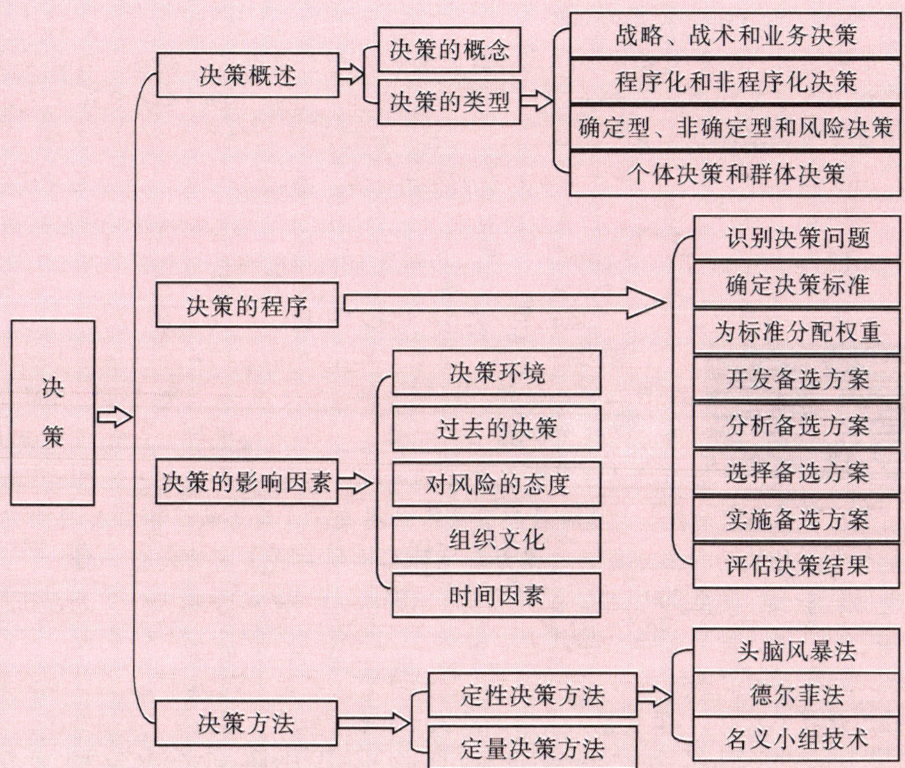

引导案例

百年柯达走向破产

伊士曼柯达公司（Kodak），始创于1880年，是世界上最大的影像产品及相关服务的生产和供应商，在影像拍摄、分享、输出和显示领域一直处于世界领先地位。

在20世纪90年代以前，柯达的胶卷、照相机可谓是全世界最出名的，当时的胶卷利润非常可观，公司的发展势头良好。20世纪90年代巅峰时期，柯达公司市场价值曾一度超过300亿美元。其实早在1976年，柯达就开发出了数字相机技术，并将其用于航天领域。1991年，柯达试制成功世界上第一台数码相机，但当时柯达自以为数码相机根本没有太多市场，其业务重心依然放在传统的胶片市场，而其竞争对手们则开始大力发展数码影像技术上，到2000年，柯达的数字产品只卖到30亿美元，仅占其总收入的22%。2002年柯达的产品数字化率也只有25%左右，而竞争对手富士公司已达到60%。随着数码影像时代的到来，传统影像产品市场出现萎缩。2003年，柯达传统影像部门当年销售利润就从2000年的143亿美元锐减至41.8亿美元，跌幅达71%。

2003年9月，柯达宣布进行重大战略转型，业务重心全面向数码、医疗影像以及喷墨打印机等倾斜，试图适应形势，作出改变。2004年1月13日，柯达宣布将停止在美国、加拿大和西欧生产传统胶片相机，并将停止制造使用 Advanced Photo System 和35mm胶片的相机。但一切都已为时过晚。2005年以来，柯达仅有一年盈利，其他年份全部亏损，具有讽刺意义的是多数时候还是靠出售数码摄影专利技术来度日。其后，柯达开始裁员，全球员工数从1998年的8.6万人减至2010年年底时的不足2万人。

2012年1月3日，柯达公司收到来自纽约证券交易所的警告，因为其平均收盘价已连续30日跌破1美元。如果股价在未来6个月内仍无起色，柯达将面临摘牌。

2012年1月19日，美国伊士曼柯达公司宣布已在纽约申请破产保护。

“蓝色巨人”IBM焕发生机

1993年4月，路易·郭士纳出任IBM公司首席执行官的时候，这个计算机制造业的巨人已经行将就木了。IBM的产品组合高度依赖于正在衰退中的大型机技术。公司宣告上年度产生了数十亿美元的亏损，并已处于四分五裂的边缘。郭士纳做出了两个事后被认为是挽救公司命运的决策：一是否决了拆分公司的方案；二是改变了IBM公司长期坚持的作为一个计算机硬件制造商的定位，将业务集中在提供服务上。截至2001年，服务已成为IBM最大的/成长最快的业务，在销售总额中的比例达到了43%。2001年，公司宣布实现销售收入874亿美元，利润77亿美元。路易·郭士纳面对风险做出了大胆的决策，使IBM重新成为世界高科技行业的领导者之一，“蓝色巨人”重新焕发了生机。

（根据 http://baike.baidu.com/view/60113.htm 和 http://baike.baidu.com/view/43715.htm 改编）

案例讨论

1. 有人说，柯达公司是败给了自己一手开发的数码相机技术，你同意这种观点吗？

2. 长期以来，柯达公司的领导层多为传统行业出身，其高层管理者中，有7人是化学专业出身，而电子类专业只有3人，你认为这对柯达的管理决策有何影响？

3. 结合两个案例的对比分析，谈谈你对管理决策的认识。

4.1 决策概述

管理者在履行计划、组织、领导和控制等基本职能时，他们都需要不断地做出决策。决策渗透于管理的各个层次和各项职能中，所以，管理者也常被称为决策者。彼得 · 德鲁克认为，在一个组织中，管理人员最终做出有效的决策比什么都重要。美国著名学者赫伯特 · A. 西蒙则认为，“决策是管理的心脏，管理是由一系列决策组成的，管理就是决策”。

4.1.1 决策的概念

所谓决策，就是为了实现一定的目标，提出解决问题和实现目标的各种可行性方案，依据评定准则和标准，在多种备选方案中，选择一个满意的方案进行分析、判断并付诸实施的管理过程。

可以从以下几点进一步理解决策：

（1）决策的目标性原则。管理是有目的的活动，目标是管理决策的前提，决策就是为实现目标而选择行动方案。

（2）决策的可行性和经济性原则。决策总是在一定的约束条件下做出的，它会受到资源和环境等诸多因素的限制和影响，决策不能异想天开，决策选定的方案要可行；决策不能不计成本，决策要有经济性。

（3）决策的选择性原则。没有选择就谈不上决策，决策的关键就在于在多个方案中做出选择，重要的决策一定要有多个可行性方案供选择。

（4）决策的标准性原则。科学的决策不是拍脑门拍出来的，通过对影响决策的因素和影响程度大小的科学分析，就可以建立决策的标准，并据此对不同的方案进行分析比选。

（5）决策的满意性原则。理论上也许存在最优决策，但受决策信息、决策者能力、资源等所限，现实中往往只能寻求满意的、可接受的决策。

决策是一个过程，而非决策者拍板的瞬间。一个完整的决策过程一般要包括环境的分析、拟订备选方案、分析方案、选择方案、实施方案、评估方案等多个步骤，同时决策也是一个与目标实现情况相关联的循环过程。

管理百科

决策理论学派的代表人物——赫伯特·西蒙

赫伯特·西蒙（Herbert Alexander Simon）是决策理论学派的主要代表人物，也被公认为经济组织决策管理大师，其“管理就是决策”的论断广为人知。

作为管理学科的一个重要学派，决策理论学派着眼于合理的决策，即研究如何从各种可能的抉择方案中选择一种“令人满意”的行动方案。

西蒙认为，现实生活中作为管理者或决策者的人是介于完全理性与非理性之间的“有限理性”的“管理人”。“管理人”的价值取向和目标往往是多元的，不仅受到多方面因素的制约，而且处于变动之中乃至彼此矛盾的状态；“管理人”的知识、信息、经验和能力都是有限的，他不可能也不企望达到绝对的最优解，而只以找到满意解为满足。在实际决策中，“有限理性”表现为：决策者无法寻找到全部备选方案，也无法完全预测全部备选方案的后果，还不具有一套明确的、完全一致的偏好体系，以使它能在多种多样的决策环境中选择最优的决策方案。

（资料来源：http://baike.baidu.com/view/266334.htm）

4.1.2 决策的类型

基于不同的划分标准，决策可以分为许多种类。管理者可以从不同层次和视角把握各类决策的特点，以便根据决策问题的特性和现实条件，界定决策的类型，采用合理的方法，做出正确的决策。

（1）战略决策、战术决策和业务决策

按决策的重要性和决策层次划分，决策可以分为战略决策、战术决策和业务决策。

战略决策是指事关组织未来发展方向的全局性、长远性的大政方针和战略目标等方面的决策，往往关系到组织的生存和发展，是组织所有决策问题中最重要的决策。如企业的市场定位或战略转型方面的决策等。战略决策主要由组织内高层管理者做出。

战术决策是指执行战略决策过程中的具体决策，旨在实现组织内部各环节活动的高度协调和资源的合理使用，具有局部性、中期性和战术性特点。如：企业的生产计划、资金筹措、设备更新等方面的决策等。战术决策一般由组织的中间管理层做出。

业务决策是指组织运转过程中各种日常业务的决策，它直接影响着组织的工作效率，具有短期性、琐碎性和日常性特点。如：工作任务的分配与检查、企业生产进度的监督与管理、库存控制、材料采购方面的决策等。业务决策一般由基层管理者做出。

（2）程序化决策和非程序化决策

按决策问题重复出现的程度不同，决策可分为程序化决策和非程序化决策。

程序化决策，也称为规范性决策或例行性决策，是指在管理工作中反复出现和例行的决策。程序化决策的关键不在于每次都要作出决策，而是事先制定好制度、规则或政策，当决策问题重复发生时，只需根据已有的制度和规则按例行程序处理即可。有资料显示。组织中大量的决策都属于程序化决策。所以，一个成熟的、高效率的组织应该善于总结前人和他人的经验，并用程序、规章、标准和制度文件的形式将其固化下来，作为今后处理类似问题的依据和准则。程序化决策简化了决策过程，缩短了决策时间，使管理工作趋于简化和高效。完整的程序化文件为新上岗者提供了学习范本，缩短了上岗培训时间，也为组织授权提供了可能，使管理者尤其是高层管理者能摆脱日常事务的困扰，集中精力于组织战略问题的研究。

非程序化决策也称一次性决策，是指不常出现的或从未出现过的、问题性质和结果不确切或比较复杂的决策。这类决策问题多为例外问题，有很大的偶然性和随机性，很少重复发生，往往缺乏信息资料，无先例可循，无固定解决模式。在管理决策中，重要和困难的多为非程序化决策。由于非程序化决策需要考虑的内外部条件变动以及一些不可量化的因素，所以这类决策对决策者的经验、能力的要求比较高，也是体现决策者管理艺术高低的主要方面。

（3）确定型决策、非确定型决策和风险决策

按决策所处的环境和条件的不同，决策可分为确定型决策、非确定型决策和风险型决策。

确定型决策是指决策者确知所处环境条件下自然状态的发生，每一种备选方案只有一种确定的结果，决策过程中只需直接比较各备选方案的执行结果即可。确定型决策是在稳定或可控条件下进行的决策，一般可以应用数学模型加以解决，如：可利用量本利分析法来确定保本销售量等。

风险型决策也称随机决策，是指决策者面临两种以上不以其主观意志为转移的自然状态，决策者也无法确定哪种自然状态会出现，但是每种备选方案可能的自然状态数目和出现概率可以预先估计，不同的方案在不同的自然状态下的损益值可以计算出来，不同的备选方案会有不同的执行结果，但无论哪个方案都有一定的风险。

非确定型决策是指决策者不能预先确知环境条件可能有几种自然状态，并且各种自然状态出现的概率也是未知的，各备选方案的执行结果难以确切估计。非确定型决策是在不稳定条件下进行的，决策有效性的关键在于决策者对信息资料的掌握程度、信息的质量以及对未来形势的判断，需要考验的是决策者的直觉、经验、偏好和判断力。事实上，大多数的管理决策都属于这种非确定型决策，这种决策所面临的不确定性也表明了现代组织以及其所处环境的复杂性和动态性特点。从理论上讲，非确定性是无法计量的，但为了便于决策中的定量分析，通常为不确定性规定一些主观概率。在规定了概率之后，非确定型决策与风险型决策十分近似，因此在实践中往往不作严格区分。

（4）个体决策和群体决策

按决策主体的不同，决策可分为个体决策和群体决策。

个体决策也称个人决策，是指决策者是单个人的决策。个体决策并不等同于独断式决策，如果管理者在决策之前已经充分征求了部属或外部的意见，则这种个体决策也可能是比较科学的。个体决策的优点是处理问题及时、果断，不拖泥带水，但这种决策要求决策者具备较高的综合素养，掌握大量的决策信息，并能够考虑到尽可能多的影响因素。单就个人能力而言，尽善尽美的个人决策是一种苛求。

群体决策也称集体决策，是指决策者是由两个人以上组成的决策群体。对于那些复杂的决策问题，往往涉及目标的多重性、时间的动态性和状态的不确定性，这是单个人的能力很难驾驭的局面，所以要充分发挥集体的智慧，由多人共同参与决策的制定。群体决策因其特有的优势得到了越来越多的决策者的认同并日益受到重视。

个体决策和群体决策各有优缺点，两者都不能适用于所有情况，二者特点的比较如表4.1所示。

表4.1　　个体决策与群体决策的比较

个体决策	群体决策
信息大多不完整	信息比较完整
备选方案不多	备选方案多
创新性	屈从于压力
独立性	少数人驾驭
责任清晰	责任不清
时间短	时间较长
花费少	费用较大
正确率一般较低	正确率一般较高

管理百科

优秀决策者的九大特质

优秀的决策者，往往具有一些共同的特质。虽然你可能天生并不具备这些特质，但可以通过后天的学习来培养。一旦培养出这些特质，相信你每次都能做出较正确的决定。

特质1：能够接受不确定性；

特质2：做事懂得轻重缓急；

特质3：善于倾听；

特质4：总是能让大家对决定达成共识；

特质5：避免模式化；

特质6：懂得变通；

特质7：愿意接收软信息（客户或员工的反馈）和硬信息（统计数据、分析报告）；

特质8：对事情的成本和难度有清醒的认识；

特质9：知道如何避免决策雷区。

［资料来源：Roger Dawson. 优秀决策者的九大特质.［J］. 经理人，2012（4）］

管理现场 4.1

转危机为机会——阿里巴巴的逆势招聘决策

阿里巴巴集团由中国互联网先锋马云于1999年创立，现服务于来自超过240个国家和地区的互联网用户，在大中华地区、日本、韩国、英国及美国超过50个城市有员工17 000余人。阿里巴巴开创的企业间电子商务平台（B2B），被国内外媒体、硅谷和国外风险投资家誉为与Yahoo、Amazon、eBay、AOL比肩的五大互联网商务流派之一。全球著名的互联网流量监测网站曾对全球商务及贸易类网站进行排名调查，阿里巴巴网站排名首位。

阿里巴巴的创始人马云是一位个性鲜明的企业领导者，其管理风格独树一帜，从2008年金融风暴袭来时阿里巴巴一系列的管理举措可以让我们管窥其一二。

早在2008年2月，大部分企业还毫无准备之际，阿里巴巴集团董事局主席马云就号召公司全体员工做好全球经济冬天来临的准备——“深挖洞，广积粮”，帮助中小企业客户渡过全球经济的冬天。之后，阿里巴巴推出了一系列自身业务架构调整及帮助中小企业客户渡过难关的措施。

在这一系列措施当中，大规模招聘优秀人才成为阿里巴巴最为重要的HR策略。在全球企业面临大裁员的压力之下，阿里巴巴在2008年的招聘规模却达到了4 000人。2008年以来，阿里巴巴在国内和硅谷等全球各地招揽尖端人才，已经取得了成效。在数据库、搜索、大规模计算机等方面，阿里巴巴已将国内半数以上的顶尖人才招至麾下。在数据库研发方面，国内排名前十的专家中，阿里巴巴已纳入七名。

在逆势招聘新员工的同时，阿里巴巴还决定为超过7成的现有员工加薪并进一步增加了培训预算。

2010年8月，在北京发布的2010年度大学生《最佳雇主调查报告》显示：作为国内互联网企业的代表，阿里巴巴捧得“最佳雇主奖”。2011年4月22日，由《经济观察》报社与北京大学管理案例中心联合主办的“中国最受尊敬企业十年”评选活动结果揭晓，阿里巴巴荣获中国最受尊敬企业十年成就奖。

（资料来源：有色人才网. http://www.ysrencai.com/show.aspx? id = 717&table = tb_hral）

在理解决策类型知识的基础上，结合你对阿里巴巴的了解，请你对阿里巴巴在应对2008年金融风暴的一系列决策的类型进行逐一的分析判断。

	战略/战术/业务决策	程序化/非程序化决策	确定型/非确定型/风险决策	个人/集体决策
你的分析判断				

4.2 决策的程序

严格意义上的决策是一个复杂的工作过程。决策所面对的问题多种多样，具体的决策过程会有所不同，但就大多数问题而言，决策过程都会遵循一定的决策程序。一个基本的决策程序一般包括以下八个步骤（见图4.1）。

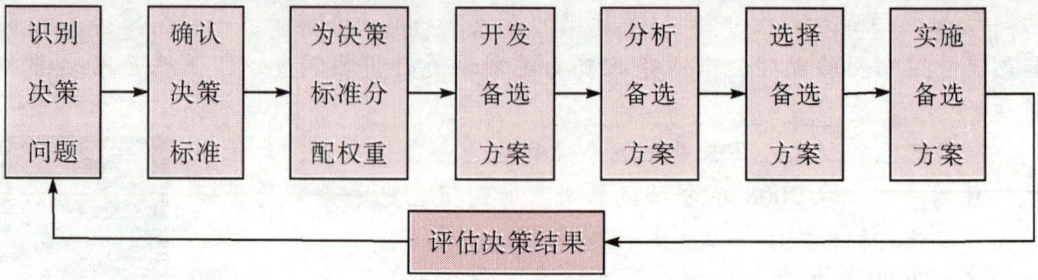

图4.1 决策程序示意图

（1）识别决策问题

发现和识别问题是决策的起点。所谓问题就是应有现象（或目标）和实际现象（或现实）之间所存在的差距。通过调查、收集和整理有关信息，发现差距，明确奋斗目标，是决策程序的第一步骤。没有问题，就不需要决策；问题不明，则难以做出正确的决策。决策的正确与否首先取决于对问题识别和判断的准确程度。

（2）确认决策标准

在识别出决策问题和明确决策目标后，决策程序的第二步就是要界定清楚哪些因素会影响决策者的选择，即为决策确定标准。决策标准表明了决策者关心的主要是哪些方面，一般包括目标达成度、成本（代价）、可行性、利益相关者满意度等。决策者要根据这些决策标准来对备选方案进行分析比较，并最终做出选择。

（3）为决策标准分配权重

影响决策的标准通常并不唯一，事实上，影响决策者做出选择的考量因素往往是多方面的，且这些因素通常并不直接具有可比性。因此，在确认了决策标准之后，尚需对不同决策标准对实现决策目标的影响程度做出相对重要性评价，即为决策标准分配相应的权重或确定优先次序。譬如，企业在作投资项目选择时，尽管有些项目更具回报前景，但受可以使用的资金规模限制，只能放弃而另作他选，投资成本是多个决策标准中必须优先考虑的因素。

（4）开发（拟订）备选方案

决策就是对解决问题的备选方案进行选择的过程。拟订行动方案要紧紧围绕着所要解决的问题和决策目标，根据已经具备和经过努力可以具备的各种条件，并充分发挥积极性、创造性和丰富的想象力，至少要开发（拟订）出两个以上的备选方案以供选择。当然，考虑决策的经济性，备选方案也不是越多越好。有时候，不采取任何行动也是备选方案之一。

(5) 分析备选方案

在准备了足够的备选方案之后，决策程序的第五步即是要借助已确定的决策标准对上述方案进行分析比选。要根据组织的大政方针和所掌握的资源来衡量每一个方案的可行性，并据此列出各方案的限制因素；要确定出每一个方案对于解决问题或实现目标所能达到的程度，以及采用这些方案后可能带来的后果；通过对各方案是否满足决策所处条件下的各种要求、所能带来的效益和可能产生的各种后果进行分析比较，要让决策者对个方案的利弊、优劣有一个客观的、充分的认识。

(6) 选择备选方案

在对各个方案分析评价的基础上，决策者最后要从中选择一个满意方案并付诸实施。

任何方案均有风险。即使在决策过程中绞尽脑汁，选订了一个似乎最佳的方案，它也必定具有一定程度的风险。这是因为，因素的不确定性只能减少到最低限度而不可能完全消除。因此，在决策时要将预感、直觉、机遇与事实、逻辑、系统分析结合起来进行抉择。

在最终选择时，应允许不作任何选择。有时，与其冒失行动，不如不采取任何行动。

(7) 实施备选方案

一旦就方案的选择作出了决策，就要付诸实施。实施决策，应当首先拟订一个实施方案，包括宣布和解释决策有关信息、分配实施决策方案所涉及的资源和任务等。特别要注意争取他人对决策的理解和支持，这是任何决策能得以顺利实施的关键。

(8) 评估决策结果

由于决策的正确与否要以实施的结果来评判，而决策方案实施过程中的控制与评价又对决策的成败起着重要的甚至是决定性的作用，因此，对决策实施中的监督、控制和决策结果的评价就成为了决策程序的最后一个步骤。要在决策实施过程中建立信息反馈渠道，及时检查实施情况，发现差异，查明原因，对已有的决策进行不断的修正和完善，直至解决问题、实现目标或作出新的决策为止。

表 4.2 给出了一个常见的手机购买决策程序的案例。

表 4.2　　某手机购买决策程序案例

序号	决策程序的基本步骤	手机购买决策各步骤
1	识别问题	手机坏了，修理还是购买？选择修理后再使用，决策程序结束
2	确认决策标准	如果选择购买，买什么样的手机？要考虑的因素：价位、品牌、功能、款式、颜色、轻重等
3	赋予决策标准以权重	哪些因素必须优先考虑：作为学生，资金有限，价位最重要 > 功能也比较重要 > 款式尽量时尚一些 > 最好是大品牌 > 轻重无所谓，颜色无所谓
4	开发备选方案	决定购买 1 500 元左右的，可以选择的方案有：索爱 X8；HTC G13；摩托罗拉 XT316；三星盖世 S5660；华为 U8800 等
5	分析备选方案	上述方案各有优劣，按决策标准和权重的优先顺序逐一分析对比

表4.2(续)

序号	决策程序的基本步骤	手机购买决策各步骤
6	选择备选方案	通过分析比选，三星盖世 S5660 的功能全面，性价比好，且支持 3G + TouchWiz 界面，款式也不错，缺点就是待机时间短了点，综合考虑后，就是它了
7	实施方案	实施购买行为（网购还是店购？现金还是刷卡?）
8	评估实施效果	自己使用后的评价，满意、不满意甚至后悔

管理现场 4.2

就业决策

就业是民生之本，找一份理想的工作对每个人都非常重要，不管是找第一份工作还是计划跳槽，你都需要做出审慎的决策。请以就业决策为例，根据决策程序的基本步骤，思考每一步骤要做的事情并填入下表。

序号	决策程序的基本步骤	就业决策各步骤的内容
1	识别问题	
2	确认决策标准	
3	赋予决策标准以权重	
4	开发备选方案	
5	分析备选方案	
6	选择备选方案	
7	实施方案	
8	评估实施效果	

4.3 决策的影响因素

组织的决策主要受决策环境、过去的决策、对风险的态度、组织文化以及时间等因素的影响（见图 4.2）。

(1) 决策环境

环境对组织决策的影响是不言而喻的，这种影响是双重的。

一方面，环境的特点影响着组织的活动选择。比如，就企业而言，需对经营方向和内容经常进行调整；位于垄断市场上的企业，通常将经营重点致力于内部生产条件的改善、生产规模的扩大以及生产成本的降低，而处在竞争市场上的企业，则需密切注视竞争对手的动向，不断推出新产品，努力改善营销宣传，建立健全销售网络。

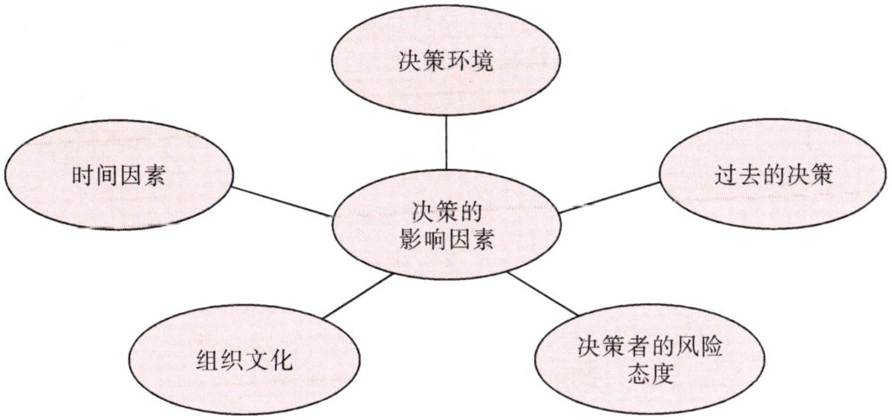

图 4.2 决策影响因素示意图

另一方面，对环境的习惯反应模式也影响着组织的活动选择。即使在相同的环境背景下，不同的组织也可能做出不同的反应。而这种调整组织与环境之间关系的模式一旦形成，就会趋向固定，限制着人们对行动方案的选择。

（2）过去的决策

在大多数情况下，组织决策不是在一张白纸上进行初始决策，而是对初始决策的不断完善、调整或改革。组织过去的决策是目前决策过程的起点，过去选择的方案的实施，不仅伴随着人力、物力、财力等资源的消耗，而且伴随着内部状况的改变，并带来了对外部环境的影响。“非零起点”的目前决策不能不受到过去决策的影响。过去的决策对目前决策的制约程度会受到它们与现任决策者的关系的影响。如果过去的决策是由现在的决策者制定的，而决策者通常要对自己的选择及其后果负管理上的责任，因此会不愿对组织活动进行重大调整，而倾向于仍把大部分资源投入到过去方案的执行中，以证明自己的一贯正确。相反，如果现在的主要决策者与组织过去的重要决策没有很深的渊源关系，则会易于接受重大改变。

（3）决策者的风险态度

风险是指失败的可能性。由于决策是人们确定未来活动的方向、内容和目标的行动，而人们对未来的认识能力有限，目前预测的未来状况与未来的实际状况不可能完全相符，因此在决策指导下进行的活动，既有成功的可能，也有失败的危险。任何决策都是必须冒一定程度的风险。组织及其决策者对待风险的不同态度会影响决策方案的选择。愿意承担风险的组织，通常会在被迫对环境做出反应以前就已采取进攻性的行动；而不愿承担风险的组织，通常只能对环境做出被动的反应。

（4）组织文化

组织文化制约着组织及其成员的行为以及行为方式。在决策层次上，组织文化通过影响人们对改变的态度而发生作用。任何决策的制定，都是对过去在某种程度上的否定；任何决策的实施，都会给组织带来某种程度的变化。组织成员对这种可能产生的变化会怀有抵御或欢迎两种截然不同的态度。在偏向保守、怀旧、维持的组织中，人们总是根据过去的标准来判断现在的决策，总是担心在变化中会失去什么，从而对将要发生的变化产生怀疑、害怕和抵御的心理与行为；相反，在具有开拓、创新气氛的组织中，人们总是以发展的眼光来分析决策的合理性，总是希望在可能产生的变化中得到什么，因此渴望变化，欢迎变化，支持变化。显然，欢迎变化的组织文化有利于新决策的实施，而抵御变化的组织文化则可能给任何新决策的实施带来灾难性的影响。在后一种情况下，为了有效实施新的决策，必须首先通过大量工作来改变组织成员的态度，建立一种有利于变化的组织文化。因此，决策方案的选择不能不考虑到改变现有组织文化而必须付出的时间和费用的代价。

（5）时间因素

美国学者威廉·R. 金和大卫·I. 克里兰把决策类型划分为时间敏感决策和知识敏感决策。时间敏感决策是指那些必须迅速而尽量准确的决策。战争中军事指挥官的决策多属于此类，这种决策对速度的要求远甚于质量。例如，当一个人站在马路当中，一辆疾驶的汽车向他冲来时，关键是要迅速跑开，至于跑向马路的左边近些还是右边近些，相对于及时行动来说则显得比较次要。相反，知识敏感决策，对时间的要求不是非常严格。这类决策的执行效果主要取决于其质量，而非速度。制定这类决策时，要求人们充分利用知识，做出尽可能正确的选择。组织关于活动方向与内容的决策，即前面提到的战略决策，基本上属于知识敏感决策。

管理现场 4.3

如何避免“布里丹选择”陷阱

丹麦著名的哲学家布里丹讲过这样一个故事：一个人牵着饿得肚子“咕咕”叫的驴子找草吃，看到左边的草茂盛，他带它到了左边；他又觉得右边的草颜色更绿，于是带驴子到右边；但他又觉得远处的草品种更好，他便牵它到远处……在这个人的举棋不定中，驴子饿死了。后来人们把这种举棋不定、难以做出抉择的行为称为“布里丹选择”陷阱。

1. 现实生活中，你是否曾遇到过类似的情况？

2. 从决策角度分析，为什么会出现“布里丹选择”陷阱？如何规避这一陷阱？

生活中的“布里丹选择”举例	
产生“布里丹选择”陷阱的原因	
规避“布里丹选择”陷阱的方法	

4.4 决策方法

根据决策所采用的分析方法的不同，决策方法可分为定性决策方法和定量决策方法。

4.4.1 定性决策方法

定性决策方法又称主观决策方法，是指在决策中主要依靠决策者或有关专家的智慧来进行决策的方法，这是一种“软技术”。定性决策方法适用于受社会、经济、政治等非计量因素影响较大、所含因素错综复杂、涉及社会心理因素较多以及难以用准确数量表示的综合性问题。

常用的定性决策方法有头脑风暴法、德尔菲法和名义小组技术。

(1) 头脑风暴法

在群体决策中，由于群体成员心理相互作用的影响，普通成员易屈从于权威或大多数人意见，形成所谓的“群体思维”。群体思维削弱了群体的批判精神和创造力，损害了决策的质量。为了保证群体决策的创造性，提高决策质量，管理上发展了一系列改善群体决策的方法，头脑风暴法是较为典型的一个。头脑风暴法又称智力激励法、自由思考法，即通过采用无限制的自由联想和讨论的方式来产生新观念或激发创新设想的群体决策方法。该方法由美国创造学家 A. F. 奥斯本于 1939 年首次提出。

采用头脑风暴法组织群体决策时，要集中有关专家召开专题会议，主持者以明确的方式向所有参与者阐明问题，说明会议的规则，尽力创造融洽轻松的会议气氛。主持者一般不发表意见，以免影响会议的自由气氛。使专家们“自由”提出尽可能多的方案。

头脑风暴法的相关要求如下：

①组织形式

参加人数一般为 5 ~ 10 人，最好由不同专业或不同岗位人员组成；会议时间控制在 1 小时左右；设主持人一名，主持人只主持会议，对设想不作评论。设记录员 1 ~ 2 人，要求将与会者每一个设想不论好坏都完整地记录下来。

②会议类型

可分为设想开发型和设想论证型两种。前者是为获取大量的设想，为问题寻找多种解题思路而召开的会议，因此，要求参与者要善于想象，语言表达能力要强；后者是为将众多的设想归纳转换成实用型方案召开的会议。

③会前准备工作会议要明确主题

会议主题提前通报给与会人员，让与会者有一定准备；选好主持人，主持人要熟悉并掌握该技法的要点和操作要素，摸清主题现状和发展趋势；参与者要有一定的训练基础，懂得该会议提倡的原则和方法。

④会议原则

为使与会者畅所欲言，互相启发和激励，达到较高效率，必须严格遵守下列原则：

——禁止批评和评论，也不要自谦。对别人提出的任何想法都不能批判、不得阻拦。即使自己认为是幼稚的、错误的，甚至是荒诞离奇的设想，亦不得予以驳斥；同时也不允许自我批判，在心理上调动每一个与会者的积极性，彻底防止在会议上出现一些“扼杀性语句”和“自我扼杀语句”。诸如“这根本行不通”、“你这想法太陈旧了”、“这是不可能的”、“这不符合某某定律”以及“我提一个不成熟的看法”、“我有一个不一定行得通的想法”等语句。只有这样，与会者才可能在充分放松的心境下，在别人设想的激励下，集中全部精力开拓自己的思路。

——目标集中，追求设想数量，越多越好。

——鼓励巧妙地利用和改善他人的设想。这是激励的关键所在。每个与会者都要从他人的设想中激励自己，从中得到启示，或补充他人的设想，或将他人的若干设想综合起来提出新的设想等。

——与会人员一律平等，将各种设想全部记录下来。与会人员，不论是该方面的专家、员工，还是其他领域的学者，以及该领域的外行，一律平等；各种设想，不论大小，甚至是最荒诞的设想，记录人员也要求认真地将其完整地记录下来。

——主张独立思考，不允许私下交谈，以免干扰别人思维。

——提倡自由发言，畅所欲言，任意思考。会议提倡自由奔放、随便思考、任意想象、尽量发挥，主意越新、越怪越好，因为它能启发人推导出好的观念。

——不强调个人的成绩，应以小组的整体利益为重，注意和理解别人的贡献，着力创造民主环境，不以多数人的意见阻碍个人新的观点的产生，激发个人追求更多更好的主意。

头脑风暴法基本流程见图 4. 3。

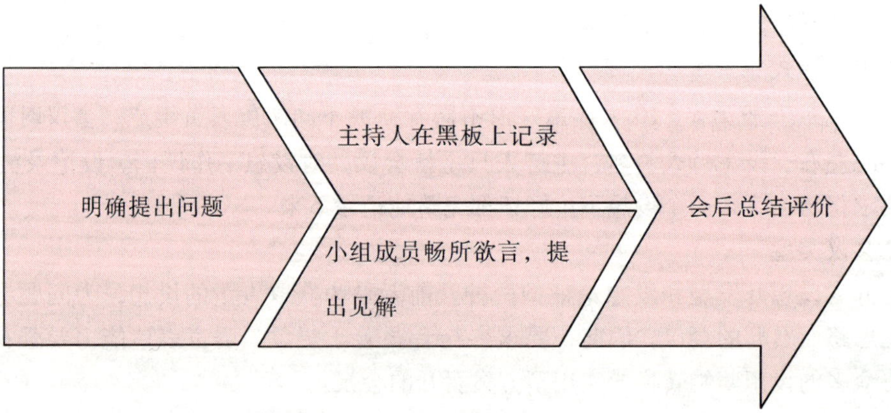

图 4. 3　头脑风暴法基本流程

（2）德尔菲法

德尔菲法又称专家意见法，是依据系统的程序，采用匿名发表意见的方式，即团队成员之间不得互相讨论，不发生横向联系，只能与调查人员发生关系，通过反复填写问卷，以汇总问卷填写人的共识及搜集各方意见，最终得到一个比较一致的并且可靠性较大的结论或方案。德尔菲法适用于复杂任务和难题的决策。

德尔菲法的实施过程大致如下：

①拟订决策提纲

先把决策的项目写成几个提问的问题，问题的含义必须提得十分明确，不论谁回答，对问题的理解都不应两样，而且最好只能以具体明确的形式回答。

②选定决策专家

所选择的专家一般是指有名望的或从事该项工作多年的专家，最好包括多方面的有关专家，选定人数一般以 10 ~ 50 人为宜，一些重大问题的决策可选择 100 人以上。

③征询专家意见

向专家邮寄第一次征询表，要求每位专家提出自己决策的意见和依据，并说明是否需要补充资料。

④修改决策意见

决策的组织者将第一次决策的结果及资料进行综合整理、归纳，使其条理化，发出第二次征询表，同时把汇总的情况一同寄去，让每一位专家看到全体专家的意见倾向，据此对所征询的问题提出修改意见或重新做一次评价。

⑤确定决策结果

征询、修改以及汇总反复进行三四轮，专家的意见就逐步集中和收敛，从而确定出专家们趋于一致的决策结果。

（3）名义小组技术

在集体决策中，如果大家对问题性质的了解程度有很大差异，或彼此的意见有较大分歧，直接开会讨论效果并不好，可能大家会争执不下，也可能权威人士发言后大家随声附和。这时，可以采取“名义小组技术”。管理者先选择一些对要解决的问题有研究或有经验的人作为小组成员，并向他们提供与决策问题相关的信息。小组成员各自先不通气，独立地思考，提出决策建议，并尽可能详细地将自己提出的备选方案写成文字资料。然后召集会议，让小组成员陈述自己的方案。在此基础上，小组成员对全部备选方案投票，产生大家最赞同的方案，并形成对其他方案的意见，提交管理者作为决策参考。

4.4.2 定量决策方法

定量决策方法则是应用数学模型和公式来解决决策问题，即运用数学工具、建立反映各种因素及其关系的数学模型，并通过对这种数学模型的计算和求解，选择出最佳决策方案的决策方法，也称为决策的“硬技术”。对决策问题进行定量分析，可以提高常规决策的时效性和决策的准确性。运用定量决策方法进行决策也是决策方法科学化的重要标志。

定量决策的方法主要包括风险型决策、确定型决策和非确定型决策。

(1) 风险型决策方法

风险型决策方法是指决策者在对可能发生的情况无法作出肯定判断的情况下，通过预测各种情况的发生，根据不同概率来进行决策的方法。风险型决策要具备五个基本条件（图4.4）。

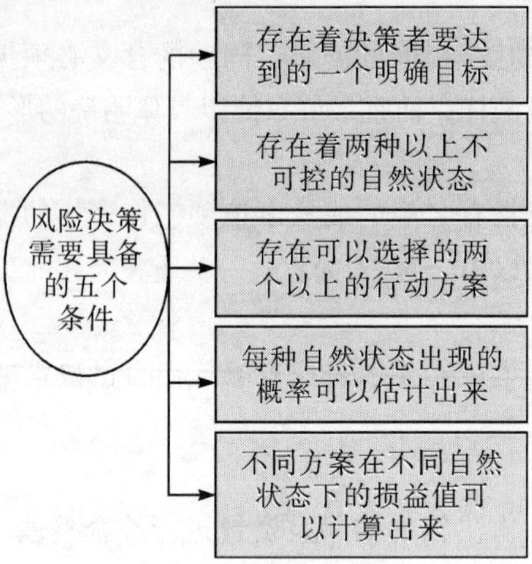

图4.4 风险型决策的五个基本条件

风险型决策的方法很多，最常用的是决策树法。

决策树法是把每一决策方案各种状态的相互关系用树形图表示出来，并且注明对应的概率及其报酬值，从而选择出最优决策方案。由于根据这种方法的基本要素就可以描画出一个树状的图形，因而管理学中把这种决策方法称为决策树法。

决策树的构成一般有五个要素（如图4.5所示）：一是决策点；二是方案枝；三是自然状态点；四是概率枝；五是概率枝末端的损益值

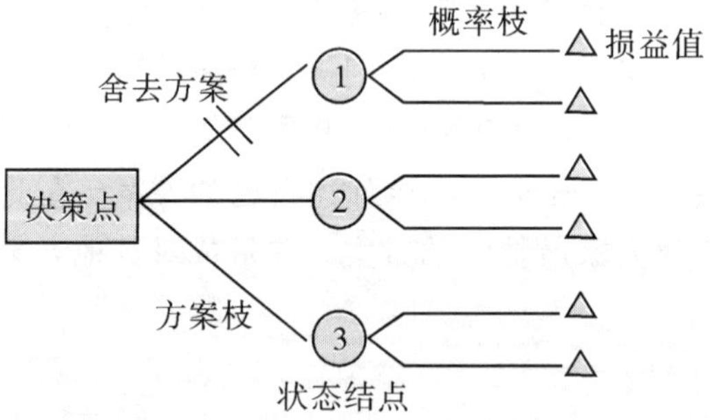

图4.5 决策树法示意图

(2) 确定型决策方法

确定型决策问题是指决策者对未来可能发生的情况有十分确定的比较，因此可以根据完全确定的情况选择最满意的行动方案。常用的确定型决策的方法有线性规划法和盈亏平衡分析法，下面重点介绍盈亏平衡分析法：

盈亏平衡分析又称保本点分析或量本利分析法，是根据对产品的业务量（产量或销量)、成本、利润之间相互制约关系的综合分析，用来预测利润、控制成本、判断经营状况的一种数学分析方法。

企业利润是销售收入扣除成本后的余额；销售收入是产品销售量与销售单价的乘积；产品成本包括工厂成本和销售费用在内的总成本，分为固定成本和变动成本。

①成本的分类

变动成本（Variable Cost）：指总额随产量的增减而成正比例关系变化的成本，主要包括原材料和工资，就单件产品而言，变动成本部分是不变的。

固定成本（Fixed Cost）：是指总额在一定期间和一定业务量范围内不随产量的增减而变动的成本。主要是指固定资产折旧和管理费用；

②盈亏平衡分析模型

$I = S - (Cv \times Q + F)$

$= P \times Q - (Cv \times Q + F)$

$= (P - Cv)Q - F$

上式中，I 为销售利润；P 为产品销售价格；F 为固定成本总额；Cv 为单件变动成本；Q 为销售数量；S 为销售收入。

③盈亏平衡分析

总成本：$C = F + Cv \times Q$

总收入：$S = P \times Q$

列出盈亏平衡方程：$C = S$

$P \times Q = F + Cv \times Q$

盈亏平衡点：$Q_0 = F / (P - Cv)$

④盈亏平衡分析法在管理决策中的应用

——在给定产品售价、固定成本和变动成本的条件下，可以确定生产或销售多少产品（业务量）可以达到保本，即确定利润为零的企业销售水平；

——在预计销售量、售价、变动成本和固定成本已定的条件下，可以确定盈亏平衡点和预期利润，从而确定企业经营的安全程度；

——在销售量、成本和目标利润已定的条件下，确定企业产品的售价；

——在销售量、售价和目标利润已定的条件下，确定产品的变动成本和固定成本；

——当市场需求量、原材料价格、产品售价等各种要素发生变化时，可用此法进行不确定性分析。

⑤应用举例

例：某商场经营某一品牌的饮料，该商场每月租金 5 000 元，雇了 5 名员工，平均月工资为 1 200 元，每月水电费及各项杂费 1 000 元。饮料进价为每箱 120 元/箱。求：

A. 如果售价为 180 元/箱，每月售多少箱才能盈亏平衡？

B. 要实现 10.8 万元的目标利润，每月最低要销售多少箱？

C. 如果饮料进价为每箱 140 元/箱，要实现 10 万元的目标利润，每月最低要销售多少箱？

通过分析可知，该示例中：

单位变动成本 Cv = 120 元

固定成本 = 租金 + 员工工资 + 水电费及各项杂费，即：

$F = 5\ 000 + 5 \times 1\ 200 + 1\ 000 = 12\ 000$ 元

当单位售价 P = 180 元/箱时，盈亏平衡点的销售量为：

$Q_0 = F/(P - Cv) = 12\ 000/(180 - 120) = 200$ 箱

当目标利润为 10 万元时，即：$I = (P - Cv)Q - F = 100\ 000$ 元，则最低销售量

$Q = (F + I)/(P - Cv) = (12\ 000 + 108\ 000)/(180 - 120) = 2\ 000$（箱）

当进货单价 P = 140 元时，要实现 10.8 万元的目标利润，则最低销售量

$Q = (F + I)/(P - Cv) = (12\ 000 + 108\ 000)/(180 - 140) = 3\ 000$（箱）

（3）非确定型决策方法

非确定型决策方法是指决策者在对决策问题不能确定的情况下，通过对决策问题变化的各种因素分析，估计其中可能发生的自然状态，并计算各个方案在各种自然状态下的损益值，然后按照一定的原则进行选择的方法。

由于非确定性决策方法对各种自然状态出现的概率难以估计出来，因而现代决策理论根据非确定型决策问题的特点，总结出一套方便可行的方法，即先假定一些准则，根据这些准则求出方案的期望值，然后再确定每一决策问题的最优值。非确定型决策方案的准则主要有：乐观准则、悲观准则、最小遗憾准则、等概率准则等。

乐观准则，又称大中取大法，它先在各种方案的损益值中选取一个最大值，然后将各方案的最大值进行比较，再选取其中的最大值，则该最大值所对应的方案为最优方案。

悲观准则，又称小中取大法，这种准则与乐观准则相反，是依照保守求稳的态度来“小中取大”，即先从每个方案中选择一个最小的损益值，然后再从这些最小的损益值中选取一个最大值，该值对应的方案就是最优方案。

最小遗憾准则，又称最小后悔值法，其基本思想是：当某一自然状态出现时，决策者应该明确地选择损益值最大的方案，但由于当初可能选择了别的方案，就会出现收益差（也称为后悔值），从而感到后悔，而理性的决策者在决策时总会倾向于选择后悔程度最低的那个方案。

等概率准则，又称平均法，这种方法的决策程序是：先将每个方案在各种自然状态下的损益值相加，然后除以自然状态的个数，求得每个方案的平均损益值，再选择平均损益值最大的方案作为最优方案。

管理百科

SWOT 分析法

SWOT 分析法（也称 TOWS 分析法、道斯矩阵）是一种常用的企业战略决策分析工具，即通过对自身既定内在条件的分析，找出企业的优势、劣势，在结合对企业外部环境中有利因素和不利因素分析判断的基础上作出不同的战略选择。S 代表 Strength（优势），W 代表 Weakness（弱势），O 代表 Opportunity（机会），T 代表 Threat（威胁），其中，S、W 是内部因素，O、T 是外部因素。按照企业竞争战略的完整概念，战略应是一个企业“能够做的”（即组织的强项和弱项）和“可能做的”（即环境的机会和威胁）之间的有机组合。

通过 SWOT 分析，会形成四种不同类型的战略组合供决策者决断：

优势—机会（SO）组合是一种发挥企业内部优势与利用外部机会的战略，是一种理想的战略模式。

弱点—机会（WO）组合是一种利用外部机会来弥补内部弱点，使企业扭转劣势而获取优势的战略。

优势—威胁（ST）组合是一种企业利用自身优势，回避或减轻外部威胁所造成的影响的战略。

弱点—威胁（WT）组合是一种旨在减少内部弱点，回避外部环境威胁的防御性战略。

管理现场 4.4

日常生活中的决策

决策具有普遍性，组织中的管理者自然需要不断做出决策，而现实生活中的每个人也要不断地做出选择，上述的手机购买决策案例就是其一。运用相应的管理决策程序和方法，综合考虑多重决策影响因素，并就以下问题做出分析和说明：

决策问题	选择大学和专业	就业的选择	女(男)朋友的选择	假期旅行的安排
你的决策				

精要回顾

所谓决策，就是为了实现一定的目标，提出解决问题和实现目标的各种可行方案，依据评定准则和标准，在多种备选方案中，选择一个满意的方案进行分析、判断并付诸实施的管理过程。

基于不同的划分标准，决策可以被分为许多种类。按决策的重要性和决策层次划分，决策可以分为战略决策、战术决策和业务决策。按决策问题重复出现的程度不同，决策可分为程序化决策和非程序化决策。按决策所处的环境和条件的不同，决策可分为确定型决策、非确定型决策和风险型决策。按决策主体的不同，决策可分为个体决策和群体决策。

一个基本的决策程序一般包括以下八个步骤：识别决策问题、确认决策标准、为决策标准分配权重、开发备选方案、分析备选方案、选择备选方案、评估决策结果、实施备选方案。

影响决策的主要因素有：决策环境、过去的决策 、决策者的风险态度、组织文化和时间因素等。

根据决策所采用的分析方法的不同，决策方法可分为定性决策方法和定量决策方法。常用的定性决策方法有头脑风暴法、德尔菲法和名义小组技术；定量决策的方法主要包括风险型决策、确定型决策和非确定型决策。

重点概念

1. 决策
2. 战略决策
3. 战术决策
4. 业务决策
5. 程序化决策
6. 非程序化决策
7. 确定型决策
8. 非确定型决策
9. 风险型决策
10. 个体决策
11. 群体决策
12. 定性决策方法
13. 定量决策方法
14. 头脑风暴法
15. 德尔菲法

管理工作坊 -4

思考题

1. 什么是决策？如何从多侧面理解决策的含义？

2. 根据不同的分类标准，决策可以分为哪些类型？

3. 一个标准的决策程序包括哪些步骤？如何理解现实中的决策程序与标准程序的差异？

4. 对决策产生影响的主要因素有哪些？如何理解这些因素对具体决策的影响？

5. 常用的定性决策方法有哪些？如何理解定性和定量决策方法的优劣？

操作题

请与你的组员一起，通过书刊、网络、企业、亲友等渠道寻找下列问题的答案，并带回充分的证据资料与大家分享：

1. 访问一些身边的人，询问他们是否同意“管理就是决策”的论断，为什么？

2. 海尔的国际化战略采用了“先难后易”的决策思路，这和一般的“先易后难”的决策思路不同。请查找相关资料，从影响决策的因素角度分析张瑞敏管理团队为什么会做出这样的决策？

3. 联想并购 IBM 全球个人电脑业务对双方而言都是一个重大的战略决策，相信联想和 IBM 的决策层一定是做了充分的利弊分析。多年过去了，这一重大决策对双方到底产生了什么样的影响？这一决策是否正确呢？请在网上查找相关资料，对此做出你的分析判断，并在课堂上与大家分享。

学习档案

为了证明你在完成这一章的学习之后，已经掌握了相关的理论知识和技能技巧，达到了本章提出的学习目标，你需要提供以下资料：

1. 对本章“引导案例”的分析理解；
2. 对本章“管理现场”的分析理解；
3. 对本章“关键概念”的理解回答；
4. 对本章“管理工作坊 -4”提出的“思考题”的分析理解，以及对“操作题”的完成情况（包括书面报告、口头演示、材料整理等）；
5. 在本章学习过程中的其他相关管理活动的参与情况、课外学习的成果（包括资料、方式证据与反馈等）。

5 组织

学习目标

通过本章的学习，要求：

1. 掌握组织职能的概念及过程；
2. 掌握组织结构设计的概念及基本原则；
3. 熟悉组织结构纵向设计；
4. 熟悉组织结构横向设计；
5. 了解组织结构的基本类型及其特点；
6. 理解组织变革的概念；
7. 掌握组织变革的内容及过程。

内容结构图

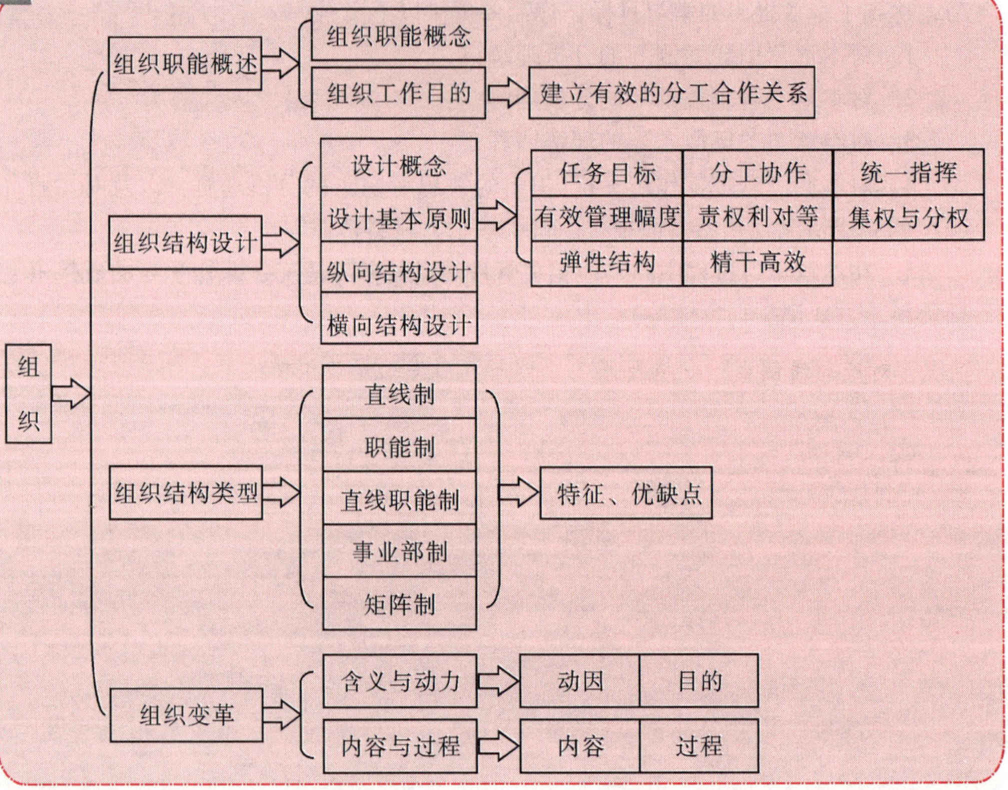

引导案例

从万科企业组织演变谈企业组织建设

企业组织不是一成不变的，会随着社会发展、企业外部环境的变化和企业战略的调整而不断演变。组织如同企业的骨架，制度和机制如同神经和血液。首先骨架健全了，才能保证这个企业的完整，再配以适合的制度和机制才得以健康发展。拿万科来说，目前已经居于房地产行业领头羊的位置，其组织结构也随着企业的发展经历了不同的演变阶段。

1984年创业之初，由于业务单一，规模较小，它采用了简单的直线组织结构形式，由总经理直接管理业务科、行政科、会计科。结构简单，权责清晰。随着业务的逐渐发展，到20世纪90年代，万科由单一业务向房地产、连锁零售、电影制片及激光影碟等新的领域投资，初步形成了商贸、工业、房地产和文化传播的四大经营架构。此时组织也随着企业发展的转变进行了调整，建立了事业部制结构。事业部是在集团宏观领导下，拥有完全的经营自主权，实行独立经营，独立核算的部门。总部主要在财务、人力资源方面进行监控和管理。各个不同产品线分属不同的事业部，这种组织结构适应企业同时开拓完全不同的产品市场模式。这种组织结构模式能够使组织更灵活，更能调动人的积极性和创造性，快速适应不同专业领域的竞争环境。2001年之后万科战略进行调整，向专一房地产业务发展，剥离其他与房产无关的业务，对组织结构重新进行设计，形成了集团公司模式，管控模式实现了总部高度集权，总部定位在专业化管理和决策中心，地区公司自主权相对较小，共用集团专业平台。2005年之后，随着下属公司逐渐成熟，组织又进行了一次调整，集团总部定位转变为“战略与技术支持”，赋予区域中心更多的运营权力。随着业务的进一步发展和区域公司的管理水平更趋成熟，2008年，万科总部重新定位为投资监管型，对投资、资金、人力资源、风险进行集权管理，对产品线侧重于支持及服务、创新及研发，对组织架构再次进行了调整。

万科从1984年成立时还并未涉及房地产业，到1988年股份制改制开始涉足房地产并进行多元化经营，再到2001年开始由多元向专一房地产业发展。组织从最初的直线职能式，到事业部制，再到集团模式，而集团管控模式也从最开始的操作型管控到战略管控再到现在的投资监控中心。从这些演变我们可以清晰的看到，万科的每一次战略调整，都带来组织的变化，正是因为组织的随需要而变，保证了万科在激烈的市场竞争中比别的竞争对手发展更快、更好！至今，万科已成为房地产行业的领导者和先行者，除了战略的关键性作用外，不得不说组织在其中也起到了非常重要的作用。

（根据 http://wwww.ceconline.com 改编）

案例讨论

1. 随着业务的发展，万科不断对组织架构进行了调整，请根据材料分析：调整对万科带来了什么变化?

2. 万科发展到今天已经占据行业的龙头位置，你认为在当今的市场环境下，为求发展和突破，万科还应当如何去进一步完善它的组织架构?

5.1 组织职能概述

5.1.1 组织职能概念

组织职能，是指在特定环境中，为了有效地实现实体组织的共同目标和任务，合理确定组织成员、目标任务及各项活动之间的关系，对资源进行合理配置的过程。

5.1.2 组织工作目的

组织工作的目的，就是要建立这样一种能产生有效的分工合作关系的结构。对于企业来说，组织结构是其生存和发展的根本依据。管理的组织职能就是建立、维护并不断改进组织结构的过程。这一过程是由一系列的具体步骤所构成的。

首先，组织工作（organizing）必须明确实现目标所必需的各种活动并对之加以分类，这关系到组织中的职位或岗位的设计问题。

其次，将这些活动进行组合以形成可以管理的部门或单位。对组织活动的分类和组合方式的不同，就形成了各种不同的组织结构类型。组织结构为组织中的分工和协作奠定了基础，有助于明确每个人所承担的任务及应当取得的成果，排除了由于分工不明确所造成的障碍和混乱，形成了一种使组织中的决策和沟通得以实现的神经网络。

在上述划分和组合的基础上，还必须将监督各单位或部门所必需的职权授予各个单位的管理者。在组织工作中，这些内容主要牵涉到职权配置的问题。

组织结构是由各种类型的职位所构成的，因而组织结构常常被称为是一个职位结构。在建立起这种职位结构后，顺理成章地，下一个步骤便是为组织中的职位配备适当的人员，这就是管理中的人员配备工作或人力资源管理工作。近年来，鉴于人们对于人力资源的重要性的认识不断深化，这一领域的工作受到了前所未有的重视。

最后，还必须从纵横两个方面对组织结构进行协调和整合。在组织结构基本建立，组织中的职权配置基本完成的基础上，应当进一步明确和协调组织结构中上、下、左、右的相互配合关系，通过对各部分、各层次和各种要素的协调与整合，使组织成为一个精干高效的有机整体。

管理百科

法国骑兵和马木克留骑兵

在欧洲历史上，拿破仑的法国骑兵曾经同马木克留骑兵交战。马木克留骑兵个个彪悍凶猛，骑术出色，一对一地较量，法国骑兵不是对手。但交战的结果，却是人数较少、骑术逊色的法国骑兵打败了人数较多、骑术出色的马木克留骑兵。为什么呢？拿破仑曾得意地评论说：“两个马木克留兵，绝对能打赢三个法国兵；100 个法国兵与 100 个马木克留兵势均力敌；300 个法国兵大体能战胜 300 个马木克留兵；而 1 000 个法国兵则一定能打败 1 500 个马木克留兵。”为什么呢？

这是因为法国军队组织严密，结构合理，所以能起到 1 +1 >2 的功效，而马木克留兵的组织比较松散，结构不合理，只能是 1 +1 <2。从中可以看到，组织起到了整合力量的作用。

管理现场 5.1

有一天，某公司总经理发现会议室的窗户很脏，好像很久没有打扫过，便打电话将这件事告诉了行政后勤部负责人，该负责人立刻打电话告诉给事务科长，事务科长又打电话给公务班长，公务班长便派了两名员工，很快将会议室的窗户打扫干净。过了一段时间，同样的情况再次出现。这表明该公司在管理方面存在着什么问题？

你觉得公司在管理方面可能存在的问题：	1. 2. 3.

5.2 组织结构设计

组织（Organization）可以看成是由各种各样的职位、职位间的关系及其相互作用所构成的具有特定功能的有机体。如果把组织的营运看做是一场戏剧的话，这些职位就相当于戏剧中的角色。这场戏是喜或是悲，是起伏跌宕或是索然无味，很大程度上就取决于对这些角色的安排。因而，从分工和协作的意义上讲，组织实际上是一种有意识地形成的职位结构或角色结构。

5.2.1 组织结构设计概念

组织结构设计，是指对一个组织的组织机构进行规划、构造、创新或再造，以便从组织的结构上确保组织目标的有效实现。组织结构设计是组织工作的核心内容。

组织结构设计的最终目的如下：

(1) 具有明确而且能够检验的目标，这是一个职位之所以存在的理由；

(2) 具有明确的职责，也就是必须清楚该职位所承担的任务或活动；

(3) 具有明确的职权，以使占据该职位的管理者有可能去实现其目标。

职位设计就是将若干工作任务组合起来构成一项完整的职位。

5.2.2 组织结构设计的基本原则

为能设计出适合本组织情况的高效的组织结构，设计者在设计时应当遵循一些最基本的设计原则（见图5.1）。

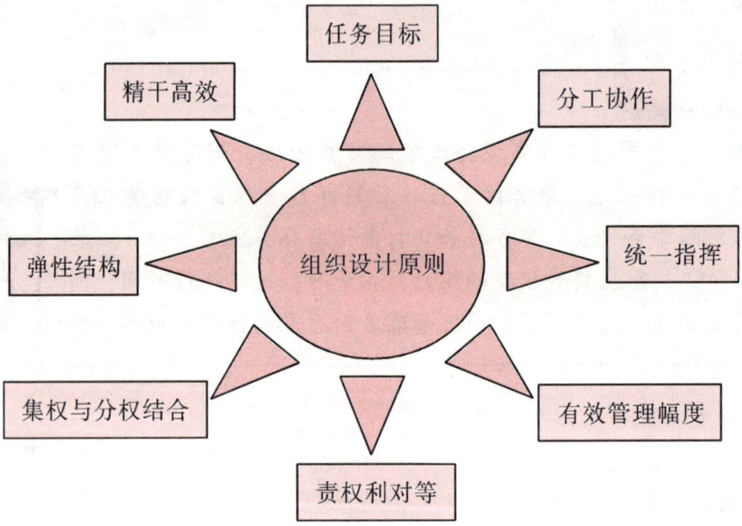

图5.1 组织基本设计原则

(1) 任务目标原则

任何一个组织，都有其特定的任务和目标，组织设计者的根本目的是为了保证组织的任务和目标的实现，组织设计者的每一项工作都应以是否对实现目标有利为衡量标准。因此在进行组织结构设计时，首先要明确组织确立的任务和目标是什么，然后认真分析为了完成组织的任务和实现组织的目标，必须做的事是什么、设立什么机构、什么职务、选什么人来做。要做到因事设职、因职用人，“事事有人做”和“人人有事做”。

管理百科

王珐鉴才

在一次宴会上，唐太宗对王珐说："你善于鉴别人才，尤其善于评论，你不妨从房玄龄等人开始，都一一做些评论，评一下他们的优缺点，同时和他们相互比较一下，你在哪些方面比他们优秀？"王珐回答说："孜孜不倦地办公，一心为国效劳，凡所知道的事没有不尽心尽力去做，在这方面我比不上房玄龄。常常留心于向皇上直言建议，认为皇上能力德行比不上尧舜而很丢面子，这方面我比不上魏征。文武全才，既可以在外带兵打仗做将军，又可以进入朝廷管理担任宰相，在这方面，我比不上李靖。向皇上报告国家公务，详细明了，宣布皇上的命令或传达下属官员的汇报，能坚持做到公平公正，在这方面我不如温彦博。处理繁重的事务，解决难题，办事有条理，这方面我比不上戴胄。至于批评贪官污吏，表扬清正廉洁，疾恶如仇，乐善好施，这方面比起其他几位能人来说，我也有一技之长。"唐太宗非常同意他的话，而大臣们也认为王珐完全道出了他们的心声，都说这些评论是正确的。

从王珐的评论可以看出唐太宗的团队中，每个人各有所长，但更重要的是唐太宗能将这些人依其专长选用到最适合的职位，使其能够发挥所长，进而让整个国家繁荣富强。

（2）分工与协作原则

分工就是按照提高的专业化程度和工作效率的要求，把组织的任务和目标进行合理的分解，明确规定每个层次，每个部门乃至每个人的工作内容、工作范围以及完成工作的手段、方式和方法。

协作就是要明确部门与部门之间、部门内人与人之间的协调关系与配合方法，找出容易发生矛盾之处，加以协调，并使协调中的各种关系逐步规范化和程序化，有具体可行的协调配合方法。

分工与协作是相辅相成的。只有分工没有协作，分工就失去意义，而没有分工就谈不上协作。因此，在进行组织结构设计时，要处理好分工与协作的关系。

（3）统一指挥原则

统一指挥原则可以表述为：组织的各级机构以及个人必须服从一个上级的命令和指挥，只有这样才能保证命令和指挥的统一，避免多头领导和多头指挥，而造成管理中的混乱现象。统一指挥原则对管理组织的建立提出如下要求：

①确定管理层次时，使上下级的职责之间从最高层到最低层形成一条连续不间断的等级链，明确上下级的职责、权力和联系方式。

②任何一级组织只能有一个正职，实行首长负责制。

③下级组织只能接受一个上级组织的命令和指挥，防止出现多头领导现象。

④下级只能向直接上级请示工作，不能越级请示工作，但可以越级反映情况。

⑤上级不能越级指挥下级，以维护下级组织的领导权威，但可以越级检查工作。

⑥职能部门一般只能作为同级直线领导的参谋，无权对下级直线领导者发号施令。

（4）有效管理幅度原则

有效管理幅度是指一名主管人员直接有效地管理下属的人数。由于管理者的时间和精力是有限的，其管理能力也因个人的知识、经验、年龄、个性等的不同而有所差异，因而任何管理者的管理幅度都有一定的限度，超过一定限度，就不能做到具体、高效、正确的领导。因而，有效管理幅度原则要求一个领导者要有适当的管理幅度，管理幅度过大或过小皆不宜。

（5）责、权、利对等原则

该原则要求在进行组织结构设计时，既要明确规定每一管理层次和各个管理部门的职责范围，又要赋予完成其职责所必需的管理权限，做到职责与职权协调一致。同时，根据所负责任，承担风险及付出劳动的多少，给予相匹配的收益。实现有责、有权、有利。

（6）集权与分权相结合原则

这一原则要求根据组织的实际需要，来决定集权与分权的程度。所谓集权就是组织的决定权大部分集中在最高层，所谓分权就是组织的决定权根据职务上的需要分到各阶层。集权与分权是相对的，没有绝对的集权，也没有绝对的分权，只是程度的不同。一个组织集权到什么程度，应以不妨碍基层人员的积极性发挥为限；分权到什么程度，应以对上级不失去对下级的有效控制为限。另外，集权与分权不是一成不变的，应根据不同的情况和需要加以调整。

（7）弹性结构原则

所谓弹性结构，是指一个组织的部门结构、人员职责和工作职位都是可以变动的，以适应组织内外部环境的变化。根据这一原则，首先应使部门结构富有弹性。组织可以根据外界环境的变化和生产经营活动的需要及时地扩充或收缩某些职能部门，各部门在管理上有较多的自主权和灵活性。弹性结构原则还要求组织内工作职位的设置也应富有弹性，如按任务和目标需要设立岗位和职位，不按人设岗；干部定期轮换；报酬应与贡献相联系等。

（8）精干高效原则

无论任何一种组织结构形式，都必须将精干高效原则放在重要地位。所谓精干高效原则就是：在服从由组织目标所决定的业务活动需要的前提下，力求减少管理层次，精简管理机构和人员，充分发挥组织成员的积极性，提高管理效率，更好地实现组织目标。一个组织只有机构精简、队伍精干，才会有较高的工作效率。反之，如果层次繁多，机构臃肿，人浮于事，则会造成人力浪费、官僚主义严重、办事拖拉、效率低下。因此，一个组织是否具备精干高效的特点，是衡量其组织结构是否合理的重要标准之一。

管理百科

名家名著：帕金森定律

英国著名历史学家诺斯古德·帕金森通过长期的调查研究，写出了《帕金森定律》一书。他在书中阐述了机构人员膨胀的原因及后果。一个不称职的官员，可能有三条出路：第一是申请退职，把位子让给能干的人；第二是让一位能干的人来协助自己工作；第三是任用两个水平比自己更低的人当助手。这第一条路是

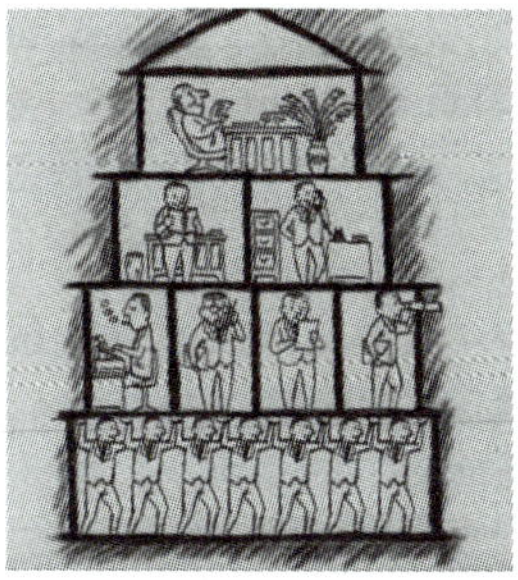

万万走不得的，因为那样会失去许多利益；第二条路也不能走，因为那个能干的人会成为自己的对手；看来只有第三条路最适合。于是，这两个平庸的助手分担了他的工作，他自己则高高在上发号施令，他们不会对自己的权力构成威胁。两个助手无能，他们就上行下效，再为自己找两个更加无能的助手。如此类推，就形成了一个机构臃肿、人浮于事、相互推诿、效率低下的领导体系。

5.2.3 组织纵向结构设计

组织的纵向结构设计，就是确定管理幅度，划分管理层次。

（1）管理幅度的含义

管理幅度又称控制幅度或监督幅度，是指一位主管直接管理监督其下属的人数限度。直接管理监督的人数越多，表明其管理幅度愈大；反之，则愈小。由于管理者受自身能力、知识经验的限制，能有效管理监督属下的能力是有限的，这就要求在进行组织设计时，为各级领导者设计一个合理的管理幅度。

一个管理者的管理幅度以多大为宜，至今尚无定论。有人认为高层领导者的有效管理幅度为4~8人，中层为8~15人，基层15人以上。当然，管理幅度的确定除了要考虑领导者本身的情况外，还要综合考虑职务的性质、工作本身的性质、下属人员的素质等因素。

管理幅度同管理层次成反比关系。管理幅度越大，管理层次就越小；反之，管理幅度越小，管理层次就越多。

（2）管理幅度的影响因素

一个管理者能够有效管理的下级的人数受到多种因素的影响。影响管理者管理幅度的除了个人因素之外还有以下一些共通的因素：①上下级双方的素质与能力。②计划的完善程度。③面临变化的激烈程度。④授权的情况。⑤沟通手段和方法。⑥面对问题的种类。⑦个别接触的必要程度。此外，下属人员的空间分散情况、下属人员承担责任的意愿以及面对风险的态度等因素也不同程度地影响着管理幅度的大小。

（3）管理层次

管理层次又称组织层次，是指组织内从最高一级管理到最低一级管理所经历的层

次数目。管理层次与管理幅度之间的关系成反比。管理幅度大，管理层次就可以减少；管理幅度小，管理层次就会增多。

(4) 两种典型结构的特点

组织设计中，可以产生两种典型的组织结构：一种是高层结构，管理幅度较小，管理层次较多；另一种是扁式结构，管理幅度较大，管理层次较少。其高层结构与扁平式结构各有优缺点（见表5.1）。

表5.1 高层结构与扁平结构对比

	优点	缺点
高层结构	管理人员的管理幅度小，能够对下属进行有效的控制和统一指挥；职责与分工明确；制度严明	管理人员多，彼此之间协调困难；管理费用开支大，消耗的时间与精力多；上下级意见沟通和交流受阻，信息传递过程中容易发生失真和误解，上层对下层的管理控制变得困难；组织的民主化程度较低；工作效率低下
扁平结构	信息传递快、失真少；缩短上下级距离，密切上下级的关系；管理费用低	由于管理幅度较大，对于管理者来说工作量很大，难以密切监督下属；对管理者的要求很高，同级别的横向沟通难度增大

5.2.4 组织横向结构设计

组织的横向结构设计，实际上就是进行部门划分。

(1) 部门与部门划分

①部门是指组织中管理者按照专业化分工的要求，为完成规定的任务而有权管辖的一个特殊的领域。部门是企业的细胞，部门设计关系到组织运作绩效。

②部门划分是建立组织的基础，当组织的任务分解成具体的可执行的工作后，按照不同的工作类别，将组织的人员进行分工的过程。部门划分可以明确职权与职责，达到分工合理、职权分明的目的。

(2) 部门划分的方法

如表5.2所示，划分部门是为了保证组织目标的实现而对业务工作进行安排的一种手段。也就是说，一个组织究竟应采用何种方式来划分部门，应视具体情况而定，在实际的运用中，每个组织都应该根据自己的特定条件，选择能取得最佳效果的划分方法。

表5.2 部门划分方法

划分方法	具体做法	优缺点	适用范围
人数划分	按照人数的多寡来划分部门的方法	优点：简便易行 缺点：仅考虑了人的数量，符合专业化原则	适用于某些技术含量低的组织

表5.2(续)

划分方法	具体做法	优缺点	适用范围
时间划分	当在正常的工作日不能满足企业工作需要时，将企业的工作时间划分为几个时间段，在不同的时间段安排不同的员工进行作业	优点：可以提高劳动效率 缺点：不便于管理，增加人工成本	通常用于生产经营一线的基层组织
职能划分	按照专业化的原则，以工作或任务的性质为基础划分部门，凡属同一性质的工作或任务都置于同一部门，由该部门全权负责该项工作的执行	优点：有利于提高管理的专业化程度，有利于目标的实现。 缺点：容易导致各职能部门的专业人员产生“隧道视野”现象，使部门之间的相互协调困难，也不利于高级管理人才的培养	较多地应用于管理或服务部门的划分
产品划分	按照企业提供的产品或产品系列来划分部门	优点：充分发挥个人的专业知识和技能，有利于部门内的协调，有利于产品的改进与发展 缺点：需要更多的综合管理人才，增加了主管部门协调、控制的困难	适用于制造、销售和服务等业务部门
地区划分	当组织地理位置分布于不同地区，且不同地区的政治、经济、文化等因素又影响到组织的经营活动时，根据地区因素来设立管理部门	优点：有利于培养和训练独当一面的管理人才，有利于提高管理的适应性和有效性 缺点：需要更多具有全面管理能力的人才，增加了主管部门控制的难度；地区部门之间往往不易协调等	适用于空间分布很广的企业的生产经营业务部门
顾客划分	按组织服务的顾客来划分部门	优点：能够更好地满足各类顾客的需求，能够创造更大的社会效益 缺点：不利于各部门之间的协调，如果划分过细，可能会导致人员和设备利用率低	主要用于服务对象差异较大、对产品与服务有特殊要求的企业。

管理现场 5.2

老王是一家汽车销售分销公司的中层领导，后来他承包了公司下属的一家分销处——腾达公司。在开始的几年，腾达公司主要采取原公司的管理模式与方法。当公司规模尚小时，一切都运转顺利。在公司销售量增加、规模扩大时，公司并购了一家汽车出租公司，之后不久又兼并了另一家汽车代理商。规模的扩张，增加了老王的工作量，也花费了他大量的时间和精力。但公司的运行仍是按照以前的一套，组织结构没有变化，结果有些事情不能得到很好的解决，有些会议上通过的决议也没有得到执行，许多重要的项目被推迟。老王意识到必须在最短的时间内，重新建立起精简高效的组织机构。对于组织的一些概念他也听说过，可是，应该如何设置部门？管理幅度与层次是怎么回事？有哪些可供选择的组织形式？这些让老王一头雾水。

老王公司扩张后存在哪些问题？	1. 2. 3.
如何帮助老王建立有效的组织结构？	1. 2. 3.

5.3 组织结构类型

企业组织结构形式，从传统管理到现代管理，有多种模式。传统的组织结构模式主要有直线制、职能制、直线职能制等。现代组织结构模式主要有事业部制、矩阵制、流程型及网络型组织等。

了解并选择适宜的组织结构形式有利于建立具有本企业特点的组织结构框架。下面分别介绍各种常见的组织结构形式的优缺点及适用条件。

5.3.1 直线制组织结构

直线制是组织发展初期的一种简单的组织结构模式。这种组织形式的主要特点是：命令系统单一直线传递，管理权力高度集中，实行一元化管理，决策迅速，指挥灵活。但要求最高管理者要通晓多种专业知识。这种形式适用于规模较小、任务比较单一、人员较少的组织。

以制造业企业为例，直线制组织的结构如图5.2所示。

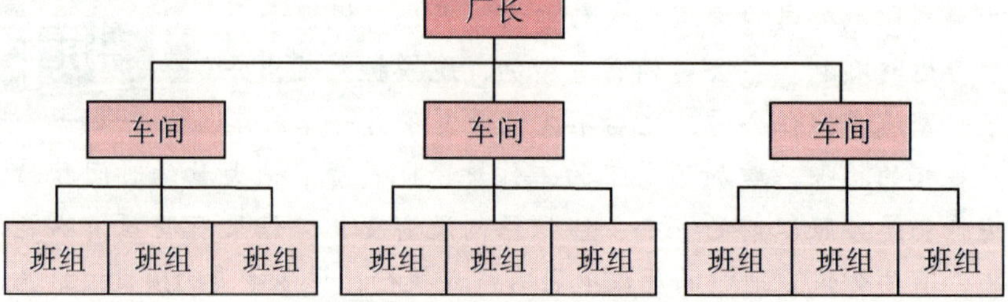

图5.2 直线制组织结构图

5.3.2 职能制组织结构

职能制是科学管理之父泰罗首先提出的。其特点是：按专业分工设置管理职能部门，各部门在其业务范围内有权向下级发布命令，每一级组织既服从上级的指挥，也听从几个职能部门的指挥。

职能制组织结构的优点是能够充分发挥职能机构的专业管理作用，并使直线经理人员摆脱琐碎的经济技术分析工作。其缺陷是多头领导，极大地违背了统一指挥原则。这种组织形式适用于任务较复杂的社会管理组织和生产技术复杂、各项管理需要具有专门知识的企业管理组织。以企业为例，职能制组织的结构如图 5.3 所示。

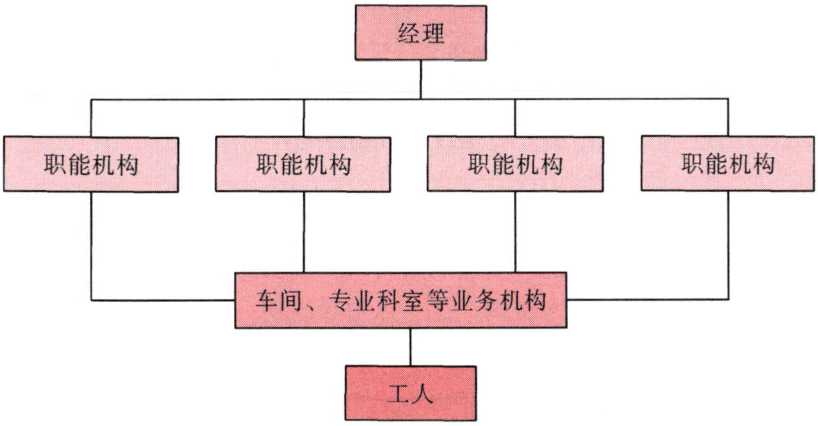

图 5.3　职能制组织结构图

5.3.3 直线职能制组织结构

直线职能制又被称为 U 型结构。这是一种综合直线制和职能制两种类型组织特点而形成的组织结构形式。它与直线制的区别就在于设置了职能机构；与职能制的区别在于，职能机构只是作为直线管理者的参谋和助手，它们不具有对下进行直接指挥的权力。

直线职能制是以权力集中于高层为特征的组织结构。它的基本特征在于企业的生产经营活动，按照功能划分为生产、销售、开发等若干个职能部门，每一个部门又是一个垂直管理系统，每个部门或系统均由企业最高层领导直接进行管理，所以 U 型结构又叫“功能型垂直结构”。

以生产系统为例，工厂的产品设计与制造，生产设备的投资改造以及工艺流程等，都不是由工厂自行决定的，而是由负责生产的职能部门统一安排与指挥；而生产职能部门则直接对企业总裁负责。也就是说，关于企业生产过程的主要决定，必须有高层主管和职能部门的介入才能作出。

我国大多数企业和一些非营利组织经常采用这种组织形式。以企业为例，这种组织设计如图 5.4 所示。

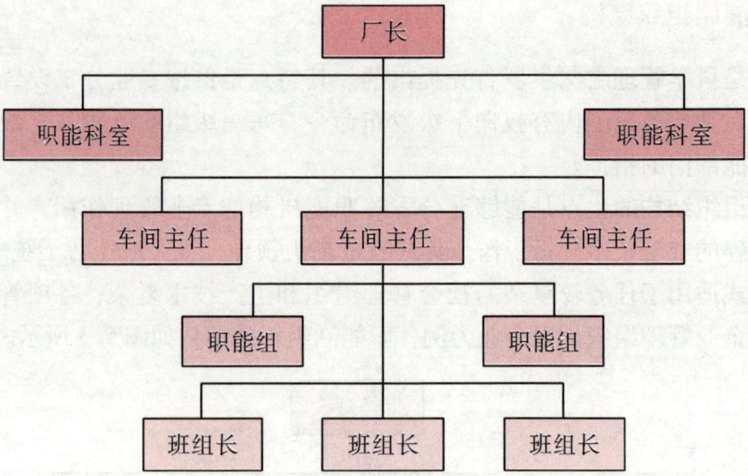

图 5.4　直线职能制组织结构图

U 型结构的优点是集中统一指挥，又具有职能分工专业化的长处。由于是垂直领导，有利于企业集中有限的资源，投资到最有效的项目上去。同时这种结构还有利于产、供、销各个环节之间的紧密协调，这一点对于纵向一体化的产品相关度很高的企业来说，尤其重要。

5.3.4　事业部制组织结构

事业部制又称 M 型组织结构，是由美国管理学家斯隆在 20 世纪 20 年代针对企业实行多样化经营所带来的复杂管理问题而提出来的。典型的 M 型结构如图 5.5 所示。

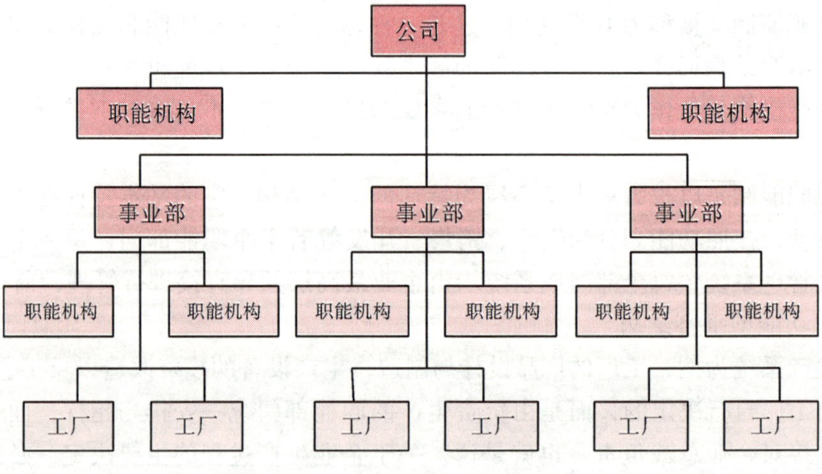

图 5.5　事业部制组织结构图

表5.3是事业部制与直线职能制的对比。

表5.3　　事业部制与直线职能制的对比

	M型结构与U型结构关键区别	M型结构与U型结构相比具有的优点	存在的问题
事业部制是在总公司领导下按产品、按地区或按市场划分的，统一进行产品设计、采购、生产和销售的，相对独立经营、单独核算的部门化分权式结构	它是一种分权式结构	①权力下放，有利于最高管理层摆脱日常行政事务，集中精力研究企业的大政方针和战略问题	①在上层与事业部内部都要设置职能机构，容易造成机构重叠，管理人员膨胀，管理费用增加
		②各事业部独立核算，能充分发挥部门管理的积极性、主动性和创造性，提高企业经营的适应能力	②各事业部独立性强，考虑问题容易忽视整体利益，各事业部之间协调难度增大，等等
		③各事业部之间的竞争有利于提高公司的整体效率	
		④便于培训管理人才	

5.3.5　矩阵制组织结构

矩阵制组织结构把按职能划分的部门和按产品（或项目）划分的小组结合起来组成一个矩阵，一名管理人员既同原职能部门保持组织与业务上的联系，又参加项目小组的工作。职能部门是固定的组织，项目小组是临时性组织，完成任务以后就自动解散，其成员回原部门工作。矩阵制组织结构，如图5.6所示。

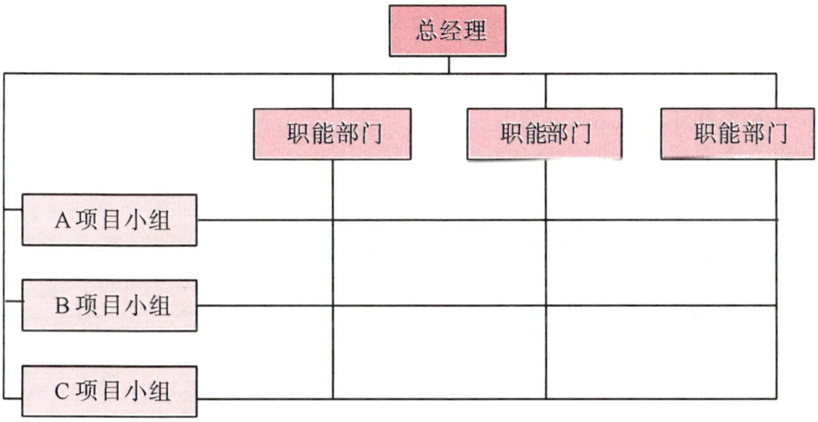

图5.6　矩阵制组织结构图

矩阵制组织结构有下列优点：

（1）将企业的横向与纵向关系相结合，有利于协作生产。

（2）针对特定的任务进行人员配置有利于发挥个体优势，集众家之长，提高项目完成的质量和劳动生产率。

（3）各部门人员的不定期的组合有利于信息交流，形成良好的互相学习的机会，提高专业管理水平。

矩阵制组织结构的缺点是：由于项目组是临时性的组织，容易使人员产生短期行为。小组成员的双重领导问题会造成工作中的矛盾。

其他企业组织结构模式如流程型及学习型此处不一一介绍。

管理现场 5.3

微软公司的小组工作方式

微软公司是世界上最具盈利能力的软件公司，创建者比尔·盖茨自己也成为了世界上最富有的人。微软公司的成功与其采用的小组和团队组织方式紧密相关。

在微软公司，程序员以 5 ~6 人的小组方式工作，不同的小组负责特定的软件应用，多个小组往往在一个项目经理负责的大型项目的不同方面工作。例如，在开发 Windows 98 操作系统时，共有 300 多个人以小组的形式共同参与该产品的开发工作。产品小组的运用使员工能把他们拥有的技能和资料协调起来，推动小组成员间的深度互动，而这种深度互动往往容易产生突破，从而有助于公司迅速开发出新产品。此外，小组成员还能够相互学习和了解对方的行动。

在组织层次上，盖茨尽可能使组织扁平化，以使他和小组之间的距离保持最近。同时，公司围绕着这些小组来设计组织结构，并且把职权分散到各小组，授权各小组进行一些重要决策，扩大其自主性和自由度，以使其保持创造力和敢于冒风险。

构成微软公司组织结构的要素是什么？	1. 2. 3.
你认为随着微软公司的成长，在未来可能出现何种组织问题？	1 2. 3.

5.4 组织变革

5.4.1 组织变革的含义与动力

组织变革是指组织根据外部环境和内部情况的变化，及时调整和完善自身结构和功能，以提高其适应环境、求得生存和发展的应变能力，使组织管理更符合组织生存和发展的目标。它是组织管理的一个重要组成部分，与组织发展既有联系又有区别。

（1）组织变革的动因

及时地对企业组织进行调整和变革，是现代企业管理者所需要面对的一个重要而迫切的大问题。促使组织必须进行改革的原因主要有两大类：外部原因和内部原因。外部原因是指企业管理者所不能控制的因素，如市场、技术、环境方面；内部原因则是指管理者一般能够控制的组织内部因素（见表5.4）。

表5.4　组织变革的动因

外部环境因素	整个宏观社会经济环境变化	社会活动、国际政治形势、全球性的环境保护运动，这些都不断给企业带来以前从来未曾接触过的问题，都会引起组织内部深层次的调整和变革
	科技进步影响	知识经济社会，科技的发展日新月异，新产品、新工艺、新技术、新方法层出不穷，对组织的固有运行机制构成了强有力的挑战
	资源变化影响	组织必须要能克服对环境资源的过度依赖，同时要及时根据资源的变化顺势变革组织
	竞争观念改变	全球化的市场竞争越来越激烈，竞争的方式也将会多种多样，这些新竞争策略的出现迫使一些企业不得不进行大规模的企业改组
内部环境因素	快速决策要求	决策的形成如果过于缓慢，组织常常会因决策的滞后或执行中的偏差而错失良机
	保障信息畅通要求	随着外部不确定性因素的增多，组织决策对信息的依赖性增强，为了提高决策的效率，必须通过变革保障信息沟通渠道的畅通
	组织机构适时调整要求	组织机构的设置必须与组织的阶段性战略目标相一致，组织一旦需要根据环境的变化调整机构，新的组织职能必须得以充分的保障和体现
	设备或管理系统引进需要	企业引进新设备会带来一系列的问题，如工人的再培训，工作程序的重新设计
	管理集体内部需要	组织在成长的每一个阶段都会出现新的发展矛盾，为了达到新的战略目标，组织必须在人员的素质、技术水平、价值观念、人际关系等各个方面都做出进一步的改善和提高

（2）组织变革的目的

组织变革就是对不适应组织正常发展要求的部分进行改革和调整，完善组织结构，提高组织成员的满足程度和积极性，从而提高组织的效率。具体地说，组织变革的目的表现在以下几方面：

①提高决策的正确性；

②加强信息联系和协调各部门工作；

③建立良好的组织气氛以提高组织的活力。

5.4.2 组织变革的内容与过程

(1) 组织变革的内容

根据美国管理学家哈罗德·利维的观点，变革内容包括组织结构的变革、技术方面的变革、人事方面的变革和文化的变革（见图5.7）。

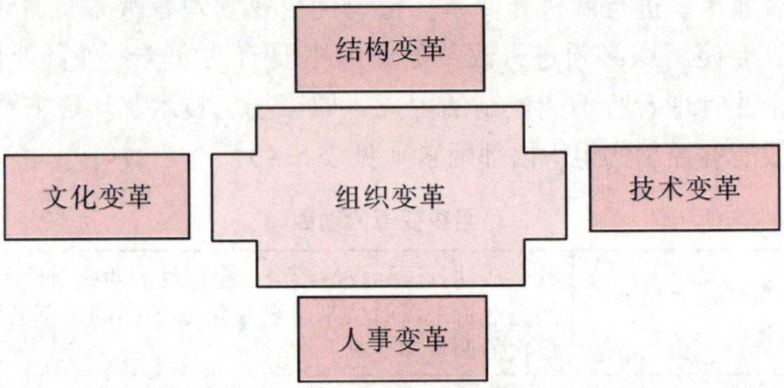

图5.7 组织变革内容图

①组织结构的变革

组织结构的变革是指组织结构的基本组成部分或组织总体设计的改变。组织的基本组成部分的改变包括分权程度的改变、管理幅度的改变、协作方式的改变、工资设计的改变以及工资进度的改变等。

②技术方面的变革

由于现代社会的技术进步非常迅速，各个组织必须迅速作出反应，才能提高组织对环境的适应性和竞争能力。因此，进行技术方面的变革对一个组织来说就具有特别重要的意义。

技术变革的目的是改进生产过程的效率，或者生产出更多的产品。

③人事方面的变革

人事方面的变革是以人力资源为中心的改革，它涉及组织人员的态度、观念、个人行为、群体行为、参与管理的组织气氛等。人事方面变革的方法有人事变动、人员的培训和发展、满足职工的某些需要等，以提高职工的素质以及他们的积极性和创造性，从而改变整个组织的功能。

④文化变革

文化变革是指员工的价值观、态度、期望、信念、能力和行为的变革。组织文化是由相对稳定和持久的因素构成的。这就使得对组织文化的变革具有相当大的阻力。一种文化需要很长时间才能形成，而一旦形成又很不容易改变，因为公司的职工已经高度融合进这种文化之中了。如果随着环境的变化，某种特定的文化不再适合于这个组织，它就会成为管理当局的障碍。

（2）组织变革的过程

为了使组织变革富有成效，达到预期的目的，必须了解组织变革的过程，有计划、有步骤地进行。组织变革的基本过程主要有五步：明确问题、分析问题、制订组织变革计划、执行计划和变革效果的评估（见图5.8）。

图5.8　组织变革过程图

①明确问题

当组织存在许多问题，影响了组织的效率，首先应确定问题的本质是什么，然后才能解决问题。管理人员应分析组织效率低下的原因，若能够确定是由组织本身引起的，就应该深入分析，确定问题的实质和组织变革的目标。

②分析问题

当问题确定后，组织就可采用一些专门方法来进行诊断。常用方法有：问卷调查、职位说明书、组织图、组织手册。

通过上述方法对组织存在的问题进行诊断，分析问题产生的根本原因，下一步就可以选用适当的方式对组织进行变革。

③制订组织变革计划

首先，正确选择组织变革方案，组织变革的方案正确与否，直接影响到组织变革的效果。其次，要制订具体的变革计划，包括确定变革的步骤、所需的费用、对其他方面产生的影响，以及职工对变革的态度和变革中可能出现的其他问题等。

④执行计划

组织管理者要采取有效措施，确保组织变革计划按照预期目标进行，变革中要充分调动职工的积极性，让职工参与变革，创造变革的气氛，使变革顺利进行。

⑤变革效果的评估

根据组织变革实施后的结果，及时进行总结。如果变革达到了预期效果，说明变革采用的方案和计划是正确的；如果变革没有达到预期的效果，就要找出原因，调整变革的方案或计划，采取有效措施，确保组织变革能够达到预期的效果。

管理现场 5.4

鸿发公司组织结构设计

[背景]

近期鸿发公司由于股权改革，按照新董事会的意见，要求对公司的组织结构重新进行调整，董事会委任刘志为总经理，并担任该次组织结构改革的负责人。刘总经理接到这个任务后，感觉压力很大，因为该公司一直以来存在的问题很多，组织结构重新调整可能会遇到很多阻力。

[公司现状]

鸿发公司成立于1998年，主要产品为DVD影碟机。在公司刚成立几年间，由于市场需求大，行业竞争对手少，公司利润逐年提高。但随着消费者对产品功能的要求增加，且行业竞争对手增多，公司这几年逐渐走下坡路，由盈利变为亏损。公司目前共有员工500人，其中行政管理人员70人，工人430人。原先下设有办公室、人事部、财务部、销售部、生产部五个部门，除生产部外，其他部门配一个经理，两个副经理；生产部配有“一正三副”四个车间主任。生产部既管生产又管技术开发、设备维护；销售部负责市场开发及售后服务。

假如你是刘经理，你会如何重新调整公司组织结构？	1. 2. 3. 

精要回顾

组织职能是指在特定环境中，为了有效地实现实体组织的共同目标和任务，合理确定组织成员、目标任务及各项活动之间的关系，对资源进行合理配置的过程。组织结构设计，是指对一个组织的组织机构进行规划、构造、创新或再造，以便从组织的结构上确保组织目标的有效实现。组织结构设计是组织工作的核心内容。组织设计者在设计时应当遵循八大设计原则：任务目标原则、分工与协作原则、统一指挥原则、有效管理幅度原则、责权利对等原则、集权与分权相结合原则、弹性结构原则、精简高效原则。组织的纵向结构设计就是确定管理幅度，划分管理层次。组织的横向结构设计就是进行部门划分。

企业组织结构模式主要有直线制、职能制、直线职能制、事业部制、矩阵制、流程型及学习型组织等。

组织变革指组织根据外部环境和内部情况的变化，及时调整和完善自身结构和功能，以提高其适应环境、求得生存和发展的应变能力，使组织管理更符合组织生存和发展的目标。组织变革的基本过程主要有五步：明确问题、分析问题、制订组织变革计划、执行计划和变革效果的评估。

重点概念

1. 组织职能
2. 组织结构设计
3. 任务目标原则
4. 分工与协作原则
5. 统一指挥原则
6. 有效管理幅度原则
7. 责权利对等原则
8. 集权与分权相结合原则
9. 弹性结构原则
10. 精简高效原则
11. 直线制
12. 职能制
13. 直线职能制
14. 事业部制
15. 矩阵制
16. 组织变革

管理工作坊 -5

思考题

1. 组织职能概念以及作用?
2. 组织结构设计应坚持哪些原则?
3. 组织结构纵向和横向设计内容有哪些?
4. 组织结构的基本类型有哪些? 各有什么特点?
5. 什么是组织变革? 为什么要进行组织变革? 组织变革内容及过程?

操作题

请与你的组员一起，通过书刊、网络、企业、亲友等渠道寻找下列问题的答案，并带回充分的证据资料与大家分享：

1. 全面调查本地的一家企业，了解企业的内部组织结构，看看体现了哪些管理理论? 其管理效果如何?

2. 企业在设置组织机构时，应该“因事设人”还是应该“因人设事”?

3. 创业于1968年的美的集团，是一家以家电业为主，涉足照明、房地产、物流等领域的大型综合性现代化企业集团，旗下拥有三家上市公司、四大产业集团，是中国最具规模的白色家电生产基地和出口基地之一。请登录美的集团及相关网站，收集资料进行学习，从组织结构设计和类型角度介绍美的集团的经验和取得的成绩。

学习档案

为了证明你在完成这一章的学习之后，已经掌握了相关的理论知识和技能技巧，达到了本章提出的学习目标，你需要提供以下资料：

1. 对本章“引导案例”的分析理解；

2. 对本章“管理现场”的分析理解；

3. 对本章“关键概念”的理解回答；

4. 对本章“管理工作坊-5”提出的“思考题”的分析理解，以及对“操作题”的完成情况（包括书面报告、口头演示、材料整理等）；

5. 在本章学习过程中的其他相关管理活动的参与情况、课外学习的成果（包括资料、方式证据与反馈等）。

6 组织文化

学习目标

通过本章的学习，要求：

1. 理解组织文化的内涵和基本特征；
2. 掌握组织文化的四个构成层面；
3. 认识组织文化的六大功能在组织中所起的作用；
4. 理解组织文化的塑造原则和塑造途径，并能运用具体案例来进行分析；
5. 能运用组织文化的相关理论分析企业的组织文化。

内容结构图

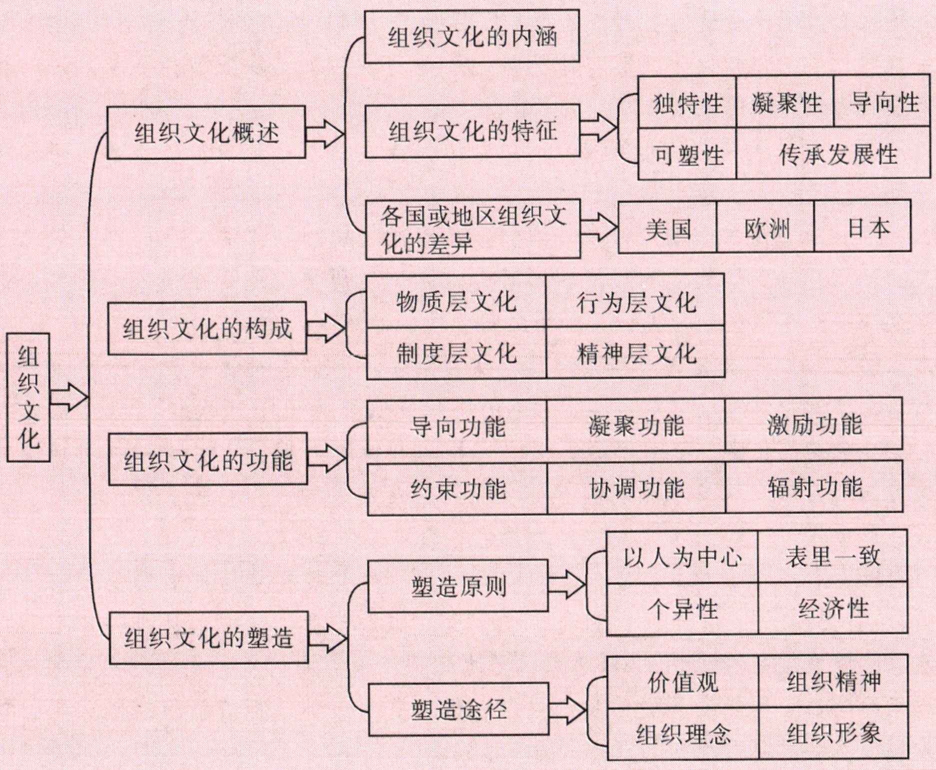

引导案例

同仁堂文化的传承

翻开同仁堂的历史，浓厚的文化气息感人至深，可以说同仁堂的历史是文化和经济交相辉映的历史，透过同仁堂浓厚的文化，就可以理解到底是什么使同仁堂历经三个世纪仍保持青春。同仁堂坚持以“仁”为核心的价值观，形成了自己特色鲜明的企业文化。

同仁堂文化具体有六个方面内容：同仁堂文化的质量观、信誉观、人才观、形象观、人和激励观和创新发展观。

(1) 同仁堂文化的质量观。历代同仁堂人恪守诚实敬业的药德，提出“修合无人见，存心有天知”的信条，制药过程严格依照配方，选用地道药材，从不偷工减料、以次充好。坚持“配方独特、工艺精湛、选料上乘、疗效显著”四大特色，生产出了众多效果卓著的中成药。

(2) 同仁堂文化的信誉观。同仁堂的创业者尊崇“可以养生，可以济世者，唯医药为最”，把行医卖药作为一种济世养生、效力于社会的高尚事业来做。历代继业者，始终以“养生”、“济世”为己任，恪守诚实敬业的品德，对求医购药的八方来客，无论是达官显贵，还是平民百姓，一律以诚相待，始终坚持童叟无欺、一视同仁。同仁堂认为诚实守信是对一个企业最基本的职业道德要求，讲信誉是商业行为最根本的准则。

(3) 同仁堂文化的形象观。同仁堂历代传人都十分重视宣传自己，树立同仁堂形象。

(4) 同仁堂文化的人才观。同仁堂从创业之初的小作坊发展成为现代化企业集团，始终与发挥人才的作用密不可分。无论在历史，还是在当今，同仁堂都出现过许多既精通医药理论，又善于经营管理的专家型人才。

(5) 同仁堂文化的人和激励观。从古至今，同仁堂都保持着一个非常突出的特色，这就是讲礼仪与重人和。古老的同仁堂明显突出了“人和”与“亲善”色彩。如今的同仁堂，继承了历史上讲人和的好传统并把它上升为一种增强企业凝聚力的新内容，从多方面创造出符合现代企业发展的良好环境。以关心人、理解人、尊重人为原则，以“人和”为特色。

(6) 同仁堂文化的创新发展观。同仁堂从最初的作坊店发展到今天的集团公司，从民间验方、宫廷秘方到高科技含量的中药产品，从丸散膏丹到片剂、口服液、胶囊剂等多种剂型，300 多年的历史无不渗透着同仁堂文化的创新发展观。21 世纪的同仁堂已经发展成为集产供销、科工贸于一体，拥有股份有限公司、科技发展股份有限公司两家上市公司的大型集团。

(根据 http://www.wccep.com/html/2006828174756-1.html 改编)

案例讨论

1. 百年老字号同仁堂能长盛不衰，除了优质的产品和服务，它的企业文化起到了哪些作用？

2. 同仁堂的企业文化传承了三百多年，并随着时代不断进行优化改进，对于当代的企业有哪些启示作用？

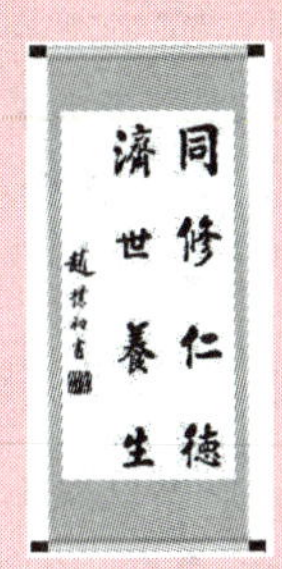

6.1 组织文化概述

“文化是一个复杂的总体，包括指示、信仰、艺术、道德、法律、风俗，以及人类在社会里所获得的一切能力与习惯。”——爱德华·泰勒（英）

组织文化是被组织全体成员共同接受的价值观念、思维方式、工作作风、行为准则、团队意识等群体意识的总称。组织通过培养、塑造这种文化来影响成员的工作态度，实现组织目标。因此，组织文化常被视为组织成功的重要基础。在欧洲，组织文化也被称为“企业文化”、“公司文化”。人们将组织文化作为一种管理理论则是20世纪70年代以后的事。由于石油危机使世界上许多国家的经济停滞萎靡，经济最强劲的美国也未能幸免。但是，资源条件远不如美国的日本经济却迅速发展，丰田、本田、松下等品牌在美国市场上所向披靡，给美国企业以沉重的打击。美国的管理学者在对两国企业模式比较中发现，日本企业之所以取得巨大的成功，就在于它们具有独特的企业文化。

6.1.1 组织文化的内涵

一般而言，文化有广义和狭义两种理解。广义的文化是指人类在社会历史实践过程中所创造的物质财富和精神财富的总和；狭义的文化专指语言、文学、艺术及一切意识形态在内的精神产品。文化具有民族性、多样性、相对性、沉淀性、延续性和整体性的特点。任何一种组织，都有自己的环境条件和历史传统，也都形成了自己独特的哲学信仰、意识形态、价值取向和行为方式，于是也就形成了自己特定的组织文化。

管理百科

西方学者关于组织文化的定义

对组织文化的界定向来是众说纷纭，莫衷一是。影响比较大的观点有以下两种：

希思："组织文化是特定组织在适当处理外部环境和内部整合过程中出现的种种问题时，所发明、发现或发展起来的基本假说的规范。这些规范运行良好，相当有效，因此被用作教导新成员观察、思考和感受有关问题的正确方式。"

特雷斯·E. 迪尔和阿伦·A. 肯尼迪："企业文化由价值观、神话、英雄和象征凝聚而成，这些价值观、神话、英雄和象征对公司的员工具有重大的意义。"

就组织特定的内涵而言，组织是按照一定的目标和形式构建起来的社会集合体，为了满足自身运作的要求，必须要有共同的目标、理想、追求、行为准则以及与此相适应的机构和制度。组织文化的任务就是努力创造这些共同的价值观念体系和共同的行为准则。从这个意义上来说，组织文化是组织在长期的实践活动中所形成的并且为组织成员普遍认可和遵循的具有本组织特色的价值观念、团体意识、工作作风、行为规范和思维方式的总和。

企业文化与企业利益息息相关。曾经有调查显示，顾客停止购买原有公司产品的原因主要在企业文化（如图6.1所示）。公司员工对顾客的服务态度是企业文化的一个侧面反映；顾客通常是通过与员工的接触来感知和判断这个企业的文化。员工表现出漠不关心的态度，将会直接影响到顾客的购买决策。

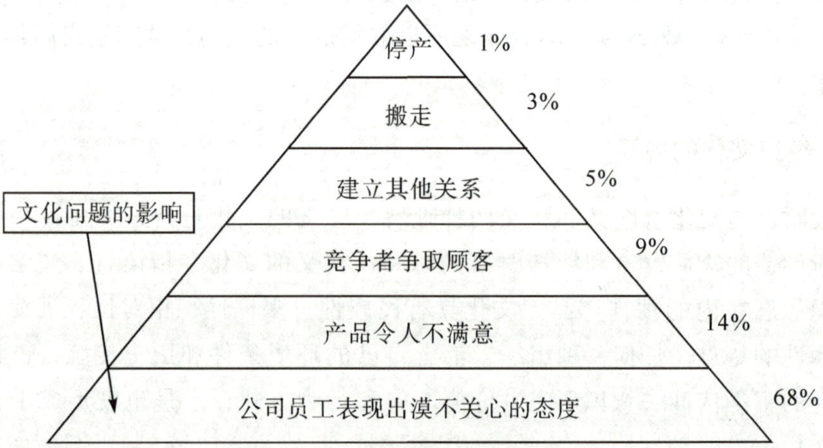

图6.1　企业文化的影响

6.1.2 组织文化的主要特征

组织文化的核心是组织价值观。任何一个组织总是要把自己认为最有价值的对象作为本组织追求的最高目标或最高理想，一旦这种最高目标和基本信念成为统一本组织成员行为的共同价值观，就会构成组织内部强烈的凝聚力和整合力，成为统领组织成员共同遵守的行动指南。

组织文化的中心是以人为本的人本文化。人是整个组织中最宝贵的资源和财富，也是组织活动的中心和主旋律，因此组织只有充分重视人的价值，最大限度地尊重人、关心人、依靠人、理解人、凝聚人、培养人和造就人，充分调动人的积极性，努力提高组织全体成员的社会责任感和使命感，使组织和成员成为真正的命运共同体和利益共同体，这样才能不断增强组织的内在活力和实现组织的既定目标。

组织文化的重要任务是增强群体凝聚力。组织中的成员来自于五湖四海，不同的风俗习惯、文化传统、工作态度、行为方式、目的愿望等都会导致成员之间的摩擦、排斥、对立、冲突乃至对抗，这往往不利于组织目标的顺利实现。而组织文化通过建立共同的价值观和寻找观念共同点，不断强化组织成员之间的合作、信任和团结，使之产生亲近感、信任感和归属感，实现文化的认同和融合，在达成共识的基础上，使组织具有一种巨大的向心力和凝聚力，这样才有利于组织在共同行动中齐心协力和整齐划一。

每个组织都有区别于其他组织的特征，同样，不同的组织，其文化也不尽相同。然而，尽管表现形式不同，组织文化却有着许多共同的特征（如图6.2所示）。

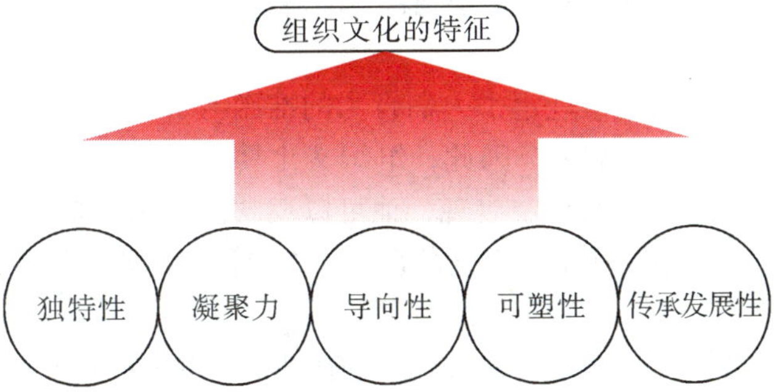

图6.2 组织文化的特征

管理百科

四个人与一个箱子的故事——共同价值观

在非洲一片茂密的丛林中走着四个皮包骨头的男子，他们扛着一只沉重的箱子，在茂密的丛林里艰难地行进着。他们是跟随队长马克洛夫进入丛林探险的，很不幸，马克洛夫因为得了病而长眠在丛林中。这个箱子是马克洛夫临死前亲手制作的。

临终前他诚恳地对四个人说道："我要你们向我保证，一步也不要离开这只箱子。如果你们把箱子送到我朋友麦克唐纳教授手里，你们将分得比金子还要贵重的东西，我想你们会送到的。我也向你们保证，比金子还要贵重的东西，你们一定能得到。"

他们经过千辛万苦终于走出了丛林，把箱子送到了教授手中。教授打开了箱子，大家一看，都傻了眼：满满一箱子无用的木头！

（1）独特性

每个组织都有自己独特的组织文化，这是由不同的国家和民族、不同的地域、不同的时代背景以及不同的行业特点所形成的。如美国的组织文化强调个人奋斗和不断进取；日本受儒家文化影响，强调团队合作和家族精神。

（2）凝聚性

组织文化总可以向人们展示某种信仰与态度，它不但影响着组织成员的处世哲学和世界观，也影响着人们的思维方式。良好的组织文化同时意味着良好的组织气氛，它能够激发组织成员的士气，有助于增强群体凝聚力。

（3）导向性

组织文化的深层含义在于规定了人们行为的准则与价值取向。它对人们行为的产生有着最持久、最深刻的影响力。因此，组织文化具有导向性。英雄人物往往是组织价值观的人格化和组织力量的集中表现，他可以反映出组织内提倡什么样的行为，反对什么样的行为，倡导组织成员使自己的行为与组织目标的要求相互匹配。

（4）可塑性

任何组织的文化并不是生来具有的，而是通过组织在生存和发展过程中逐渐总结、培育和积累而形成的。组织文化是可以通过人为的后天努力加以培育和塑造的，已形成的组织文化也并非一成不变，是可以随着组织内外环境的变化而加以调整的。

（5）传承性与发展性

每一个组织都是在特定的文化背景下形成的，文化总是在传承中不断发展与创新。组织文化的传承性体现在对于国家和民族文化的传承，以及组织在发展过程中对于自身文化的传承。组织文化也是随着社会进步、组织变革、环境变迁逐步演进和发展的。健康的组织文化有助于组织适应外部环境和变革；而不健康的组织文化则可能导致组织的不良发展。

管理百科

国际著名企业文化理念

IBM 公司：①给予每个员工充分的考虑；②花很多时间使顾客满意；③坚持到底把事情做好，所作所为追求完善。

福特汽车：①人员是我们的力量源泉；②产品是“我们努力的终端成果”（我们以汽车为业）；③利润是必要的手段与衡量我们成就的指标；④以诚实及正直为基础。

通用电气：①以科技及创新改善生活品质；②在对顾客、员工、社会与股东的责任之间求取互相依赖的平衡；③个人责任及机会；④诚实与正直。

3M 公司：①创新：“你不得扼杀一个新产品的创意”；②绝对正直；③尊重个人的首创精神及个人成长；④宽容诚实的错误；⑤产品质量及可靠性；⑥“我们的真正业务是解决问题”。

惠普公司：①给我们从事的领域贡献技术；②尊敬惠普人并给予他们机会，包括共享企业成功的机会；③对我们所在的社区奉献与负责；④提供顾客负担得起的高品质产品；⑤利润与成长是使所有其他价值观与目标可能实现的手段。

花旗银行：①扩张主义：在规模、服务种类、地区设点方面采取扩张主义；②遥遥领先：最大、最好、最能创新、获利最高；③自主与企业精神（通过分权）；④实力主义；⑤积极进取与自信。

沃尔玛：顾客是上帝，尊重每一位员工，每天追求卓越。

6.1.3 各国组织文化的差异性

文化是与民族分不开的，民族是文化的标志，每一个民族都是一个独特的文化符号。企业文化是一个国家的微观组织文化，它是这个国家民族文化的组成部分，所以一个国家，企业文化的特点实际就代表这个国家民族文化的特点。

（1）美国

美国是一个多民族的移民国家，这决定了美国民族文化的个人主义特点。美国的企业文化以个人主义为核心，但这种个人主义不是自私，而是强调个人的独立性、能动性、个性和个人成就。在这种个人主义思想的支配下，美国的企业管理以个人的能动主义为基础，鼓励职工个人奋斗，实行个人负责、个人决策。因此，在美国企业中，个人英雄主义比较突出，许多企业常常把企业的创业者或对企业做出巨大贡献的个人推崇为英雄。企业对员工的评价也是基于能力主义原则，加薪和提职也只看能力和工作业绩，不考虑年龄、资历和学历等因素。以个人主义为特点的企业文化缺乏共同的价值观念，企业的价值目标和个人的价值目标是不一致的，企业以严密的组织结构、严格的规章制度来管理员工，以追求企业目标的实现。员工仅把企业看成是实现个人目标和自我价值的场所和手段。

（2）欧洲

欧洲文化是受基督教影响的，基督教给欧洲提供了理想价值的道德楷模。基督教信仰上帝，认为上帝是仁慈的，上帝要求人与人之间应该互助互爱。受这一观念的影响，欧洲文化崇尚个人的价值观，强调个人高层次的需求。虽然欧洲企业文化的精神基础是相同的，但由于各个国家民族文化的不同，欧洲各个国家的企业文化也存在着差别。

英国人由于文化背景的原因，世袭观念强，因此，英国企业家的价值观念比较讲究社会地位和等级差异，不是用优异的管理业绩来证明自己的社会价值，而是千方百计地使自己进入上层社会，因此在企业经营中墨守成规，冒险精神差。

法国最突出的特点是民族主义，傲慢、势利和优越感，因此法国人的企业管理表现出封闭守旧的观念。

意大利崇尚自由，以自我为中心，所以在企业管理上显得组织纪律性差，企业组织的结构化程度低。但由于意大利和绝大多数的企业属于中小企业，组织松散对企业生存的影响并不突出。

德国人的官僚意识比较浓，组织纪律性强，而且勤奋刻苦。因此，德国的企业管理中，决策机构庞大、决策集体化，保证工人参加管理，往往要花较多的时间论证，但决策质量高。企业执行层划分严格，各部门负责只有一个主管，不设副职。员工参与企业管理广泛而正规，许多法律都保障了员工参与企业管理的权利。

（3）日本

日本是一个单一民族的国家，社会结构长期稳定统一，思想观念具有很强的共同性。同时，日本民族受中国儒家伦理思想的影响，侧重“和”、“信”、“诚”等伦理观念，使日本高度重视人际关系的处理。这就决定了日本企业文化以和亲一致的团队精神为其特点。“和”被日本企业作为运用到管理中的哲学观念，是企业行动的指南。

以团队精神为特点的日本企业文化，使企业上下一致地维护和谐，互相谦让，强调合作，反对个人主义和内部竞争。企业是一个利益共同体，共同的价值观念使企业目标和个人目标具有一致性。企业像一个家庭一样，成员和睦相处，上级关心下级，权力和责任划分并不那么明确，集体决策，取得一致意见后才作出决定，一旦出了问题不归咎于个人责任，而是各自多作自我批评。企业对职工实行终身雇佣制和年功序列工资制。

日本是一个单一民族的岛国，但并不封闭守旧，革新精神强，大量吸收西方文化中重视科学技术和理性管理的特点，并与传统文化结合起来，形成了强大的生产力。

管理现场 6.1

公司企业文化与个人

1. 请列举你所在公司企业文化的特点，你赞同还是不赞同公司的文化？这种文化对于你开展日常工作有何影响？

2. 你认为公司的文化对于日常经营运作和完成计划目标起到什么样的作用？

6.2 组织文化的构成

组织文化是一个有着丰富内涵的体系，由许多相互联系、相互制约的基本要素构成。美国学者迪尔（T. E. Deal）和肯尼迪（A. A. Kennedy）比较系统地提出了组织文化构成的“五要素”说：环境条件、价值信仰、英雄人物、习俗礼仪、文化网络。而美国学者彼得斯和沃特曼认为至少有七种要素：经营战略、组织结构、管理风格、工作程序、工作人员、技术能力、共同价值。这七种要素被称为“麦金瑟 7S”（见图 6.3）。

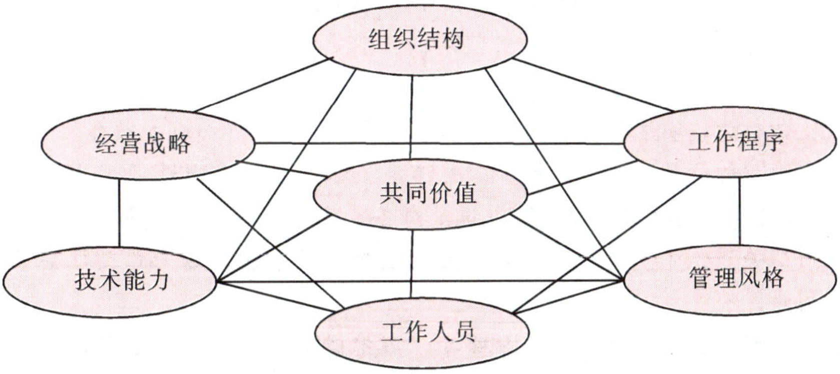

图 6.3　麦金瑟 7S

从现代系统论的观点来看，组织文化由物质层、行为层、制度层和精神层四个层面构成（见图 6.4）。

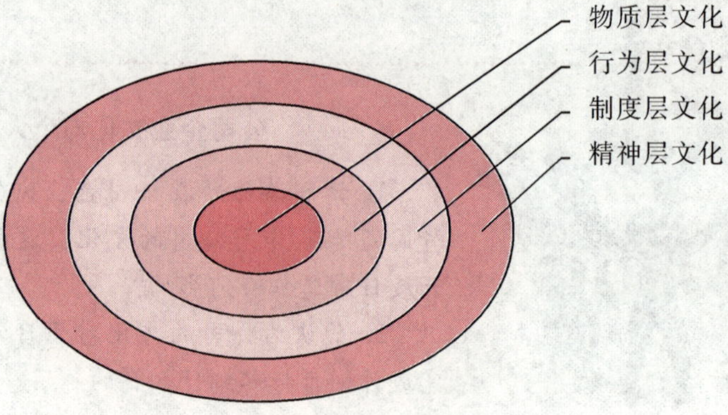

图 6.4　组织文化构成

6.2.1　物质层文化

物质层文化是组织文化的表层文化，是一种以物质形态为主要研究对象的表层组织文化，是形成组织文化精神层和制度层的条件。优秀的物质文化是通过重视产品的开发、服务的质量、产品的信誉和组织生产环境、生活环境、文化设施等物质现象来体现的。通过物质文化往往能反映出组织的生产经营水平、经营管理哲学、工作作风等。

管理百科

海尔是海——海尔的物质文化

企业精神文化或者说企业的价值观，虽然是企业文化的核心和本质，但对于顾客来说，首先看到的或感受到的毕竟是有形或无形的产品，没有产品就没有实际意义上的行为、制度和精神文化。海尔的产品、服务和品牌无疑都是一流的。

先看海尔的产品，海尔对质量的关注是全球闻名的。1985 年，张瑞敏带头挥锤砸掉 76 台不合格冰箱的故事可以说是海尔重视质量的典范和传统。正是海尔对产品品质的关注，才使得海尔公司产品的质量精益求精，越来越接近甚至超过国际标准质量。

海尔的服务更是世界一流。1994 年，海尔提出“无搬动”服务，不管条件多么艰难，海尔都会送货上门。曾经有一个典型案例，说的是海尔员工背着冰箱步行 30 里山路送货的事情；2002 年，海尔提出最新服务理念，即“全程管家 365”，也就是说在一年的每一天，海尔都会做好你的“管家”，帮你做好每一件事，处理好业务的每一个环节。同时，海尔还在全国近四十个城市开设了“9999 服务电话”和“800 免费电话服务”，后者在中国还是首例。海尔对客户的关注由此可见一斑。

（根据 http://home. donews. com/donews/article/8/81429. html 改编）

6.2.2 行为层文化

行为层即组织行为文化，包括组织经营活动、公共关系活动、人际关系活动、文娱体育活动中产生的文化现象。组织行为文化是组织经营作风、精神风貌、人际关系的动态体现，也是组织精神和核心价值观的折射。

6.2.3 制度层文化

制度层文化是组织文化的中间层次，将组织物质文化和精神文化结合成一个整体。主要是指对组织和成员的行为产生规范性、约束性影响的部分，是具有组织特色的各种规章制度、道德规范和员工行为准则的总和。它集中体现了组织文化的物质层和精神层对成员和组织行为的要求。制度层规定了组织成员在共同的生产经营活动中应当遵守的行为准则，主要包括组织领导体制、组织机构和组织管理制度三个方面。

管理百科

制度文化——分粥的故事

有七个人住在一起，每天共喝一桶粥，显然粥每天都不够。一开始，他们抓阄决定谁来分粥，每天轮一个。于是，每周下来，他们只有一天是吃饱了的，就是自己分粥的那一天。后来他们开始推选出一个道德高尚的人出来分粥。强权就会产生腐败，大家开始挖空心思去讨好他、贿赂他，搞得整个小团体乌烟瘴气。然后大家开始组成三人的分粥委员会及四人的评选委员会，但大家互相攻击扯皮，以至于粥吃到嘴里时都是凉的。最后大家想出来一个好方法：轮流分粥，但分粥的人要等其他人都挑完后拿剩下的最后一碗。为了不让自己吃到最少的，每人都尽量分得平均，就算不平均也只能认了。其后，大家快快乐乐，和和气气，日子越过越好。由此可见，同样是七个人，在团队中不同的分配制度下就会有不同的风气。

6.2.4 精神层文化

即组织精神文化，它是组织在长期实践中所形成的员工群体心理定势和价值取向，是组织的道德观、价值观即组织哲学的综合体现和高度概括，反映全体员工的共同追求和共同认识。组织精神文化是组织价值观的核心，是组织优良传统的结晶，是维系组织生存发展的精神支柱。精神层文化主要是指组织的领导和成员共同信守的基本信念、价值标准、职业道德和精神风貌。精神层是组织文化的核心和灵魂。

管理现场 6.2

快乐的美国西南航空公司

美国西南航空公司创建于1971年，现在已成为拥有1.8万名员工，服务范围横跨美国22个州45个大城市的美国第六大航空公司。公司现任总裁和董事长赫伯·凯勒是一位传奇式的人物，他用爱心（LUV）建立了这家公司。公司总部设在达拉斯的友爱机场，LUV也是它们在纽约上市股票的标志，又是西南航空公司的精神。

踏进西南航空公司总部大门，一个巨大敞顶的三层楼高的门厅内，展示着公司历史上值得纪念的事件。穿越欢迎区域进入办公室两侧的长走廊，数百幅配有镜架的图案，镶嵌着成千上万张员工的照片，内容有公司主办的晚会和集体活动、垒球队比赛、社区节目以及欢度万圣节、复活节的场景。员工们制作的一些艺术品、油画也巧妙地穿插在无数图案中。

如果你要见总裁，你可以直接去办公室，不用通报，也没有人会对你说："你不能见他。"公司每年举行两次"新员工午餐会"，为在公司里已工作了十年以上的员工专设了"一线座谈会"，领导们和员工们直接见面，保持公开联系。上层经理们每季度必须有一天参加第一线实际工作，担任订票员、售票员或行李搬运工等。"行走一英里计划"安排员工们每年有一天去其他营业区工作，以了解不同营业区的情况。

爱心精神在西南航空公司内部闪闪发光，正是依靠这种爱心精神，当整个行业在赤字中跋涉时，公司却持续22年保持利润，创造了全行业个人生产率最高的纪录。

1. 西南航空公司如何在管理中体现爱心精神？

2. 请从组织文化的构成角度，分析西南航空公司的组织文化的各个层面（案例所描述的各种文化特征分别属于组织文化的哪个层面）。

	物质层文化	行为层文化	制度层文化	精神层文化
西南航空				

6.3 组织文化的功能

组织文化的功能是指组织文化发生作用的能力，也就是组织这一系统在组织文化导向下进行生产、经营、管理中的作用。它对于组织的功能可以分为正功能和负功能。组织文化的正功能在于提高组织承诺，影响组织成员，有利于提高组织效能。同时，不能忽视的是潜在的负效应，它对于组织是有害无益的，这也可以看成是组织文化的负功能。一般来说，组织文化具有导向、凝聚、激励、约束、协调、辐射等主要功能(如图 6.5 所示)。

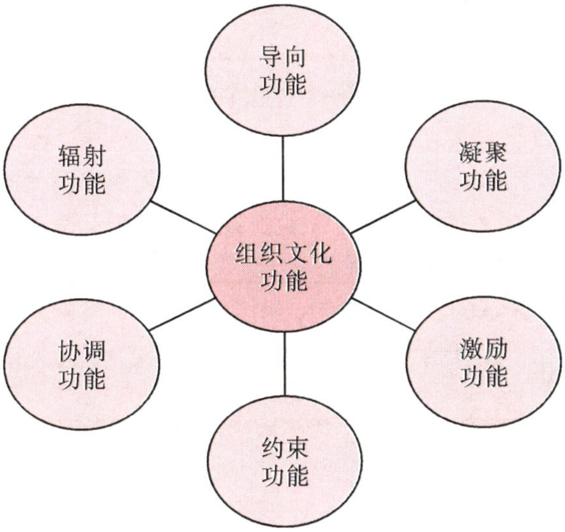

图 6.5　组织文化的功能

6.3.1　导向功能

组织文化集中反映了员工共同的价值观、共同的追求和共同的利益，对任何一个成员都具有一种无形的强大的感召力。组织文化一旦形成，就会建立起自身系统的价值和规范标准，能对组织整体和组织成员的价值取向和行为取向起引导作用，使之符合组织所确定的目标。

例如，美国和日本的企业的价值观中都把顾客看得很重要，并且都有着强烈的创新意识，这种价值观就会引导员工为顾客提供一流的产品和服务，引导员工勇于去实现产品和技术的革新。组织文化管理概念来源于企业文化。企业文化作为管理概念虽然是 20 世纪 70 年代才提出来，但组织文化对组织发展的灵魂导向作用却是自古就如此的。

管理百科

曹操的创业指导思想

三国时期，群雄逐鹿，曹操能三分天下有其一，原因何在？我们来看看他的创业指导思想是什么。“挟天子以令诸侯”？这是《三国演义》小说的观点。而历史上真正“挟天子以令诸侯”的是袁绍，不是曹操。历史上曹操的指导思想是“奉天子以令不臣”。

公元196年，被劫持到西安的汉献帝在董卓死后，历尽千辛万苦，又回到了当时的首都洛阳。皇帝和百官的饮食起居形同乞丐。曹操在得到这一消息后，果断地采纳谋士毛玠“奉天子以令不臣”的建议，想方设法把皇帝从洛阳接到了自己的根据地许县。曹操把汉献帝接到许县以后，完全按照汉官威仪、大汉王朝的礼仪中规中矩地来供奉这个皇帝。最让皇帝感动的是，曹操把大量急需的生活用品都送来后，上了一份奏折，叫做《上杂物疏》。该奏折说：陛下，现在臣献上来的都是当年先帝赐给臣祖父和父亲的御用器皿，这些器皿被臣祖父和臣的父亲放在家里，从来就没敢用过。那是先帝的恩德，我们是一直供奉在家里的。现在臣觉得应该还给皇上了。

曹操的所作所为，赢得了上自皇帝，中到诸侯，下至百姓的广泛认同，让其他各路诸侯十分眼红。曹操的指导思想赢得了政治高分，占尽了天时，为三分天下打下了基础。

6.3.2 凝聚功能

组织文化具有强大的凝聚力，一旦组织的价值观被成员共同认可之后，就会成为组织成员的黏合剂，从各方面将其成员团结起来，从而产生一种巨大的向心力和凝聚力，而这正是组织获得成功的主要原因。同时，在组织文化氛围中，员工通过自身的感受，产生对工作的自豪感和对组织的归属感。这种认同感、自豪感和归属感将使员工对组织产生一种强烈的向心力，使每个员工都能自觉地把个人切身利益与组织的生存发展联系起来。凝聚在一起的员工有共同的目标和愿景，将推动组织不断前进和发展。如果说薪酬和福利形成了凝聚员工的物质纽带，那么组织文化则形成凝聚员工的情感纽带。

6.3.3 激励功能

组织文化的核心是组织精神和价值观念。强调以人为中心的管理方法，通过奋发向上的组织精神，价值观念的熏陶和良好的文化氛围的引导，组织文化常能产生一种激励机制，激励员工为实现组织目标和个人价值而勇于开拓、不断进取。对人的激励不是靠外在的推动，而是靠内在的引导。组织文化还是一种情感机制，强调尊重个人感情、承认人的价值，倡导友爱、信任的组织气氛，从而满足员工的社会心理需要，激发人的内在潜力，这正是激励机制发挥作用的内在机理。

管理百科

沃尔玛的文化塑造

世界零售业巨头沃尔玛成功的秘诀之一就是塑造了成功的企业文化。沃尔玛文化强调高质量、低消耗、服务顾客，并鼓励员工冒险、创新。例如，1985 年，沃尔玛在阿拉巴马的一位商店经理助理约翰犯了非常严重的错误，他订了商店所需量 4 ~ 5 倍的甜点。在别的企业发生这种情况责任人必然被辞退。但在沃尔玛，商店的经理却告诉他：“约翰，发挥你的想象力，想出各种方法将它卖掉。”约翰最后想出一个办法，在商店附近的停车场举办了一次吃甜点世界冠军比赛的促销活动。活动非常成功，不但将所订购的甜点销售一空，还使得这项赛事成为该店一年一度的传统活动。

6.3.4 约束功能

组织文化是员工在长期交往中的精神、作风、习惯和心理的沉淀。组织文化不是硬约束，而是一种软约束。这种软约束不是强制性的行为准则，而是组织中弥漫的文化氛围、群体行为准则和道德规范。它一经形成，反过来会对组织成员的思想和行为起到规范的作用，而且比有形的规章制度更有效、更持久。组织文化的规范功能具有整体性，是组织整体的价值取向和行为规范，涉及组织的方方面面。

6.3.5 协调功能

组织文化的协调作用体现在三个方面：首先，组织内部企业文化的形成使得企业员工有了共同的价值观念，对很多问题的认识趋于一致，可增进员工的共同语言和信任感；其次，企业文化能够协调企业和社会的关系，使企业和社会和谐一致；最后，组织文化的发展也在某种程度上给企业之间激烈的竞争加上“文明的限制”，使其不致发生过分的、不道德的行为。

6.3.6 辐射功能

组织文化的辐射功能，是指组织文化一旦形成较为固定的模式，它不仅会在组织内发挥作用，对员工产生强大的感染力，而且也会通过各种渠道传播到组织外部，对社会产生影响，在外部树立良好的信誉和声誉。组织文化向社会辐射的渠道多样化，但主要可分为利用各种宣传手段和个人交往两大类。一方面，组织文化的传播对树立组织在公众中的形象有帮助；另一方面，组织文化对社会文化的发展有很大的影响。

管理现场 6.3

Google 梦工厂

有“梦工厂”之称的 Google（谷歌）公司有着独特的企业文化。为了能吸引新员工和留住现有雇员，Google 向 IBM 这样的老牌科技公司学习了一些员工福利计划，例如向员工提供丰厚的退休金供款方案和大幅度增加年终奖金。Google 一向标榜自己是一家别具一格的公司，Google 提供给雇员的薪酬和福利都是非常丰厚和有吸引力的。

在位于美国加州的 Google 总部里，Google 公司除了 24 小时向所有员工提供各式各样的美食，还提供儿童日间托儿服务、医疗服务、衣服干洗等服务，甚至公司还设有健身院、篮球场和排球场等体育健身设施。雇员在为期 3 个月的产假期间可以领到 75% 的全额工资。公司还提供免费的班车和渡轮服务接载雇员上下班。更夸张的是，Google 的电脑工程师可以允许将自己 1/5 的工作时间用于追求自己的爱好，而暂时放下公司的工作。

Google 现已有雇员 5 000 多人，每天都有 10 个新雇员加入公司。Google 的副营运总裁纽纳·布朗（Shona L. Brown）称：“加入我们的行列，干一些令人激动的大事，我们正力图改变世界。”他这番话说出了 Google 公司的文化特点。有很多人才就是冲着 Google 这独特的公司文化而加入的。为了增加员工的公司归属感，所有 Google 的雇员都会有公司股票优先认股权。由于近期 Google 的收入上升一倍，盈利也随之大增，Google 的股价在一年内也已翻倍。Google 的员工都因此获得非常丰厚的回报，涌现了不少百万富翁。这更让 Google 成为很多 IT 专业人士向往的公司。

1. 请简单概括下 Google 公司的组织文化。
2. 企业文化体现了组织文化的何种功能？是如何影响员工的？

	功能	影响
谷歌公司组织文化		

6.4 组织文化的塑造

组织文化是组织的灵魂，与组织共存亡。组织文化也是一种客观的存在，不以人的意志为转移。但是，客观存在的组织文化有强弱优劣之别。优良的组织文化能够创造出和谐上进的组织氛围，产生巨大的动力，推动组织不停地向前发展；反之，低劣的组织文化会阻碍组织前进的步伐，甚至导致组织走向衰退和灭亡。因此，努力建设和塑造优良的组织文化对任何企业都显得尤为重要。

6.4.1 塑造组织文化的原则

这些原则是：

(1) 强化以人为中心。文化以人为载体，人是文化生成的第一要素。组织文化塑造者不仅仅是指管理者，还应该包括组织的全体员工。组织文化建设中强调关心人、尊重人、理解人、信任人。企业团体意识的形成，首先是企业的全体员工有共同的价值观念，有一致的奋斗目标，才能形成向心力，成为一个有战斗力的整体。

(2) 表里一致。企业文化属企业意识形态的范畴，但它又要通过企业或员工的行为和外部形态表现出来，这就容易形成表里不一致的现象。塑造企业文化必须首先从员工的思想观念入手，树立正确的价值观念和哲学思想，在此基础上形成企业精神和企业形象，防止搞形式主义，言行不一。形式主义不仅不能塑造好企业文化，还会对企业文化概念形成歪曲。

(3) 注重个性。个性是企业文化的一个重要特征，文化本来就是在组织发展的历史过程中形成的。每个企业都有自己的历史传统和经营特点，企业文化塑造要充分利用这一点，建设具有自己特色的文化。企业有了自己的特色，而且被消费者所公认，才能在企业之林中独树一帜，才有竞争的优势。

(4) 经济性。企业是一个经济组织，企业文化是一个微观经济组织文化，应具有经济性。所谓经济性，是指企业文化必须为企业的经济活动服务，要有利于提高企业生产力和经济效益，有利于企业的生存和发展。企业文化塑造实际是一个企业战略问题，称为文化战略。

6.4.2 塑造组织文化的途径

(1) 培育共同的价值观

作为组织文化核心的价值观念的培养，是组织文化建设的基础。组织中的每个成员都有自己的价值观念，但由于资历、生活环境、教育背景的不同，使得他们的价值观念千差万别。组织价值观念的培育是通过教育、倡导和模范人物的宣传等方式，使组织成员扬弃传统落后的价值观念，树立正确的、有利于组织生存发展的价值观念，

管理百科

英特尔公司文化的六项准则

英特尔在公司中确立了企业文化的六项准则，这六项准则是：客户服务、员工满意、遵守纪律、质量至上、尝试风险和结果导向。公司副总裁虞有澄指出，公司内部人人平等，高层管理人员和普通员工一样上班守时，不搞管理人员的特殊待遇：没有给高层人员保留停车车位，没有管理人员的餐厅，每个员工都有平等的机会获得股权奖励。

并达成共识，成为全体成员思想和行为的准则。组织价值观念的培养是一个由服从逐渐发展到认同最后达到内化的过程。在这个长期的过程中，组织中成员价值观念的转变还可能由于环境因素的影响而出现反复，这更增加了价值观念培育的复杂性。

（2）树立组织精神

组织精神的树立是在组织领导者的倡导下，根据组织的特点、任务和发展，使建立在组织价值观念基础上的信念和追求，通过组织群体行为和外部表象而外化，形成企业的精神状态。组织精神与组织价值是既有区别，又密切相关的两个概念。价值观是组织精神的前提，组织精神是价值观的集中体现。价值观具有分散性和内隐性，如存在的价值、工作价值、质量价值等，是人们的信念和追求。组织精神则比较外露，容易被人们所感觉。组织价值观和组织精神共同构成了组织文化的核心。

（3）确立正确的组织理念

组织理念是组织理论化和系统化的世界观和方法论，树立正确的组织理念可以指导组织的经营和管理活动。在组织管理活动中，人始终是核心，所以，要树立以人为本的组织理念，尊重人、理解人、发展人、凝聚人，这样才能不断增强组织的内在活力和实现组织的既定目标。

（4）组织形象设计

组织形象是指社会公众和组织成员对组织、组织行为与组织各种活动成果的总体印象和总体评价。反映的是社会公众对组织的承认程度，体现了组织的声誉和知名度。组织形象包括服务（产品）形象、环境形象、组织成员形象、组织领导者形象和组织的社会形象等。对于企业来说，提供价廉物美的产品和服务是赢得良好组织形象的根本；另外，企业对消费者、对社会的责任意识及行动也是影响企业形象非常重要的一个方面，如提供安全的产品和服务，支持社会公益等。

管理百科

通用电气公司的企业文化

在美国的众多公司中，通用电气公司的企业文化无疑独树一帜。美国密歇根大学管理学院的一位教授在《美国商业周刊》发表文章，对GE公司的杰克·韦尔奇评价道："20世纪有两个伟大的企业领导人，一个是'通用'的斯隆，另一个则是韦尔奇。但比起来，韦尔奇又略胜一筹。因为他为21世纪的经理人树立了一个榜样。"韦尔奇在1981年登上GE第一把交椅的时候才45岁，是GE历史上最年轻的执行总裁。到1998年，公司的市场价值从20亿美元，增加到2800亿美元。这份成绩使比尔·盖茨等其他世界级企业家都只能望其颈背。韦尔奇的管理模式可用一个简单的英文单词"力量"（FORCE）来代表。F代表弹性（Flexible）；O代表重条理（Organizational）；R指以"结果"挂帅（Result－orientated）；C是沟通（Communication）；E代表教育（Education）。韦尔奇的这套管理原则，形成了独特的公司文化，巧妙地印证了"文化就是力量"的名言，不但为GE获得巨大的成绩，也为管理界留下了经典之作。

管理现场6.4

从两份通知看企业文化

杰士科技有限公司与世邦置业有限公司处于同一栋写字楼内。中秋节来临之际，两家公司商议决定联合组织公司全体员工到深圳欢乐谷游玩。活动时间为一天，公司提供门票和来回交通用车。同样的活动，两家公司发出的通知却有不小的差别。

杰士科技有限公司的《通知》如下：

通知

经公司研究决定，拟订于中秋节组织公司员工到欢乐谷游玩，时间一天，全体员工务必带好身份证，于当日早上八点前赶到公司门前集合，否则后果自负。

另外，公司只负责门票和来回交通费用，游玩期间，伙食自理。无特殊情况，不得请假。

公司办公室

2011年9月20日

世邦置业有限公司的《通知》如下：

邀请函

如果你想尖叫而办公室又不允许，如果你想忘记无处发泄的郁闷和不快，那么，请在下面签上你的大名，参加公司的"深圳欢乐谷之旅"吧。

公司办公室

2011年9月20日

小李是世邦置业有限公司的员工，看过通知后，他在一大堆横七竖八的名字（包括公司几个老总的名字）中签下了自己的名字。

出发前一天，小李收到了公司办公室发下来的两样东西：一张门票和一张制作精美的卡片：

李先生：

恭喜你成为中秋欢乐之旅的成员！请你做好行前准备：①带好身份证；②保管好你的门票；③让你轻松、活动方便的衣服；④约好你的朋友；⑤如果你嫌开私家车麻烦，步行又太累，请早上八点前到公司门前乘车；⑥如果你可以不吃不喝，可以不带一分钱。祝玩得愉快！

1. 试从组织文化的功能和塑造方面来分析世邦置业有限公司的企业文化。
2. 试比较两家公司截然不同的两份通知分别体现了什么样的企业文化？

世邦置业	杰士科技

精要回顾

组织文化是被组织全体成员共同接受的价值观念、思维方式、工作作风、行为准则、团队意识等群体意识的总称，也被称为“企业文化”、“公司文化”。

就组织特定的内涵而言，组织文化是组织在长期的实践活动中所形成的并且为组织成员普遍认可和遵循的具有本组织特色的价值观念、团体意识、工作作风、行为规范和思维方式的总和。

组织文化的核心是组织价值观；组织文化的中心是以人为本的人本文化；组织文化的重要任务是增强群体凝聚力。组织文化具有独特性、凝聚性、导向性、可塑性、传承性与发展性等特征。

从现代系统论的观点来看，组织文化由物质层、行为层、制度层和精神层四个层面构成。一般来说，组织文化具有导向、凝聚、激励、约束、协调、辐射等主要功能。组织文化的塑造原则包括强化以人为中心、表里一致、注重个异性和经济性。组织文化的塑造可以通过培育共同的价值观、树立组织精神、确立正确的组织理念和组织形象设计等几种途径进行。

重点概念

1. 组织文化　2. 物质层文化　3. 行为层文化　4. 制度层文化
5. 精神层文化　6. 组织精神　7. 组织价值　8. 组织理念
9. 组织形象

管理工作坊 -6

思考题

1. 组织文化的内涵是什么？
2. 组织文化具有哪些主要特征？
3. 组织文化由哪些层面构成？各有什么特点？
4. 组织文化具有哪些功能？
5. 组织文化塑造的原则和途径分别是什么？如何建立优秀的企业文化？

操作题

请与你的组员一起，通过书刊、网络、企业、亲友等渠道寻找下列问题的答案，并带回充分的证据资料与大家分享：

1. 除了本章介绍的组织文化理论之外，你还接触过其他的组织文化理论吗？请收集整理一两个你感兴趣的关于组织文化的故事，与老师和同学们分享。

2. 全面调查本地的一家企业，了解企业的组织文化，看看体现了哪些组织文化理论？试着运用所学的组织文化理论进行评价或运用组织文化的塑造原则和途径提出相应的改革措施。

3. 星巴克（Starbucks）成立于 1971 年，为全球最大的咖啡连锁店，总部坐落在美国华盛顿州西雅图市。自从 1999 年星巴克在北京开设了在华的第一家咖啡店后，短短 12 年间已经在中国发展到 400 多家门店。请登录星巴克中国及相关网站，收集资料，从组织文化的角度分析星巴克是如何在一个以茶文化为主导的国家取得如此成就的。

学习档案

为了证明你在完成这一章的学习之后，已经掌握了相关的理论知识和技能技巧，达到了本章提出的学习目标，你需要提供以下资料：

1. 对本章“引导案例”的分析理解；

2. 对本章“管理现场”的分析理解；

3. 对本章“关键概念”的理解回答；

4. 对本章“管理工作坊－6”提出的“思考题”的分析理解，以及对“操作题”的完成情况（包括书面报告、口头演示、材料整理等）；

5. 在本章学习过程中的其他相关管理活动的参与情况、课外学习的成果（包括资料、方式证据与反馈等）。

7 人员配备

学习目标

通过本章的学习，要求：

1. 了解人员配备的原则和程序；
2. 掌握人力资源规划的内容和流程；
3. 熟悉人员选聘的途径和方法；
4. 理解绩效考评的意义，并能运用考评方法来进行人力资源的绩效考评；
5. 认识人员培训的重要性并能掌握培训流程和方法。

内容结构图

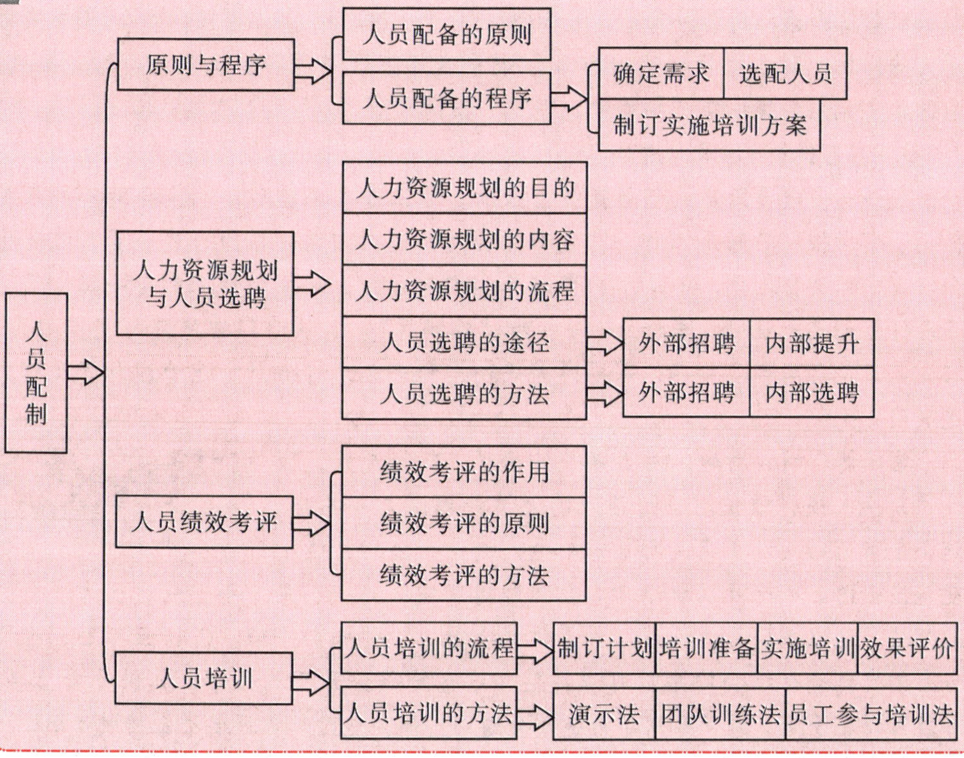

引导案例

统一 VS 康师傅

“统一”和“康师傅”是中国茶饮料市场两大品牌。两家企业在人力资源管理方面各有特色，下面从三个方面进行比较。

1. 紧张 VS 随和

统一：统一企业长期视员工如子弟，甚至欢迎员工介绍亲戚、同乡到企业任职。在这种相对随和的环境里成长起来的员工，学习的压力相对轻一点。

康师傅：总部设在中国内地的顶新集团，四个老板中有三个驻守内地，年龄都不超过 50 岁。集团的专业经理人若是没有冲劲和绩效，随时得卷铺盖走人，顶新的专业经理人很少有自信可以做到退休。

2. 员工的本土化 VS 主管本土化

统一：讲究“人力资源本土化”，现在企业的中、基层主管基本都是本地人。统一的人才本土化策略分两种：一个是培训本土化员工；一个是培训本地经理。统一在投资生产线上比较保守，康师傅则是快速布建生产线。

康师傅：康师傅各分部的厂长 50% 来自于大陆同仁，营业部的主管 70% 来自于大陆同仁，财务主管也达到 50%。未来康师傅计划进一步本土化。相对来说，它的本土化主要集中在“主管和经理”一层的人物。

3. 内部提拔 VS 用人用尽

统一：多数员工是从基层提拔上来的。员工进入企业后，一般会被安排从事促销、市场推广等基层工作，与消费者面对面进行沟通。作为台资企业，统一十分注重内部文化传承，多采用内部培养和内部晋升，对每个员工都有一套专门的培养计划。其企业用人理念是——拒绝“空降兵”。其认为经常跳槽的“空降兵”与企业文化之间存在冲突，需要时间来衔接和磨合，这会对企业管理时间及精力造成浪费。

康师傅：用人用尽，两三年长处用尽，就得走人，因此顶新换人换得很快。不过顶新的副总经理滕鸿年指出，这不是顶新用人讲现实，而是每一个人进一个公司，能不能适应，两三年就可以看出来。在康师傅工作的第一、第二年，绝对要为这个企业打拼，这也是学习的阶段。如果你有贡献，心理就会平衡。工作五年后，在职务上的发挥就有综合的指数可以评估，这也是一个升迁的关卡，如果升得上去，你就可以留下来。到了第八年可能又会遇到瓶颈，这时候你还要准备接受考验。

（根据熊勇清．管理学［M］．长沙：湖南人民出版社，2005 改编）

案例讨论

1. 试分析统一在人员招聘方面鼓励“裙带”关系的优点和缺点。

2. 对于统一和康师傅两家企业各具特色的人力资源管理模式，请给出你的评价。

7.1 人员配备的原则与程序

人是组织活动的主体。组织中的人员配备是组织工作的一个重要组成部分，是根据组织目标和任务正确选择、合理使用、科学考评和培训人员，以合适的人去完成组织结构中规定的各项任务，从而保证整个组织目标和各项任务顺利完成的职能活动。简单地说，就是让合适的人去做合适的事。

在企业管理中，人员配备是关系到企业经营目标能否实现的重要内容，尤其是对于管理层的人员配备，更是组织既定目标实现的保证。组织通过选拔、培训、储备人才，为组织发展做准备，同时也维系着成员对组织的忠诚度。

传统的观点一般把人员配备作为人事部门的工作；而现代的观点则认为，人员配备不但要包括选人、评人、育人，而且还包括如何使用人员，以及如何增强组织凝聚力来留住人员，这又同指导与领导工作紧密联系起来。

7.1.1 人员配备的原则

为达到人与事的优化组合，人员配备过程中必须遵循一些基本原则（见图 7.1）。

图 7.1 人员配备原则

（1）经济效益原则

组织人员配备计划的拟订要以组织需要为依据，以保证经济效益的提高为前提，既不是盲目扩大员工队伍，更不是为解决员工就业，而是为了保证组织效益的提高。

（2）任人唯贤原则

在人事选聘方面，大公无私、实事求是地发现人才、爱护人才，本着求贤若渴的精神，重视和使用确有真才实学的人，是组织不断发展壮大，走向成功的关键。

（3）因事择人原则

选聘人员的目的在于当选择人员担任一定的职务时，要求其从事与该职务相符合的工作。要使工作卓有成效地完成，人员首先就必须具备完成这项工作的相应知识和能力。因事择人就是员工的选聘应以职位的空缺和实际工作的需要为出发点，以职位对人员的实际要求为标准，选拔、录用各类人员。

（4）量才使用原则

不同的人能力是有差别的。只有根据员工的特点来安排工作，才能使员工的潜能得到最充分的发挥，工作热情得到最大限度的激发。量才使用就是根据每个人的能力大小而安排合适的岗位。

（5）程序化、规范化原则

员工的选拔必须遵循一定的标准和程序。科学合理地确定组织员工的选拔标准和聘任程序是组织聘任优秀人才的重要保证。只有严格按照规定的标准和程序办事，才能选聘到真正愿意为组织的发展做出贡献的人才。

（6）动态平衡原则

处在动态环境中的组织，是不断变革和发展的。组织对其成员的要求也是在不断变动的，当然，工作中人的能力和知识也是在不断地提高和丰富的。因此，人与事的配合需要进行不断的协调平衡。所谓动态平衡，就是要使那些能力发展充分的人，去从事组织中更为重要的工作，同时也要使能力平平、不符合职位需要的人得到识别及合理的调整，最终实现人与职位、工作的动态平衡。

管理百科

从荆轲刺秦看人员配备

为抵抗强秦的大举进攻，也为报“见陵”之仇，太子丹想派刺客去劫持秦王，“使悉反诸侯之地”；或者刺杀秦王嬴政，使秦“内有大乱”，“君臣相疑”，然后联合诸侯共同破秦。

荆轲能与岗位匹配，成就历史大策划。“入秦行刺”可谓是一个大策划，在荆轲与太子丹的前期设想中，就明确了欲求成功的三个必不可少的条件：第一，需携带一件可以取信于生性多疑的秦王的礼物；第二，需一位剑术极佳的助手，来弥补荆轲的剑术不佳；第三，需一把精巧锋利的匕首，以便于隐藏并可确保一刺便死。荆轲作为这个项目的负责人，他眼光敏锐，根据三个“岗位”的任职条件，确定了三个最合适的候选人——樊於期、盖聂、徐夫人！

樊於期为秦国叛将，由于不满嬴政的暴虐，投奔燕国，其首级为秦王重金悬赏。燕太子丹却奉其为上将，以礼相待，樊於期虽人至垂暮之年仍有时刻准备以死报答太子丹的精忠之心。那么，樊於期的首级加上督亢之地，必是取信于秦王的最佳“礼物”！

榆次论剑中，荆轲从盖聂那把不起眼的剑和傲视群雄的态度，就已经知道了盖聂是个行家，而且唯有盖聂的剑术，才配得上徐夫人的铸剑绝技。这在后来徐夫人的意见中也得到了印证——当她听到用淬毒匕首者乃盖聂，点点头说：大事必成！

赵国的徐夫人，天下冶工第一，在邯郸时，荆轲曾登门拜访。当时徐夫人得知他欲往燕国，便请他转太子丹一份写有淬毒方子的竹简。荆轲知道徐夫人为人正派，并痛恨秦王的残暴统治，所以这个铸造淬毒匕首的岗位人选非她莫属。

（根据 http://www.yuloo.com/news/110805.html 改编）

7.1.2　人员配备的程序

人员配备的内容包括：制定用人计划；确定人员来源；根据岗位标准要求确定备选人选；确定人选，必要时进行上岗培训，以确保适用于组织的需要；将所确定的人选配置到合适的岗位上；对员工的业绩进行考评，并据此决定员工的续聘、调动、升迁、降职或者辞退。

为了保证人员配备工作的有效性和可行性，应当按照一定的程序并通过竞争来组织选聘工作。具体包括以下三个方面（如图 7.2 所示）：

图 7.2　人员配备的程序

（1）确定人员需求量

人员配备是在组织设计的基础上进行的。人员需求量的确定主要以设计出的职务数量和类型为依据。对于新设立的企业来说，一般只需要根据职务设计的分类数量，直接在社会上公开招聘。更多的情况是对现有组织的机构与人员配备重新调整的问题，所以通常在进行了组织的更新设计后，还需检查和对照企业内部现有的人力资源情况，通过对比找出差额，确定需要选聘的人员类别与数量。

（2）选配人员

为了保证担任职务的人员具备职务要求的知识和技能，必须对组织内外部的候选人进行筛选，做出最恰当的选择。招聘人员对于来自外部的候选人员的实际工作能力往往知之甚少，而对于内部候选人员所能了解到的也只是他们以前从事较低层工作时的能力。对于候选人员实际工作能力的辨识困难使得招聘人员必须谨慎、认真、细致地进行人员配备。将不合适的人安排在不合适的岗位上，会给个人和组织带来灾难性的后果。因此，必须研究和使用系统科学的测试、评估和选聘方法。

（3）制订和实施人员培训计划

员工的发展是一个过程。组织成员在未来的工作中所能表现出来的技术和能力需要在今天培训。人员培训尤其是管理人员的培训是人员配备中一项重要工作，培训既是为了适应组织技术变革、规模扩大的需要，也是为了实现成员个人的充分发展。因此，要根据组织的成员、技术、环境等特点，利用科学的方法、有计划、有组织、有重点地进行全面培训。

管理现场7.1

新新干洗店的人员招聘

小新大学毕业了，最终选择进入父亲老新的新新干洗店。新新干洗店是一家拥有两个洗衣服务中心的小型企业，每个中心有先进的自动干洗设备，有一名现场管理人员和5～7名员工，年收入约30万元。老新决定在今后五年内再开四家类似的干洗中心，建立连锁干洗服务公司。

小新与父亲现在面临的最大问题就是雇佣到好员工。企业刚开始建立的时候，几乎不需要有技术的人员，而当成为连锁企业时，它越来越倚重有知识的管理人员和有技术的操作工。目前的管理人员是小新的姑姑，只有高中文化，而员工几乎连高中毕业水平都没有。可供选择的候选人像流浪汉一样，从一个地区流向另一个地区，从一份工作流向另一份工作。干洗店人员流动率达400%。小新父子面临着不断招工的任务。如何增加候选人数量，并降低人员流动率，这很让人头疼。

1. 请根据人员配备的原则和程序来帮助新新干洗店制订符合干洗店情况的人员配备计划。

管理人员配备	操作工配备

2. 鉴于人员流动性非常大的问题，你有什么好的建议来降低员工的流动率？

7.2 人力资源规划与人员选聘

人力资源管理是指企业的一系列人力资源政策以及相应的管理活动，目的在于解决组织中人与人关系的调整、人与事的配合，以充分开发人力资源，挖掘人的潜力，调动人的生产劳动积极性。即：企业运用现代管理方法，对人力资源的获取（选人）、开发（育人）、保持（留人）和利用（用人）等方面所进行的计划、组织、指挥、控制和协调等一系列活动，最终达到实现企业发展目标的一种管理行为。

人力资源管理最关键的工作是在适当的时候把适当的人选安排在适当的工作岗位上，以人事的协调来提高组织的工作效率。作为组织获取人力资源的重要部分，人力资源规划与人员选聘对人力资源管理具有重要意义。

7.2.1 人力资源规划的目的

人力资源规划是指根据组织的战略目标以及对组织未来人力资源供求状况的科学预测而制定必要的人力资源获取、开发和保持策略，以确保组织的人力资源需求能够得到满足。科学的人力资源规划有利于组织对现有人力资源的充分利用以及对未来人力资源的合理配置。人力资源规划的目的有以下四个方面（如表7.1）。

表7.1 人力资源规划的目的和内容

人力资源规划的目的	人力资源规划的内容
规划人力发展	人力资源补充计划
促进人力资源的合理运用	人力资源调配计划
配合组织发展的需要	人力资源开发计划
降低用人成本	员工职业发展规划

（1）规划人力发展

人力发展包括人力预测、人力增补和人员培训。人力资源规划一方面对企业目前人力现状予以分析，以了解人事动态；另一方面，对未来人力需求做一些预测，以便对企业人力的增减进行全盘考虑，再制订人员增补和培训计划。所以，人力资源规划是人力发展的基础。

（2）促进人力资源的合理运用

只有少数企业的人力配置完全符合理想的状况。在相当多的企业中，其中一些员工的工作负荷过重，而另一些则工作过于轻松；也许有一些员工力不从心，而另一些则感到能力有余，未能充分利用。人力资源规划可改善人力分配的不平衡状况，将其合理化，以使人力资源能配合组织的发展需要。

（3）配合组织发展的需要

任何组织的特性，都是不断的追求生存和发展，而生存和发展的主要因素是人力资源的获得与运用；也就是如何适时、适量及适质的使组织获得所需的各类人力资源。

(4) 降低用人成本

影响企业结构用人数目的因素很多，如业务、技术革新、机器设备、组织工作制度、工作人员的能力等。人力资源规划可对现有的人力结构作一些分析，并找出影响人力资源有效运用的关键所在，使人力资源效能充分发挥，降低人力资源在成本中所占的比率。

7.2.2 人力资源规划的内容

人力资源规划涉及组织内人力资源供求配置的很多方面，人力资源规划一般包括：人力资源补充计划、人力资源调配计划、人力资源开发计划以及员工职业发展规划等内容（见表7.1）。

(1) 人力资源补充计划

人力资源补充计划指基于人力资源供求预测，对未来一段时间内组织所需要补充的人力资源的类别、数量、质量及补充来源（组织内部或外部）等做出预先的安排。在组织发展的过程中，退休、辞职、解雇等常规人事变动会导致组织的某些岗位出现空缺。与此同时，组织的扩张与进一步发展往往也会要求组织增设新的岗位，这些情况都要求组织提升人力资源的数量与质量。

(2) 人力资源调配计划

人力资源调配计划指为了适应组织变化与发展的需要，根据对员工人力资本或素质的评价，通过人力资源内外调动的方式，对组织的人力资源配置进行合理调整的预先安排。随着组织的发展和人力资本的变化，员工与岗位之间的适配程度也必然发生相应的变化，比如晋升或降级，轮岗或换岗。

(3) 人力资源开发计划

人力资源开发计划指根据组织发展的需要，就组织人力资源开发的对象、目标、内容、方式、时间等进行事先设计和安排，以期通过人力资源开发获得组织发展所需要的各类人员的计划。通过对人力资源的开发，可以提升员工的素质与技能。人力资源开发的主要途径是培训，此外，绩效考核也是一个重要手段。

(4) 员工职业发展规划

员工职业发展规划指组织对员工的职业生涯所作的计划安排。为了留住组织发展所需要的各类员工，组织必须向员工提供职业发展预期，随着组织的不断发展和员工自身的成长，组织的各类员工都可以在组织中获得应有的职业发展空间。

7.2.3 人力资源规划的流程

人力资源规划按照工作程序可以划分为全面调查、科学预测、整体规划与动态应用四个阶段（如图7.3所示）。

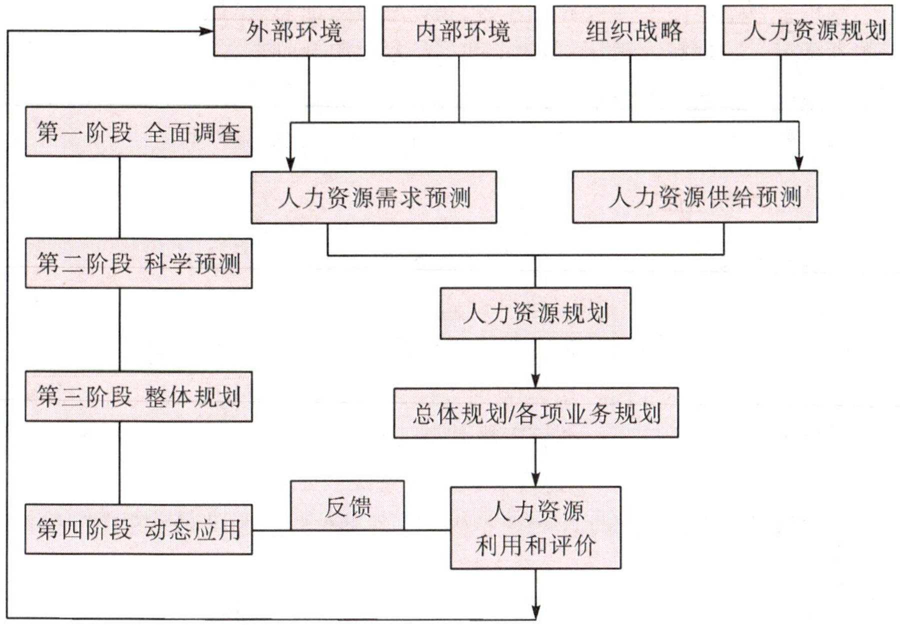

图 7.3 人力资源规划流程图

(1) 全面调查

明确人力资源管理所处的组织内外部环境是科学制定人力资源规划的关键。制定人力资源规划所需的内部信息包括组织现有员工的年龄、性别、婚姻状况、健康水平、知识与经验、能力与潜力、兴趣与爱好、目标与需求等;外部信息则包括劳动力市场结构、供求状况,劳动力的择业偏好等。科学成功的人力资源规划必须基于人力资源相关信息的准确性和充分性。为此,很多组织的人力资源管理部门都建立了自己的人力资源信息系统,借助先进的软件管理系统提高其人力资源规划的有效性。

(2) 科学预测

人力资源规划旨在实现组织在各个阶段人力资源使用的平衡性,防止组织在某个时期因人力资源发生短缺或过剩而影响组织战略的实施。人力资源预测是人力资源规划过程中最具技术性的阶段,其目的在于得出人力资源计划期内各类人力资源的多少情况,具体包括人力资源需求预测和供给预测。

(3) 整体规划

根据人力资源供求预测的结果,整体制定人力资源规划和管理政策。人力资源规划包括两个层次,人力资源总体规划与人力资源业务计划。人力资源业务计划具体包括人员补充计划、人员配置计划、人员晋升/降职计划、教育培训计划、薪资计划、退休计划和劳动关系计划等。各项业务计划实际上是人力资源总体规划的具体化。

(4) 动态应用

在完成整体人力资源规划之后,组织应当严格按照计划实施人力资源的开发与管理,并定期对计划的执行效果进行评估。由于组织处在一个开放与动态变化的组织环境中,无论是总体规划还是各项业务计划,都必须随着组织内外环境的变化做出相应的变更或修正。此外，因人力资源供求预测受到相关信息的完整性、及时性、有效性以及预测方法本身和预测人员偏好的影响，人力资源规划往往会不符合人力资源后期供应的实际发展。正因如此，对人力资源规划及其执行的反馈显得十分重要，及时反馈可以大大提高人力资源规划对组织目标与组织环境变化的适应性。

7.2.4 人员选聘的途径

人员选聘是人员配备的一个重要内容和最关键的步骤，是指组织寻找、吸引并鼓励符合要求的人，到本组织中任职和工作的过程。组织需要选聘员工可能是基于几种情况：新成立一个组织；组织扩张；调整不合理的人员结构；员工离职出现的空缺等。

人员选聘工作的好坏不仅直接影响到人员配备的其他方面，而且对整个管理过程的进行乃至整个组织的活动，也都有着极其重要和深远的影响。“得人才者昌，失人才者亡”，这是古今中外都公认的一条组织成功的要诀。

人员选聘的途径主要有两种，一种是从组织外部招聘，一种是从组织内部提升。

（1）外部招聘

外部招聘是根据一定的标准和程序，从组织外部的众多候选人中选拔符合空缺职位工作要求的人员。外部招聘人员的优点是：具备外来优势，被招聘者没有太多顾虑，可以放手工作；有利于平息并缓和内部竞争者之间的紧张关系；能够为组织输送新鲜血液，从而为组织带来更多的创新机会。外部招聘也有着局限性，主要表现在；外聘人员不熟悉组织的内部情况，也缺乏人事基础，需要一段时期的适应才能有效工作；组织对应聘者的情况无法深入了解；外聘人员的最大局限性是对于内部员工的打击。多数员工希望在组织中有不断发展的机会，希望能担任越来越重要的工作，如果组织经常从外部招聘人员，会阻碍内部员工的升迁之路，从而挫伤他们的工作积极性。由于这些局限性，许多成功的企业强调不应轻易外聘人员，而主张采用内部培养和提升的方法。

（2）内部提升

内部提升是指组织成员的能力得到提升后，被委以需要承担更大责任的更高职务来填补组织中的空缺。内部提升制度具有以下优点：有利于调动员工的工作积极性、提高工作热情，内部提升制度可以给每个员工带来机会；被聘者了解组织特点，可以比外部招聘者更加迅速适应并开展新的工作。内部提升制度也有着自身的弊端。比如，可能会导致组织内部“近亲繁殖”，引发同事之间的矛盾，在几个候选人中提拔一名员工时，可能使其他落选者产生不满情绪，而无论哪一种情况，都不利于被提拔者开展工作，也不利于组织中人员的团结合作。

管理百科

沃尔玛的内部选才

认同年轻人所取得的成绩，是绝大多数最受推崇的公司留住人才的法宝。零售业巨子沃尔玛集团也是一家求贤若渴的公司。10多年来，沃尔玛一直耕耘着国际市场，如今它不仅成功跻身全球500强前列，而且它在世界范围的员工人数也增加到约110万。公司的用人原则由原来“获得、留住、成长”，转变为“留住、成长、获得”。这不是简单的调换位置，它体现了沃尔玛用人指导方针的变化，即更加重视从原有员工中培养、选拔优秀人才，而不是在人才匮乏时一味地从外部聘用。

沃尔玛非常关心新员工在进入公司90天内的感受，不愿意让新员工在沃尔玛这样的大公司里有失落感。为此，公司指派老员工为新人的“导师”，同时，公司还以30天、60天、90天为三个阶段，给新人的表现打分。表现出领导潜力的新员工还会被送到总公司培训。

这些未来的经理会轮流在沃尔玛的各个分公司工作，让他们面对更多的挑战，以达到锻炼他们的目的。沃尔玛的新任主席李·斯克特就是从运输部的经理开始，再调换到后勤部、商品部、销售部，最后升任现在的职位。这就是最受推崇的公司所提倡的“经理人在一个单一公司里，却拥有复杂的工作经历”。

7.2.5 人员选聘的方法

不论是外部招聘还是内部提升，为了保证员工选聘符合工作职位的要求，需要把竞争机制引入人员配备工作。通过竞争来选聘人员的方法包括内部选聘和外部招聘。

（1）内部选聘的方法

一是公布招聘信息，定期或不定期地将招聘信息发布在电子邮箱、布告栏或者内部刊物上。员工在得到招聘信息后，可以衡量自己的能力，提出申请或者推荐同事、朋友来应聘新岗位。二是查阅员工的档案材料，根据个人能力、特长和工作表现，寻找合适的员工。

（2）外部招聘的方法

根据外部来源的不同，主要有这几种途径：刊登报纸招聘广告——这是比较常见的招聘方式，面广，见效快；职业介绍所——较低层次的人员可以通过职业介绍所来获得；校园招聘——企业每年都会去各大高校开展大型招聘活动，这是补充新鲜血液的一个很好的机会；员工推荐——对于重要的工作岗位或对一个地区的情况不太熟悉时，往往希望通过员工推荐来寻找到合适的人选；招聘网站——网络的发展使得信息传播的速度和数量都大大提高，通过招聘网站——可以使企业能在短时间内获得大量的人才资料；专业的中介公司——高级人才和特殊人才最好通过专业公司（猎头公司）

获取；从其他公司中挖人——在人才竞争日趋激烈的今天，这已经是司空见惯的不争的事实了，然而这种渠道虽然能招聘到理想的人选，但极易引发组织间的矛盾和纠纷，甚至有违职业道德和法律规范。

管理百科

松下的招聘故事——“吃”与“被吃”

日本松下公司预备从新招的三名员工中选出一位做市场策划，于是，公司将他们从东京送往广岛，进行考核。要求是让他们在那里生活一天，按最低标准给他们每人一天2 000日元生活费，最后看谁剩的钱多。

剩钱是不可能的，一罐乌龙茶的价格是300日元，一听可乐的价格是200日元，最便宜的旅馆一夜需要2 000日元。也就是说，他们要么就别睡觉，要么就别吃饭，除非在天黑之前让这些钱生出更多的钱。而且他们必须单独生存，不能联手合作，更不能给人打工。

第一个先生非常聪明，他用500日元买了一副墨镜，用剩下的钱买了一把二手吉他，来到广岛最繁华的地方——新干线售票大厅外的广场上，演起了“盲人卖艺”，半天下来，他的盒子里已是满满的钞票了。第二个先生也非常聪明，他花500日元做了一个大箱子，上写：“将核武器赶出地球——纪念广岛灾难40周年大募捐”，也放在这里最繁华的广场上，然后用剩下的钱雇了两个中学生做现场宣传讲演，结果还不到中午，他的募捐箱就满了。第三个先生最没头脑，或许他太累了，他做的第一件事情就是找了个小餐馆，一杯清酒、一份生鱼、一碗米饭，好好地吃了一顿，一下子就消费了1 500日元，然后钻进一辆废弃的汽车里美美地睡了一觉……

广岛的市民真不错，两位先生的“生意”因此异常红火。一天下来，他们对自己的聪明和不菲收入暗自窃喜。谁知，傍晚时分，厄运降临了，一名佩戴胸卡和袖标、腰挎手枪的城市稽查人员出现在广场上。他扔掉了“盲人”的墨镜，摔碎了吉他，撕破了募捐人的箱子并赶走了他雇的学生，没收了他们的财产，收缴了他们的身份证，还扬言要以欺诈罪起诉他们。这下完了，别说赚钱，连老本都亏进去了。当他们想方设法借了点路费，狼狈不堪地返回松下公司的时候，已经比规定时间晚了一天。更让他们惊讶的是，那个稽查人员正在公司恭候！是的，他就是那个睡觉的第三个先生，他的投资是用150元做了个袖标、一枚胸卡，花350元从一个拾垃圾的老人那里买了一把旧玩具手枪和化妆用的络腮胡子。还有就是花了1 500元吃了顿饭。

这时，松下公司国际市场营销部课长走出来，对站在那里发呆的两位先生说：“企业要生存和发展，要获得丰厚的利润，不仅仅要会吃市场，最重要的是懂得怎样吃掉市场的人。”

（根据 http://jpkc.scezju.com/glx1/showindex/551/4 改编）

管理现场 7.2

空降高管着陆难

2006年，一家美国金属加工行业的上市公司需要在两位候选者中间选择一位去北京总部担任中国区总经理。候选者A是上海人，中欧商学院EMBA，之前在电子行业工作多年，并无金属加工行业从业经验，优势是英文流利，沟通能力强。候选者B来自这家美国上市公司的竞争对手公司，在同行业中有着近20年的从业经验，对于从产品到渠道都有自己的一套独到看法，但同时也带有一些同行业中不好的习气。公司董事会对此展开了激烈的讨论。

1. 请根据本小节人力资源管理的原则、人员选聘的途径和方法来分析两位候选者具备的优势和劣势。

候选者A

优势	
劣势	

候选者B

优势	
劣势	

2. 根据分析结果，你认为哪位候选人更适合这个职位。

7.3 人员绩效考评

人员考评是指按照一定的标准，采用科学的方法，衡量与评定人员完成岗位职责任务的能力与效果的管理活动。人员考评的目的就是发掘与有效利用员工的能力，对员工给予公正的评价与待遇，包括奖惩与升迁等。

7.3.1 绩效考评的作用

如果一门课的评定级别只有两个：及格和不及格，而另一门课则分为从A到F六个等级。在学习这两门课的时候，你所做出的努力会有不同吗？学生通常的答案是肯定的。当课程按照六个级别加以评定时，他们会用功地学习；如果一门课只有及格和不及格两个级别，学生只要努力使自己及格就足够了，不必再进行更多的努力。这个例子就说明了绩效评估制度是如何影响行为的。绩效考评作为人力资源管理的重要组成部分，为人力资源管理的各个主要环节提供了确切的基础信息。考核有利于评价、监督和促进员工的工作，有明显的激励作用；为确定员工的劳动报酬与其他待遇提供科学依据；为个人认识自我，促进员工的全面发展创造条件；有利于管理者了解下属，以便进行合理的岗位调整及职务晋升。可以说，没有绩效考评就没有科学有效的人力资源管理。具体说，绩效考评有以下几种作用：

（1）绩效考评是人员任用的依据

岗位分析、岗位评价和岗位分类是“识事”的基本活动，考核则是“知人”的主要活动。通过绩效考核，能够对每个人的多方面情况进行评估，了解每个人的能力、专长、态度和工作，从而将其安置在适合的职位上，达到人职匹配。

（2）绩效考评是员工调动和升降的依据

绩效考评侧重对员工的工作成果及工作过程进行考察，通过绩效考评可以提供员工的工作信息。根据这些信息，可以进行人员的晋升、降职、轮换和调动等人力资源管理工作。

（3）绩效考评是员工培训的依据

通过绩效考评能发现员工的长处和不足，对他们的长处给予发扬；对员工在知识、技能、思想和心理品质等方面的不足进行有针对性的培训。

（4）绩效考评是确定薪酬和奖惩的依据

现代管理要求薪酬分配遵守公平和效率两大原则，这要求对每一位员工的劳动成果进行正确的计量和评定，按劳付酬。绩效考评结果是决定员工报酬的重要依据，薪资的分配和调整应当依据员工的绩效和工作表现。

（5）绩效考评有利于组织的决策

通过绩效考评，还可以深入了解生产、供应、销售和财务等职务部门的情况和问题，从而为组织的有关决策提供参考依据。

7.3.2 绩效考评的原则

总的来说，绩效考评有以下六大原则（如图7.4所示）。

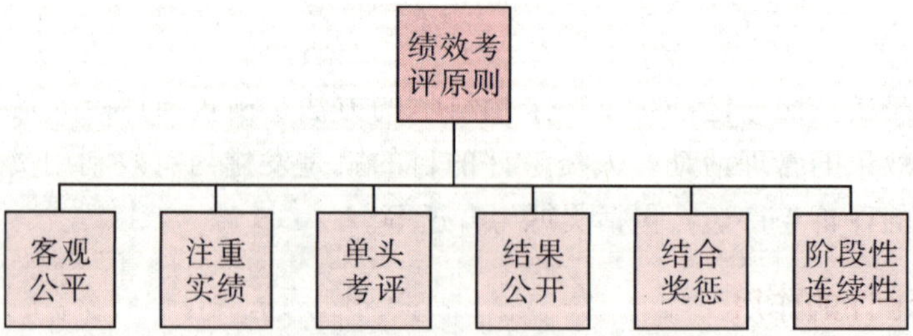

图7.4 绩效考评原则

（1）客观与公平原则

客观即实事求是，考评应当根据明确规定的标准，针对客观考评资料进行评价，避免主观性和感情色彩。公平即不偏不倚，无论是领导还是普通员工，都要按照规定的考评标准一视同仁进行考评。

（2）注重实绩原则

在对员工做考评结论和决定升降奖励时，以其工作实绩为根本依据，把考核的重点放在实际贡献上。

（3）单头考评原则

对各级员工的考评，都必须由被考评者的“直接上级”进行。直接上级相对来说最了解被考评者的实际工作表现（成绩、能力、适应性），也最有可能反映真实情况。单头考评明确了考评责任所在，并且使考评系统与组织指挥系统取得一致，更有利于加强经营组织的指挥机能。

（4）结果公开原则

考评的结论应对本人公开，这是保证考评民主的重要手段。一方面，可以使被考核者了解自己的优点和缺点、长处和短处，从而使考核成绩好的人再接再厉，继续保持先进；也可以使考核成绩不好的人心悦诚服，奋起上进。另一方面，还有助于防止考绩中可能出现的偏见以及种种误差，以保证考核的公平与合理。

（5）结合奖惩原则

依据考评的结果，应根据工作成绩的大小、好坏，有赏有罚，有升有降，而且这种赏罚、升降不仅与精神激励相联系，还必须通过工资、奖金等方式同物质利益相联系，这样，才能达到考评的真正目的。

（6）阶段性和连续性相结合原则

阶段性考核是对员工平时的各项评价指标数据的积累。考核的连续性则要求对历次积累的数据进行分析，得出全面精准的结论。

7.3.3 绩效考评的方法

在管理实践中，常用的绩效考评的方法有以下六大方法，如图7.5所示。

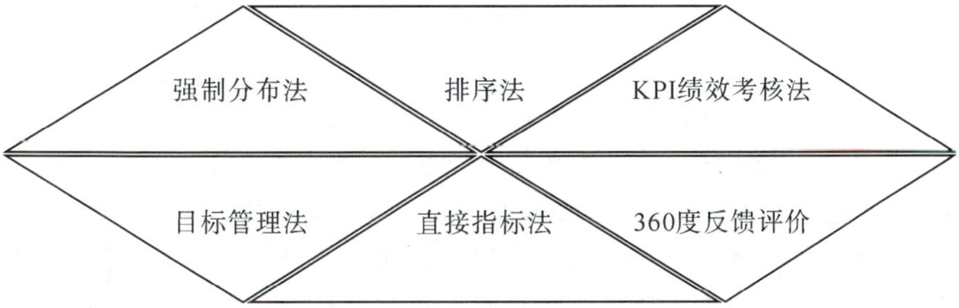

图7.5 绩效考核的六大方法

（1）排序法

排序法是绩效考评中比较简单易行的一种综合比较的方法，通常由上级主管部门根据员工工作的整体表现按照优劣顺序依次排列。

（2）强制分布法

强制分布法也称硬性分布法，假设员工的工作行为和工作绩效整体呈正态分布，表现为好、中、差的一定比例关系。一般而言，呈中间状态的员工应该最多，好的和差的则应该是少数。该方法按照一定的比例，把员工强制分布到各个类别中，一般分五类。

（3）目标管理法

目标管理法是一个管理过程，通过使主管和员工共同参与追求双方已达成共识的目标，从而使组织的目标得以实现。

（4）直接指标法

直接指标法采用可检测、可核算的指标构成若干考评要素，该方法简单易行，能够节省人力、物力和管理成本。

（5）360度反馈评价

360度反馈评价也称多源评价。目前，许多公司都采用360度反馈方法，在此评价模式中，评价者来自组织的方方面面，包括其上司、同事、下属，这种评估系统会对员工的业绩给出更完美的评价。

（6）KPI绩效考核法

关键绩效指标法（Key Performance Indicator，KPI），它把对绩效的评估简化为对几个关键指标的考核，将关键指标当成评估标准，把员工的绩效与关键指标做出比较的评估方法。关键指标必须符合SMART原则：具体性（Specific）、衡量性（Measurable）、可达性（Attainable）、现实性（Realistic）、时限性（Time－based）。

在实践中，还有诸多考评方法，如自我评价法、小组评议法、平行对比评估法、平衡计分卡法等。在实际考评中，往往将多种方法有机结合起来，以保证考评的公平性和有效性。

管理百科

摩根士丹利的360度评估

在摩根士丹利（Morgan Stanley Dean Witter）这样一个全球性的金融服务公司里，使用360度评估法的目的在于对员工持续地进行人力资源开发。该公司副总裁罗宾·卡尔特称，该评估方法已得到公司员工和经理的认可。“如果评估不仅仅来自于某个人的直接上司，那么这些反馈将会更公平也更为合理”。

360度评估系统依赖于正式、书面的反馈。这些信息来源非常广泛，几乎涉及了所有层级和分部，如高级管理人员、同事、同级别者以及下属等。员工同时也要完成自我评估，列出本人的发展需求和职业生涯目标。公司的每个职能部门都要确定专门的技能要求以及所期望的绩效水平。

当员工的所有评估收集完毕之后，员工要和一位评估指导者一起来对反馈进行讨论，把员工的绩效与所设立的标准进行比较，并且一起回顾其职业生涯目标。所有360度评估法考察的信息都是严格保密的。

管理现场 7.3

体验绩效评估

目标：体验绩效评估，观察提供反馈的过程。

时间：30 分钟

过程：选出一名同学扮演管理者的角色来主持课堂讨论。管理者用 15 分钟时间帮助全班同学对班干部的工作进行评估，同时请相关被评估者暂时离开教室。15 分钟讨论结束后，管理者可请被评估者回到教室，此时进行综合绩效反馈。这只是一次课堂练习，班干部要做好接受批评的准备。管理者可做记录，仅供自己使用，不要让被评估者得到任何书面材料。

要求：管理者要运用 360 度反馈评价法组织对被评估者的评估，并整理成报告。

7.4 人员培训

人员培训的基本目的在于“使人适事”，通过培训使得人员在各方面能够适应所任职位的要求。如传递信息、改变态度、更新知识、发展能力等。人员培训可以增强组织的运作效率；为组织的发展准备后备军；促进组织管理队伍的稳定。培训还要基于三个出发点：是不是公司需要的；是不是岗位需要的；是不是个人需要的。

7.4.1 人员培训的程序

完整的人员培训过程一般包括制订人员培训计划、人员培训准备、实施人员培训、人员培训效果这些环节（如图 7.6 所示）。

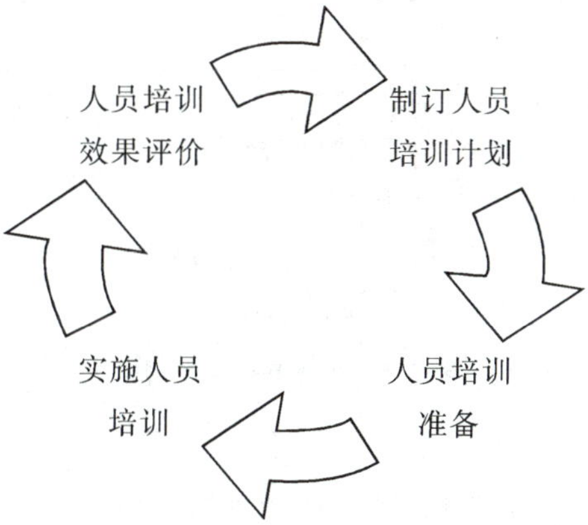

图 7.6 人员培训程序

（1）制订人员培训计划

人员培训计划是对未来的人员培训活动的各项内容所做的安排。培训计划的合理程度直接关系到培训活动的目的能否有效地实现。人员培训计划所包括的内容很多，如培训对象、培训目标与内容、评价标准、培训师资、培训种类与方法、费用、步骤、时间等。其中，以培训内容的确定最为关键。

（2）人员培训准备

人员培训准备工作包括培训材料、培训设备与培训师资的准备。

培训材料：培训材料应准备齐全，印刷要求整齐、清晰。在材料的编排上，尽可能考虑到趣味性、深入浅出、易懂易记。

培训设备：培训设备要根据培训材料和具体的培训课程内容而定。例如采用示范培训方式必须具有视听设备才能进行。

培训师资：培训师资是培训内容的直接指导者，其水平与能力将直接影响培训工作的质量。组织培训师资可以是组织的培训主管、培训讲师及组织中富有经验的人员。

（3）实施人员培训

在做好人员培训准备工作的基础上，根据人员培训计划方案的要求实际开展人员培训活动。

（4）人员培训效果评价

人员培训效果评价即对培训产生的效果进行的考核、分析与总结。通过效果评价，既可以明确本次培训的效果，又可以指导下一次的培训活动。

经过以上四个环节，人员培训即完成了一个完整的循环，被培训者在素质上得到了提高；接着，再进入第二个循环。这样不断循环，可以促使人员在各方面适应所任职位的要求。

7.4.2 人员培训的方法

要使员工培训更有效，适当的培训方法是必要的。培训方法大致可分为三类：演示法、员工参与培训法和团队训练法，如图 7.7 所示。

图 7.7 人员培训的方法

（1）演示法

演示法是指将受训者作为信息的被动接受者的培训方法，主要包括传统的讲授法、远程学习法。

讲授法是比较常见的培训方法，由培训者向受训者讲授知识，是最传统的培训方式。最大的优点是可以系统清晰地将大量知识在短时间内传授给员工。培训者还可通过提问和讨论等方式活跃氛围，引导受训者主动思考。但是讲授法没有提供实践的机会，导致知识只停留在理论层面。同时，培训效果在很大程度上会受到培训师的影响。讲授法是一种重要的培训方法，并且不可取代，但由于局限性，应配合其他方法进一步强化培训成果。

远程学习通常被一些地域较为分散的企业用来向员工提供关于新产品、企业政策、技能培训、专家讲座等方面的信息。包括电话会议、电视会议、电子文件会议，以及利用个人电脑进行培训。培训课程的教材和讲解可通过互联网或者光盘分发给受训者。受训者与培训者可利用电子邮件、电子会议系统等进行交互联系。远程学习可以为分散在不同地点的员工获得专家培训的机会，培训对象更为主动，同时还能为企业节约差旅费。其不足体现在缺乏面对面交流，培训效果难以及时把握；无法对课堂效果进行及时评估；缺乏培训气氛等。

（2）员工参与培训法

员工参与培训法要求受训员工积极参与学习的培训方法。这种方法有利于开发受训人员的特定技能并应用于工作当中，使受训人员经历一次工作任务完成的全过程，包括角色扮演、案例分析等。

角色扮演是在设计的一个接近真实情况的场景中，指定受训人员扮演特定的角色，借助角色的演绎来体验该角色，从而提高解决该类问题的能力。角色扮演提供了观察和感受不同方式处理问题的机会，但是这种培训方法所需时间较长，每轮表演只能让较少的人参与，比较耗时。

案例法是向受训人员提供关于某个问题的描述，受训人员根据所提供的资料，分析整个问题，并提出解决方案。受训人员可以通过讨论得出方案，也可以自己独立思考。案例法并不是要教给受训人一个正确的解决方法，而是培养受训人员分析和解决问题的能力，并提供有益的思路。这种方法的真实性、参与性、实用性都很强。在案例分析过程中，往往采用个人思考、小组讨论与集体讨论相结合的形式进行，既能锻炼受训者个人的分析能力，又可训练团队合作能力。

（3）团队训练法

团队训练是组织对团队如何实现工作目标和结果进行训练，也对团队如何有效工作的过程展开训练。不同于传统的个人培训与开发，团队训练对工作目标和工作过程都关注，越来越多的企业认识到，通过团队方式，可以使工作更有效率。IBM、通用和杜邦纷纷通过团队训练来培养公司中的高层管理者。

拓展训练（Outward Bound）是团队训练的诸多具体形式中，最受欢迎也是采用最多的形式。这种训练起源于第二次世界大战时期的英国，当时英国的商务船只在大西洋里屡遭德国潜艇的袭击，许多缺乏经验的年轻海员葬身海底。针对这种情况，汉思等人创办了“阿伯德威海上学校”，训练年轻海员在海上的生存能力和技巧，使他们的身体和意志都得到锻炼。战争结束后，许多人认为这种训练仍然可以保留，于是拓展训练的独特创意和训练方式逐渐被推广开来，训练目标也由单纯的体能、生存训练扩展到心理训练、人格训练、管理训练等。

管理百科

IBM的员工培训

"无论你进IBM时是什么颜色，经过培训，最后都会变成蓝色。"这是IBM新员工培训时流行的一句话。

IBM的员工培训是多方位的，既有集中面授又有分期培训，同时还建有电子学习中心（e－Learning）、图书中心等。新加入的员工首先要接受新员工定位培训，内容包括IBM公司的介绍、历史沿革、业务框架、经营战略、部门分工合作情况、新员工的工作职责、福利待遇、如何进行培训学习以及如何利用公司资源等。随后，公司将对员工掌握的技能进行测试评定，看是否适合上岗。接下来，公司的电子学习中心会分部门、分级别地对员工提供各种学习资源，员工可根据自己的情况在工作范围内选择要学习的内容。选定的学习内容需经过主管经理批准后方可注册学习，学完之后需经考试测评认证。电子学习中心涉及的内容广泛，包括财务、金融、市场营销、经营战略等，有点像企业办的网上在职专业培训中心。此外，电子学习中心也给公司员工提供了一个随时随地学习培训的机会，只要登录企业内部网，就可以获得学习资料并进行自学，解决了员工工作繁忙，无法有较多的时间进行脱产学习的问题，真正实现了工作学习两不误。

管理现场7.4

十几万元培训费只买来"轰动效应"

某国有机械公司新上任的人力资源部部长王先生，在一次研讨会上获得了一些他自认为不错的其他企业的培训经验，于是，回来后就兴致勃勃地向公司提交了一份全员培训计划书，以提升公司员工的新面貌。不久，该计划书就获批准。王先生便踌躇满志地对公司全体人员——上至总经理、下至一线生产员工，进行为期一周的脱产计算机培训。为此，公司还专门下拨了十几万元的培训费。

可一周的培训过后，大家议论最多的，便是对培训效果的不满。除办公室的几名员工和45岁以上的几名中层干部觉得有所收获外，其他员工要么觉得收效甚微，要么觉得学而无用，大多数人竟达成共识地认为：十几万元的培训费用只买来了一时的"轰动效应"。有的员工甚至认为，这场培训，是新官上任点的一把火，是在花单位的钱往自己脸上贴金！而听到种种议论的王先生则感到委屈：

在一个有着传统意识的老国企，给员工灌输一些新知识，怎么效果如此不理想呢？他百思不得其解：在当今竞争环境下，每人学点计算机知识应该是很有用的呀！怎么不受欢迎呢？

1. 此次培训暴露了哪些问题？
2. 如何将培训落到实处？

培训暴露的问题	如何落到实处

精要回顾

为达到人与事的优化组合，人员配备的原则必须遵循经济效益、任人唯贤、因事择人、量才使用、程序化、规范化和动态平衡这些原则。

人力资源规划的目的是为了规划人力发展、促进人力资源的合理运用、配合组织发展的需要、降低用人成本。人力资源规划的内容涵盖人力资源补充计划、人力资源调配计划、人力资源开发计划和员工职业发展规划。

人员选聘的途径分为外部招聘和内部提升两种。

人员考评是指按照一定的标准，采用科学的方法，衡量与评定人员完成岗位职责任务的能力与效果的管理活动。人员考评的目的就是发掘与有效利用员工的能力，对员工给予公正的评价与待遇，包括奖惩与升迁等。

管理实践中，常用的绩效考评的方法有排序法、强制分布法、目标管理法、直接指标法、360 度反馈评价和 KPI 绩效考核法。

完整的人员培训过程一般包括制订人员培训计划、人员培训准备、实施人员培训和人员培训效果评价这些环节。要使员工培训更有效，适当的培训方法是必要的。培训方法大致可分为演示法、员工参与培训法和团队训练法。

重点概念

1. 人力资源管理　2. 人力资源规划　3. 人员选聘　4. 绩效考评
5. 360 度反馈评价　6. KPI 绩效考核法　7. 人员培训　8. 人员配备

管理工作坊－7

思考题

1．人员配备必须遵循哪些基本原则？

2．人力资源管理的含义是什么？

3．人力资源规划的目的是什么？包括哪些内容？

4．比较分析内部提升和外部招聘的优点和局限性。

5．要得到一匹好马，有两种方法：一是让所有的马都跑起来，选择跑在最前面的那一匹；二是先从这些马中指定一匹，然后着力培养，使之成为好马。你认为哪种方法更好？为什么？

操作题

请与你的组员一起，通过书刊、网络、企业、亲友等渠道寻找下列问题的答案，并带回充分的证据资料与大家分享：

1．除了本章介绍的人力资源管理的相关理论之外，你还接触过其他的关于人力资源管理方面的知识吗？请收集整理一两个你觉得有代表性的人力资源管理案例，与老师和同学们分享。

2．全面调查自己工作过的公司或者是亲戚朋友所在公司的人力资源管理体系，并试着运用本章所学理论进行评价。

3．欧莱雅在1907年由欧仁·舒莱尔（Eugene Schueller）创立。2003年，欧莱雅集团全球销售额达140.2亿欧元。作为财富500强之一、世界第一大化妆品公司的欧莱雅集团，其经营活动已遍及150多个国家和地区，在世界各地拥有员工5万多人。欧莱雅1996年全面落户中国内地。2004年年初，“欧莱雅”继收购“小护士”之后，又闪电般地虎口夺食，从宝洁手中“抢”走知名化妆品牌——羽西，震惊了整个化妆品业界。欧莱雅显然是有备而来，因为它在企业管理特别是人才管理上有一套成熟而有效的管理方法。它的战略性人才招聘的策略更是为人称道。正是因为它的战略性的招聘，聚集了大量的人才，使自己的品牌得到了不断的提升。请从各个可能的渠道收集资料，结合本章内容，分析欧莱雅集团在人才战略上的成功之处。

学习档案

为了证明你在完成这一章的学习之后，已经掌握了相关的理论知识和技能技巧，达到了本章提出的学习目标，你需要提供以下资料：

1. 对本章“引导案例”的分析理解；

2. 对本章“管理现场”的分析理解；

3. 对本章“关键概念”的理解回答；

4. 对本章“管理工作坊－7”提出的“思考题”的分析理解，以及对“操作题”的完成情况（包括书面报告、口头演示、材料整理等）；

5. 在本章学习过程中的其他相关管理活动的参与情况、课外学习的成果（包括资料、方式证据与反馈等）。

8 领导

学习目标

通过本章的学习，要求：

1. 掌握领导概念的内涵，认识领导的作用，判断领导的类型；
2. 理解领导与管理的区别与联系；
3. 熟悉领导特质理论、领导行为理论、领导权变理论的内容；
4. 了解领导艺术与领导方法；
5. 初步具备协调、合作、沟通的能力。

内容结构图

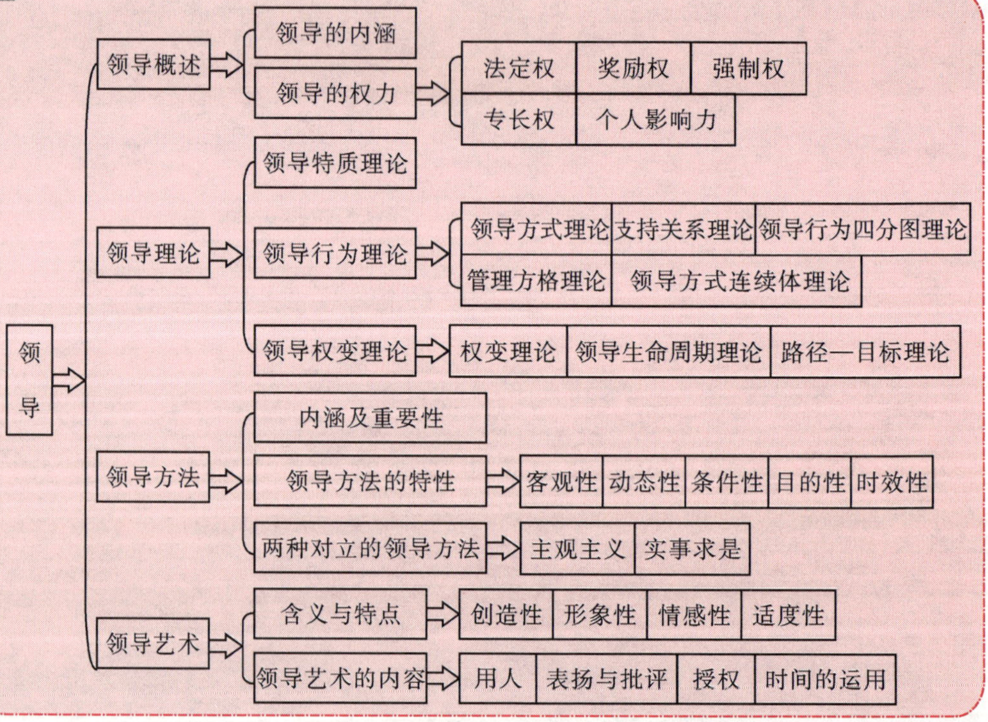

引导案例

争取追随者

"振臂一呼，应者云集"的领导能力不是一个领导职位就能赋予的，仅仅仰仗职权对下属施加影响的领导终将成为过去时。真正的领导必然有一批心甘情愿的追随者，没有追随者的领导只是一个空壳。从某种意义上，是追随者成就了领导者，领导的过程就是争取追随者的过程。

柳传志是一个创业的传奇，他领导的联想集团由11个人20万元资金的小公司成长为中国最大的计算机公司。柳传志的成功，与他杰出的领导是密不可分的，他有很多忠诚的追随者。

柳传志争取追随者的方法很简单——取信于下属。柳传志的能耐在于始终有办法让下属相信：跟着柳传志干，联想一定能成功。这个"信"字很重要。"信"了，才会一呼百应，团结进取；"信"了，才会百折不挠，勇往直前；"信"了，才会令行禁止，服从大局。领导人争取追随者有两个关键步骤：一是要使追随者相信将要为之奋斗的事业有意义。柳传志之所以能执掌联想集团帅印十四年，和他立意高远，总能为联想集团提出新的发展目标有直接的联系；因为柳传志和柳传志的追随者们始终认为，联想的远大事业尚未完成，所以，柳传志的领导行为也不会结束。柳传志强调立意，是因为他明白，公司发展进程中，肯定会遇到各种各样的难题，只有立意高，才能牢牢记住自己所追求的目标不松懈，才能激励自己不断前进；其次，如果立意不高，就必须不停地提出新的、更高的目标，那么，稍有成功就会轻易满足；二是要使追随者相信，这个领导人有能力带领他们完成此项事业。争取追随者，以身作则、身先士卒很重要。"创业的时候，我没法给人家高报酬，我吸引谁？就凭着我多干、能力强、拿得少，来吸引住更多的志同道合的同志。"

lenovo联想

国际奥委会全球合作伙伴

联想集团的成功，在很大程度上得益于柳传志的杰出领导。领导对于组织的发展至关重要，正是组织中的领导使各种事件得以发生。

（根据武博. 现代管理学教程［M］. 北京：清华大学出版社，2010 改编）

案例讨论

1. 阅读材料，分析柳传志带领联想集团取得成功最关键的因素是什么？

2. 从柳传志身上，你能总结出作为一个出色的领导者，应当具备哪些特质？

8.1 领导概述

领导是管理工作的一个重要组成部分，在任何社会、任何组织中，都离不开领导。领导职能作为管理职能之一，就是通过领导者的领导行为和领导方式，引导和激励组织成员发挥其才能和潜力去实现组织目标。无数事实证明，大到一个国家，小到一个工商企业的兴衰成败，都同领导水平的高低关系极大。

8.1.1 领导的内涵

通常认为领导（leading）具有两种词性含义。一种是名词属性的“领导者”（leader）；另一种是动词属性的“领导行为”（leadership），即“领导者”所从事的活动。所谓领导，就是那些能够影响他人并拥有管理权力的人影响群体成功地实现目标的过程，其中包含三个要素：

（1）追随者。任何领导都有一定的追随者。

（2）影响追随者的能力或力量。这些能力或力量可能是组织赋予的职务和权力，也可能是领导者个人具有的影响力。

（3）通过影响部下实现组织目标。领导行为具有明确的目的，并可以通过影响下属来实现组织目标。

因此，领导的作用从总体上说，是带领成员实现组织目标的核心和纽带，具体可以体现在指挥、协调、激励这三个方面，如图 8.1 所示。

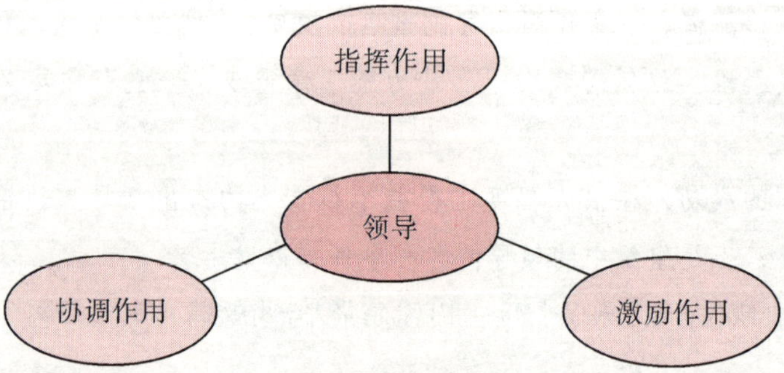

图 8.1 领导的作用

(1) 指挥作用。在组织活动中，领导者有责任指导组织各项活动的开展，帮助成员认清所处的环境和形势，明确目标和实现目标的途径。

(2) 协调作用。由于组织成员个性不同和外部环境因素的干扰，思想分歧和行动上的偏差不可避免，因此需要领导者来协调组织成员的关系。

(3) 激励作用。人们常常遇到挫折和限制，需要领导者引导、鼓励、诱发下属的事业心、忠诚和献身精神，强化进取动力。

领导与管理有着密切的关系，所以经常被混为一谈。但实际上，两者既有紧密联系，又存在很大差异。

领导与管理的共同之处在于：从行为方式上看，两者都是一种在组织内部通过影响他人活动，实现组织目标的过程。从权力的构成看，两者都与组织层级的岗位设置有关。

领导与管理的区别在于：管理者是受到上级任命在岗位上从事岗位工作的，其影响力来自于这一职位所赋予的正式权力；领导者可以是上级任命的，也可以是从群体中自发产生出来的，领导者可以运用正式权力之外的活动，如个人魅力或专长来影响别人。

管理百科

领导定律

吉尔伯特定律：美国管理学家吉尔伯特指出，人们喜欢为他们喜欢的人做事。

启示：真心才能换来真拥护。

詹姆斯定律：美国哲学家詹姆斯指出，渴望得到别人的认可和赞赏，是人类埋藏最深的本性。

启示：没有不喜欢被赏识的人，更没有被赏识后而不尽心尽力的人。

马歇尔定律：英国航空公司总裁科林·马歇尔指出，如果雇员认为你很关心他和理解他，他就会尽心竭力甚至不顾一切地干好本职工作。

启示：你越以下属为中心，下属就越会以工作为中心。

8.1.2 领导的权力

领导的权力是指领导者有目的地影响下属思想和行为的能力。领导是领导者向他人施加影响的过程，一个领导者要实现有效的影响力，取决于他的影响力的大小。美国管理学者弗兰奇和雷文将权力的类型划分为五种：法定权、奖励权、强制权、专长权和个人影响力。如图 8.2 所示，其中的法定权、奖励权、强制权属于职位权力；专长权及个人影响力属于非职位权力。职位权力是一种正式权力，由组织正式授予领导者，并受组织制度保护。这种权力与特定的个人没有必然的联系，只同职务相联系。

非职务权力不是由领导者在组织中的位置产生的，而是来源于领导者的个人魅力，以组织成员发自内心的尊重与服从为基础，不随职位消失而消失。

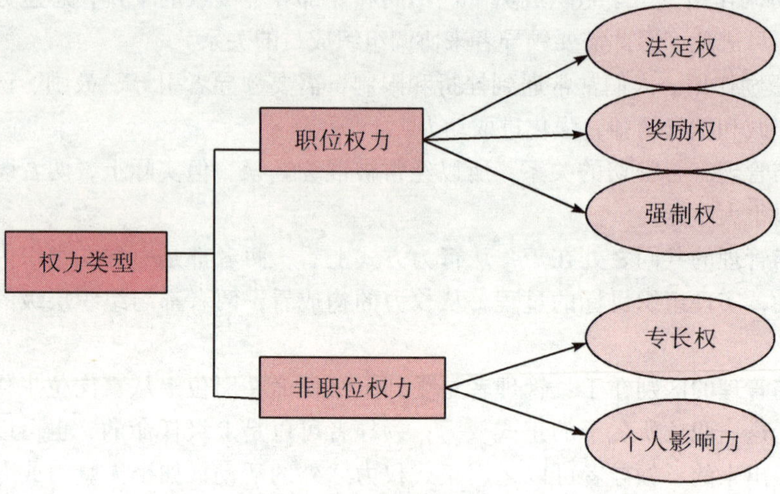

图 8.2　领导的权力

（1）法定权，即职权，是由个人在组织中的职位决定的。个人由于被任命担任某一职位，因而获得该职位相应的法定权力和权威地位。例如，在政府和企业等组织中，上级在自己的职责范围内有权给下级下达任务和命令，下级必须服从。

（2）奖励权，是由法定权利派生的权力之一，是指个人控制着对方所重视的资源而对其施加影响的能力。例如上级在其职权范围内可以决定或影响下属的薪水、晋升、奖金、表扬，或给予下属所希望得到的其他物质或精神上的安抚、亲近、信任、友谊等，从而有效地影响下属的态度和行为。

（3）强制权，又被称为惩罚权力，也是由法定权利派生的权力之一。是指通过强制性的处罚或剥夺而影响他人的能力。包括批评、罚款、降职、辞退等。实际上是利用人们对于惩罚产生的不利后果的惧怕而影响和改变他的态度和行为。强制权力虽然必要，见效也快，但具有消极作用，应当慎用。

（4）专长权，是知识的权力，是因为人在某一领域所持有的专长而影响他人。一位资深的教授、著名学者可能没有任何行政职务，但是在教师和学生中拥有巨大的影响力；企业的一位财务专家、工程师等都拥有某种专长权力，并且在一定领域内有巨大的影响力。

（5）个人影响力，又称参照权，是指领导者个人拥有的个性、品德、作风等吸引其他人追随，并服从其领导和指挥。个人影响力的大小与职位高低无关，只取决于个人的行为。具有高职位的人，其行为会有一种放大的乘数效应。一些行为对普通人来说可能很平常，但发生在某些高层领导者身上就会变成非常感人的模范行为，产生巨大的个人影响力。但组织中，有许多没有高级职位的人，也拥有巨大的个人影响力，成为群众领袖，他们对人们的影响力可能远远大于拥有高级职位的领导者。

管理现场8.1

汉高祖为什么能用张良、萧何、韩信

高祖置酒曰："列侯诸将无敢隐朕，皆言其情。吾所以有天下者何？项氏之所以失天下者何？"高起、王陵对曰："陛下慢而侮人，项羽仁而爱人。然陛下使人攻城略地，所降下者因以予之，与天下同利也。项羽妒贤嫉能，有功者害之，贤者疑之，战胜而不予人功，得地而不予人利，此所以失天下也。"高祖曰："公知其一，未知其二。夫运筹策帷帐之中，决胜于千里之外，吾不如子房（张良）。镇国家，抚百姓，给馈饷，不绝粮道，吾不如萧何。连百万之军，战必胜，攻必取，吾不如韩信。此三者，皆人杰也，吾能用之，此吾所以取天下也。项羽有一范增而不能用，此其所以为我擒也。"

——《史记·高祖本纪》

1. 请根据材料分析，刘邦是如何善用张良、萧何、韩信成就霸业的。
2. 在与项羽争霸的战争中，刘邦是如何充分发挥他的领导才能的。

刘邦领导才能的具体体现

8.2 领导理论

领导是一个组织中的关键角色，对于组织目标的实现往往起到重要作用。20世纪30年代以来，西方众多的管理学家及心理学家对领导理论进行了广泛、深入的研究，为了解决有效领导的问题，提出了许多领导理论。这些理论大致分为三类，即领导特质理论、领导行为理论、领导权变理论。

8.2.1 领导特质理论

领导特质理论也称"伟人理论"，是研究领导者的心理特质及其影响力与领导效能

之间关系的理论。该理论侧重于领导者本身特质的研究，认为领导工作效能的高低与领导者的素质、品质或个性特质密切相关。

早期的领导理论研究重点放在领导者个人的性格或特性上，即特质理论。特质理论假定特性的存在，并且假定领导者是天生的，而不是后天形成的。现代领导特质一反传统领导特质理论强调遗传、天赋的片面观点，认为领导者的个性特质和品质是在后天的实践中形成的，并且可以通过培养和训练加以造就。因此，领导是一个动态的过程。下面介绍领导特质理论的几个主要流派和观点。

斯托格迪尔（R. M. Stogdill）总结出领导者的品格包括身体、智力、社会性、个性、工作相关性和社交等几方面的特征，具体如表 8.1 所示。

表 8.1　　领导者应具备的品格

身体特征	精力、外貌、身高、体重、年龄
智力特征	处事果断、言谈机敏、知识广博、判断分析能力强
社会性特征	社会经济地位、学历
个性特征	适应性、进取心、热心、自信心、独立性、外向型、机警、支配、有主见、急性、慢性、见解独到、情绪稳定、作风民主、不随波逐流、智慧
与工作有关的特征	责任感、事业心、毅力、首创性、坚持、关心他人
社交特征	能力、合作、声誉、人际关系、老练程度、正直、诚实、权力的需要、与人共事的技巧

美国的鲍莫乐（W. J. Baumol）教授曾对企业家应具备的条件做过研究，并提出一个企业家应具备合作精神、决策才能、组织能力、精于授权、善于应变、勇于负责等十个方面的条件，具体内容如表 8.2 所示。

表 8.2　　企业家应具备的十个方面的条件

合作精神	能赢得人们的合作，愿意与其他人一起工作，对人不是压服，而是令人信服和说服
决策才能	依据事实而非想象来进行决策，有高瞻远瞩的能力
组织能力	善用组织人力、物力和财力
精于授权	能抓住大事，把小事分给部属去完成
善于应变	权宜通达、机动进取而不抱残守缺、墨守成规
勇于负责	对上、下级及整个社会抱有高度责任心
勇于求新	对新事物、新环境、新观念有敏锐的接受能力
敢担风险	敢于承担改变企业现状时遇到的风险，并有创造新局面的雄心和信心
尊重他人	重视和采纳别人的合理化意见
品德超人	在品德上为社会和企业员工所敬仰

日本企业界认为有效的领导者应具备十项品德和十项才能，如表 8.3 所示。

表 8.3　领导者应具备十项品德和十项才能

十项品德		十项才能	
1. 使命感	6. 公平	1. 判断能力	6. 劝说能力
2. 责任感	7. 热情	2. 创造能力	7. 对人理解能力
3. 信赖感	8. 勇气	3. 思维能力	8. 解决问题能力
4. 积极性	9. 忠诚老实	4. 规划能力	9. 培养下级能力
5. 进取心	10. 忍耐性	5. 洞察能力	10. 调动积极性能力

美国管理学大师德鲁克（Peter F. Drucker）在《有效的管理者》一书中指出，有效领导者具有五种共同的特性，这些特征是：

（1）善于系统地安排与利用时间，知道时间该花在什么地方。

（2）注重贡献，他们不是为工作而工作，而是为成果而工作。

（3）善于发现和用人之长，包括自己的、上级的和下级的长处。

（4）能分清工作的主次，集中精力于关键领域，确立优先次序，做好最重要和基本的工作。

（5）能做出切实有效的决定。

管理百科

从里根总统看授权得当

美国前总统里根是一个出名的放任主义者，他只关注最重要的事情，而将其他事情交给手下得力的人去负责，自己因此可以经常去打球、度假。这些并未妨碍他成为美国历史上最伟大的总统之一。里根说：“只要你的决策已在执行中，就不要去干涉它们。”罗斯福也说：“一位最佳的领导者，是一位知人善任者，而在下属甘心履行其职责时，领导者要有自我约束力量，不插手干涉他们。”

现代企业中的一些领导人，喜欢把一切事揽在身上，事必躬亲，管这管那，从来不放心把一件事交给手下人去做。这样，他自己整天忙忙碌碌不说，还会被公司的大小事务搞得焦头烂额。其实，一个聪明的领导人，应该学习里根总统，正确地利用部属的力量，发挥团队协作精神，不仅能使团队很快成熟起来，同时，也能减轻管理者的负担。在公司的管理方面，要相信“少”就是“多”的道理：你抓得少些，反而收获就多了。管理者，要管头管脚（指人和资源），但不能从头管到脚。

8.2.2 领导行为理论

由于在特质理论阶段的研究中，人们未能取得预期的效果，研究者开始把目光转向领导者的行为上，希望了解有效领导者的行为有什么独特之处。早期对领导作风的一些解释是根据领导者行为方式分类的，这种理论被称为领导的个人行为理论，着重研究领导者做些什么来完成管理工作。

（1）勒温的三种领导方式理论

① 专制型领导。专制型领导将权力定位于领导者个人，具有专制作风，靠权力和强制命令让人服从。这种领导方式独断专行，从不考虑别人意见，所有的决策都由领导者自己决定；不给下级参与决策的机会；主要靠行政命令来管理，只有偶尔的奖励；领导者很少参加群体的社会活动，与下级保持相当的心理距离。

② 民主型领导。民主型领导将权力定位于群体，以理服人，以身作则，集思广益。这种类型的领导，行动和决策都与下属商量，并鼓励下属参与决策；工作的分配尽量照顾到个人的能力、兴趣和爱好；关心并满足组织成员的需要；给予下属较大的工作自由、较多的选择性和灵活性；领导者与下级之间心理距离比较近。

③ 放任型领导。放任型领导将权力定位于被领导者个人，领导者极少运用权力，而给下属高度的独立性。领导者采取的是无政府主义的领导方式，对工作和组织成员的需要不重视，无规章、无要求、无评估，工作效率低，人际关系淡薄。

（2）利克特的支持关系理论

行为科学家利克特提出了支持关系理论，又称四领导模式理论，即领导方式分为专权命令式、温和命令式、协商式和群体参与式，具体内容如表 8.4 所示。他认为支持关系是双向的，领导者要考虑下属职工的处境、想法和希望，帮助职工努力实现其目标，使职工从中认识到自己的价值和重要性。领导者对职工的这种支持能激发下属职工对领导采取合作、信任的态度，支持领导者的工作。

表 8.4　利克特的四种领导方式

领导方式	专权命令式	温和命令式	协商式	群体参与式
信任程度	对下属很少信任	对下属有一定的信任和信心	上下级之间有相当信任但不完全信任	有完全的信任
交往	极少交往或交往在恐惧和不信任情况下进行	交往在上司屈就、下属惶恐中进行	适度的交往并在相当的信任下进行	深入友善的交往，有高度的依赖
沟通	自上而下的沟通	有一定的自下而上的沟通	上下双向的沟通	上下左右完全沟通

利克特认为，在四种领导方式中，第一种是传统的领导方式，第二、三种同第一种相比虽有程度上的差异，但并无本质上的不同，都属于命令式和权力主义的领导方式。只有第四种才是效率高的领导方式。

（3）领导行为四分图理论

美国俄亥俄州立大学工商企业研究所从1945年开始研究领导行为，并提出了领导行为四分图理论。研究人员将1 790种刻画领导行为的因素，通过概括归并，最后将影响领导行为的因素归纳为“抓组织”和“关心人”两大类。抓组织是指领导者规定他与工作群体的关系，建立明确的工作目标、组织结构设置、意见交流渠道和工作程序的行为。关心人是指建立领导者与被领导者之间的友谊、尊重、信任关系方面的行为。

根据这样的分类，领导者可以分为四种基本类型，如图8.3所示。

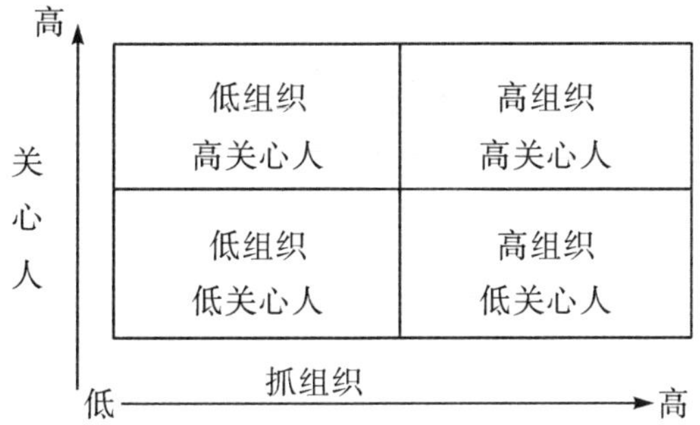

图8.3　领导行为四分图

① 低组织—低关心人：对组织对人都不关心，这种领导方式的效果较差；

② 高组织—低关心人：最关心的是工作任务；

③ 低组织—高关心人：大多数较为关心领导者与下级之间的合作，重视互相信任和相互尊重的气氛；

④ 高组织—高关心人：对工作对人都比较关心。这种领导方式的工作效率和有效性都较高。

（4）管理方格理论

管理方格理论是由美国得克萨斯大学的行为科学家罗伯特·布莱克（Robert R. Blake）和简·莫顿（Jane S. Mouton）在1964年出版的《管理方格》一书中提出的。他们指出，在对生产关心和对人关心的两种领导方式之间，可以进行不同程度的互相结合。如图8.4所示，管理方格图是一张纵轴和横轴各九等分的方格图，纵轴表示领导者“关心人”的程度（包含了员工对自尊的维护、基于信任而非基于服从来授予职责、提供良好的工作条件和保持良好的人际关系等），横轴表示领导者“关心工作”的程度（包括政策决议的质量、程序与过程、研究工作的创造性、职能人员的服务质量、工作效率和产量），其中，第1格表示关心程度最小，第9格表示关心程度最大。

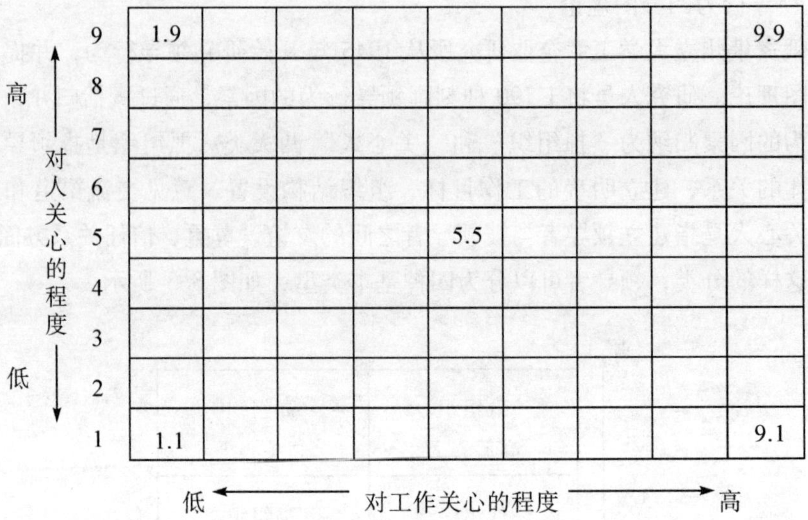

图 8.4 管理方格图

管理方格图中，“1.1”方格表示对人和工作都很少关心，这种领导必然失败。“9.1”方格表示重点放在工作上，而对人很少关心。领导人的权力很大，指挥和控制下属的活动，而下属只能奉命行事，不能发挥积极性和创造性。“1.9”方格表示重点放在满足职工的需要上，而对指挥监督、规章制度重视不够。“5.5”方格表示领导者对人的关心和对工作的关心保持中间状态，只求维持一般的工作效率与士气，不积极促使下属发扬创造革新的精神。只有“9.9”方格表示对人和工作都很关心，能使员工和生产两个方面最理想、最有效地结合起来。这种领导方式要求创造出这样一种管理状况：职工能了解组织的目标并关心其结果，从而自我控制、自我指挥，充分发挥生产积极性，为实现组织的目标而努力工作。

（5）领导方式连续体理论

坦南鲍姆（R. Tannenbaum）和沃伦·施密特（Warren H. Schmidt）于 1958 年提出了领导行为连续体理论。他们指出，领导风格不是只有专制和民主这两种极端方式，而是在这两种极端之间，以领导为中心还是以下属为中心程度不同，存在着一系列领导方式，这些领导方式因领导者授予下属的权力大小的差异而不同（如图 8.5 所示）。

他们假设了两个极端：一个是独裁的领导方式，认为权力来自职位；一个是民主的领导方式，认为权力来自群体的授予和承认。从一个极端到另一个极端，从独裁到民主，从左到右，领导方式的民主程度逐渐提高，领导者运用权力逐渐减少，下属的自由度逐渐加大。坦南鲍姆和施密特认为，很难说哪种领导方式是正确的，领导者应当根据具体情况，考虑各种因素选择某种领导方式。

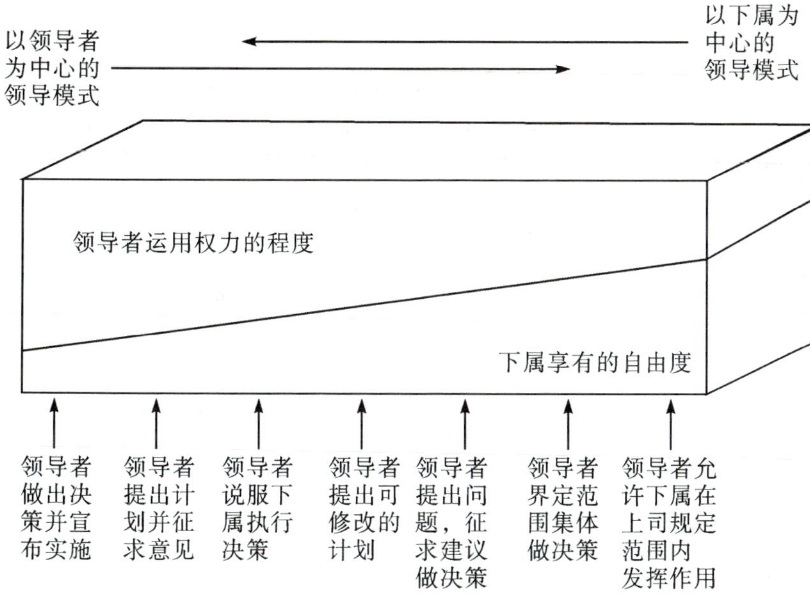

图 8.5　领导行为连续体模型图

8.2.3　领导权变理论

领导权变理论被称为情境理论。该理论认为，领导的有效性不单纯取决于领导者的个人行为，某种领导方式在实际工作中是否有效主要取决于具体的情景和场合。没有一种领导方式对所有的情况都是有效的，领导方式应随被领导者和具体环境的不同而变化。

（1）菲德勒权变理论

菲德勒（Fred Fiedler）提出了“有效领导的权变模式”，即菲德勒模型。他认为任何领导形态均可能有效，领导工作强烈地受到领导者所处的客观环境的影响。他把影响领导者领导风格的环境因素归纳为三个方面：职位权力、任务结构和上下级关系。

①职位权力是指领导者所处职位具有的权威和权力的大小，或者说领导的法定权、强制权、奖励权的大小。权力越大，组织成员遵从指导的程度越高，领导的环境也就越好；反之，则越差。

②任务结构是指工作任务明确程度和有关人员对工作任务的负责程度。任务越明确，而且部下责任心越强，则领导环境越好；反之，则越差。

③上下级关系是指下属对一位领导者的信任爱戴和拥护程度，以及领导者对下属的关心、爱护程度。这一点对履行领导职能是很重要的。因为职位权力和任务结构可以由组织控制，而上下级关系是组织无法控制的。

管理百科

弗雷德·菲德勒简介

弗雷德·菲德勒（Fred E. Fiedler，1922—），美国西雅图华盛顿大学心理学与管理学教授，兼任荷兰阿姆斯特丹大学和比利时卢万大学客座教授。菲德勒早年就读于芝加哥大学，获博士学位；毕业后留校任教。1951 年移居伊利诺伊州，担任伊利诺伊大学心理学教授和群体效能研究实验室主任，直至 1969 年前往华盛顿。

弗雷德·菲德勒是美国当代著名心理学家和管理专家，他所提出的“权变领导理论”开创了西方领导学理论的一个新阶段，使以往盛行的领导形态学理论研究转向了领导动态学研究的新轨道。他本人被西方管理学界称为“权变管理的创始人”。

（2）领导生命周期理论

该理论由科曼于 1966 年提出，后由赫塞（Paul Hersey）和布兰查德（Ken Blanchard）进一步发展，在分析领导行为四分图的基础上，他们认为下属的“成熟度”对领导者的领导方式起重要作用。所以，对不同“成熟度”的员工采取的领导方式有所不同，如图 8.6 所示。高任务主要关注任务的输入、输出及过程；低任务主要关注任务的输入端和输出端（即授权）。高关系主要指关注下属的工作及生活；低关系主要指关注 8 小时以内的工作。

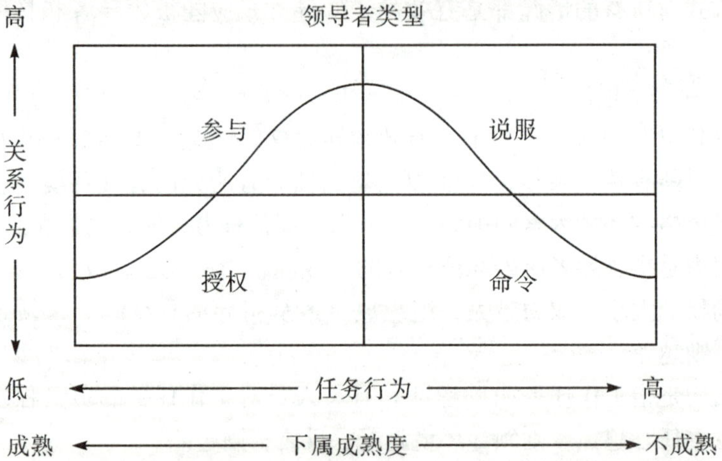

图 8.6　领导生命周期曲线

所谓“成熟度”（readiness）是指人们对自己的行为承担责任的能力和愿望的大小。它取决于两个要素：工作成熟度和心理成熟度。工作成熟度包括一个人的知识和技能，工作成熟度高的人拥有足够的知识、能力和经验完成他们的工作任务而不需要他人的指导。心理成熟度指的是一个人做某事的意愿和动机。心理成熟度高的个体不需要太多的外部激励，他们靠内部动机激励。

在管理方格图的基础上，根据员工的成熟度不同，将领导方式分为四种：命令型、说服型、参与型和授权型。

① 命令型（高任务—低关系）

适用于下属不成熟的情况。在这种领导方式下，由领导者进行角色分类，并告知人们做什么，如何做、何时、何地去完成不同的任务。它强调指导性行为，通常采用单向沟通方式。

② 说服型（高任务—高关系）

适用于下属较不成熟的情况。在这种领导方式下，领导者既提供指导性行为，又提供支持性行为。领导者除向下属布置任务外，还与下属共同商讨工作的进行，比较重视双向沟通。

③ 参与型（低任务—高关系）

适用于下属比较成熟的情况。在这种领导方式下，领导者极少直接下命令，而是与下属共同进行决策。领导者的主要作用就是促进工作的进行和沟通。

④ 授权型（低任务—低关系）

适用于下属高度成熟的情况。在这种领导方式下，领导者几乎不提供指导或支持，通过授权鼓励下属自主地做好工作。

（3）路径—目标理论

路径—目标理论由罗伯特·豪斯（Robert House）提出，在领导行为四分图和期望理论的基础上，提出领导的主要职能是为下属在工作中提供获得满足需要的机会，并为下属弄清楚哪些行为能导致目标的实现并获得有价值的奖励。也就是说，领导应指明达成目标的途径。

这一理论认为，领导的行为类型在指导下属建立目标、选择途径的过程中有不同表现和不同类型，常见的有四种领导方式，具体如表 8.5 所示。

表 8.5　　常见的四种领导方式

指示型领导方式	领导者应该对下属提出要求，指明方向，给下属提供他们应该得到的指导和帮助
支持型领导方式	领导者对下属友好，平易近人，平等待人，关系融洽，关心下属的生活福利
参与型领导方式	领导者经常与下属沟通信息，商量工作，虚心听取下属的意见，让下属参与决策，参与管理
成就指向型领导方式	设定具有挑战性的组织目标，激励下属想方设法去实现目标，迎接挑战

管理现场 8.2

三个领导，三种风格

刚刚大学毕业的孙晴应聘到钢铁集团总公司第二分公司，给徐经理当秘书。徐经理可谓日理万机，因为公司的大小事情都必须要向他汇报，得到指示后才能执行。尽管如此，孙晴感到工作还是比较轻松。因为任何事情她只需要交给经理，再把经理的答复转给相关责任人，就算完成任务了。可是好景不长，徐经理每日奔波劳碌，终于病倒了。

总公司新任命了赵经理。赵经理对孙晴每日无论大小事宜都要请示提出了批评，要她慢慢学会分清轻重缓急，有些事情可以直接转交其他副经理处理。这样，赵经理每日有更多的时间去考虑公司的长远目标，确立组织发展方向。自赵经理上任以来，公司出台了新的发展战略、市场定位及公司内部的规章制度。公司的业绩也在短期内有了很大的提高。同时，孙晴也很忙碌，有时需要跑很多部门去协调工作，也让她觉得学到了很多东西，充实了不少。因为业绩突出，赵经理干了一年就被调到总公司去了。

之后又来了马经理。相对于徐经理的事必躬亲以及赵经理的有张有弛，马经理就要随意得多了。他到任以后，先是了解了一下公司的总体情况，觉得非常满意，就对下面的主管说："公司目前的运营一切顺利。我看大家都做得比较到位，经理嘛，关键时刻把把关就可以了，不是很重要的事情你们就看着办吧。"这样一来，孙晴享受到了自参加工作以来从没有过的轻松，因为公司上下一周没有几件事情要找马经理。

孙晴现在有时间了，她对比、思考着这三个领导，真是各有各的特点。

1. 请按照所学理论对这三位领导的风格进行归类。
2. 你认为哪个领导的管理风格更可行?

	风格类型
徐经理	
赵经理	
马经理	

8.3 领导方法

8.3.1 领导方法的内涵及重要性

领导方法，就是领导者为达到某种领导目标而进行的认识活动和实践活动的方式和手段。因为领导工作是认识活动和实践活动的统一，因此，简单地说，领导方法就是领导者为达到一定的领导目的，按照领导活动的规律而采取的各种方式、办法、手段、措施、步骤的总和。作为实现领导目标的手段和方法，领导方法有其自身的规定性，在领导实践中，领导者对这些规定性的认识、把握和运用的能力和技巧会影响领导行为达到预期目标的程度。

无数实践证实，凡属正确的领导，总是同运用正确的工作方法相联系。领导方法不同，其工作效果就不同。方法不对头，事与愿违（事倍功半）；方法得当，事半功倍。从一定意义上讲，能不能实现正确有效的领导，取决于领导者有没有科学的领导方法，这对工作的好坏至关重要。

8.3.2 领导方法的特性

领导方法的特性可以归纳为客观性、动态性、条件性、目的性和实效性，如图 8.7 所示。

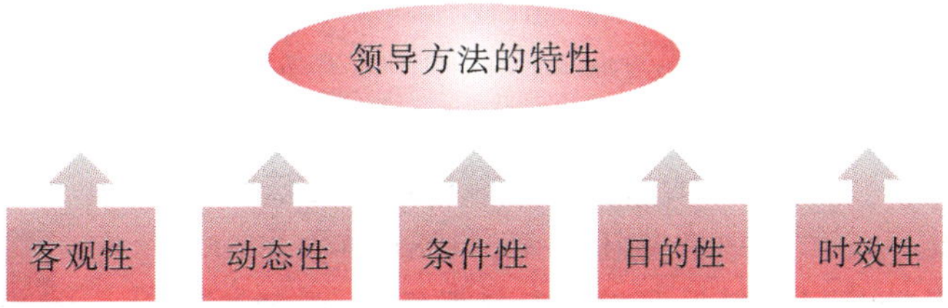

图 8.7　领导方法的特性

（1）客观性

领导方法的客观性是领导方法的所有特定性中首要的。之所以如此，是因为客观事物和方法自身的客观性是不可改变的，但是领导活动中的主体是领导者，最终实现领导目标的程度取决于领导自身对待和运用领导方法的态度和技巧，因此领导方法的客观性在领导实践当中主要落实在领导者的主观态度的客观性方面。

（2）动态性

领导系统的不断发展变化，会自然地影响领导者对领导方法的选择和应变，即“随时而变，因俗而动”，不断适应变化了的新的时空条件下的领导系统。就是在同一个领导系统发展过程中的不同阶段，也要及时采用不同的领导方法。这就是领导方法的动态性。

领导方法的动态性使领导活动协调和谐，最大限度、最有效地实现领导目标。缺乏动态性的领导方法，会最终失去对环境的应变能力，导致领导活动失败。

（3）条件性

领导方法的条件性是指领导方法的产生与使用要受一定条件的影响和制约，如：领导者本身的特点、被领导者的状况、客观物质条件、环境因素等。一个知识内容广博、知识结构合理、领导经验丰富的领导者与一个知识贫乏、结构失衡、经验不多的领导者，面对同一个对象，使用相同的领导方法，效果肯定不会是一样的。

（4）目的性

领导方法要为一定的领导目标服务，要达到一定的目的，这就是领导方法的目的性。领导方法的选择取决于领导的目的，具体表现为领导者使用某种领导方法的自觉性，很少有人不知所以然地使用某种方法。在相同的条件下，领导者选用这种而不是那种方法，表明领导方法的目的性通过人们使用它的自觉性体现出来。

（5）时效性

如果用经济学上的术语来说，这是指一种领导方法的边际效益。新的方法的采用往往会在最初的实施过程中取得较大的成果，但是这种效果会随着时间的推移呈下降的趋势。例如在领导方法中，经常会采用奖酬激励的方法来激发下属人员的积极性。最初实施这种奖酬的时候，人们会产生一定的积极性，工作的热情和业绩也自然会提高。但是当这成为一种常规时，就逐渐失去了对人们的激励作用。并且，在奖酬数量不断增加的情况下，人们所提升的热情和取得的工作业绩与奖酬的提升呈反比。这就是说，领导方法往往存在时间上的“保鲜期”，因此“方法供给”在领导活动中也是一个至关重要的因素。

管理百科

通用电气总裁的领导方法

美国通用电气公司是一家集团公司，1981 年杰克·韦尔奇接任总裁后，认为公司管理得太多，而领导得太少，“工人们对自己的工作比老板清楚得多，经理们最好不要横加干涉”。为此，他实行了“全员决策”制度，使那些平时没有机会互相交流的员工和中层管理人员都能出席决策讨论会。“全员决策”的开展，消除了公司中官僚主义的弊端，减少了烦琐程序。

8.3.3 两种对立的领导方法

在实际工作中，可以看到各式各样的领导方法，归纳起来分为两大类：实事求是的领导方法和主观主义的领导方法。前者是科学的，后者是官僚主义的，具体如表 8.6 所示。

表 8.6 两种对立的领导方法

主观主义的领导方法	实事求是的领导方法
主观	客观
片面	全面
保守	开拓
粗暴	细致
追求形式	讲求突破
轻视群众	尊重群众

主观主义的领导方法，主要表现在六个方面，具体内容如表 8.7 所示。

表 8.7 主观主义领导方法的表现

主观	凭主观意愿、个人感觉、狭隘经验做决断，不调查，不研究，瞎指挥
片面	执行上级的指示，不结合具体情况，照抄照转，搞“一刀切”，到处一个样，或者把局部的经验，夸大为普遍适用的规律
保守	因循守旧，安于现状，我行我素，墨守成规
粗暴	强迫命令，以势压人，动辄教训下属，不高兴办的事情拖着不办
追求形式	做表面文章，工作只停留在嘴上、纸上、会议上，应付上级检查，报喜不报忧
轻视群众	自认为高明，听不进不同意见，尤其是来自下级群众的意见。脱离群众，脱离实际

实事求是的领导方法，主要表现在以下六个方面，具体内容如表 8.8 所示。

表 8.8 客观主义领导方法的表现

客观	调查研究，根据实际情况做决断
全面	从全局着眼，局部利益服从整体利益，执行上级的指示，不搞“一刀切”
开拓	敢于根据实际情况突破旧有的框架、经验
细致	做人的工作耐心细致，有分歧意见在争辩中求得统一，解决认识问题采取疏导说服的方法
讲求突破	说老实话，办老实事，说得出，做得到。不掩盖工作中的缺点，勇于纠正自己的失误
尊重群众	善于倾听下级和群众的意见和建议，特别是注重批评意见，密切联系群众，善于集中群众的智慧和创造

管理现场8.3

有效的领导方式

张宁和王静都是中国东部某所大学的基层管理人员。张宁领导着学校一个五人绿化小组，主要负责校园东区的花草树木的修剪工作；王静则是校后勤基建处的负责人。

大家都认为他们两人都能与同事进行很好的合作，并有一定的管理能力。因此，在学校缩减职工的情况下，他们不但没有被裁减，反而被提升为基层的管理人员。

王静除了在工作中表现出色外，她还表现出许多领导才能。后勤基建处是全校最安定、出勤率最正常的单位之一。同事们都一致推荐她为负责人。人们问王静为什么她与职工的关系这么好时，她说："我把我的同事当做亲人看待，我关心他们，同时我也使大家都了解我们要做什么。这样，大家就能共同努力。我还经常注意别人在工作中好的表现，在总结评价时进行表扬，大家也通过小结懂得了今后应更好地改进工作。除此之外，最主要的是，我注意在不同的情况下采用不同的管理方式。对于日常性的工作，用不着我每天去讲怎么做，但有了新的工作内容，我就向大家讲一下，使大家知道如何去做。"

而张宁的情况则与王静很不一样。在他的小组里，职工的情绪低落，缺勤情况严重。根据记录，最近有几个组员表现得很不好，对工作不负责任。当人们问起张宁这是怎么回事时，他回答说："我还不知道问题在哪里。但是，我认为应该平等地对待员工。我也尽量使大家能了解我对工作的计划和要求，对每一件工作，我都给他们讲清楚应如何去做，而且我总是在身边进行监督。在发放奖金时，我也平均发放，没有亏待任何一个人。"

1. 这两个人的领导方式有何不同？试比较。
2. 你认为张宁应怎样才能成为一个较好的领导者？

张宁的领导方式	王静的领导方式

8.4 领导艺术

领导艺术是领导者个人素质的综合反映，是因人而异的。黑格尔说过“世界上没有完全相同的两片叶子”，同样也没有完全相同的两个人，没有完全相同的领导者和领导模式。有多少个领导者就有多少种领导模式。

8.4.1 领导艺术的含义与特点

领导者要卓有成效地工作，不仅需要有科学的领导理论做指导，更需要讲究领导艺术。所谓领导艺术，是领导者在一定的知识、经验、才能和智慧等因素的基础上，在履行领导职能的过程中，创造性地运用领导原则和方法的才能。也可以说，领导艺术是领导者的一种特殊才能。这种才能表现为创造性地灵活运用已经掌握的科学知识和领导方法，是领导者的智慧、学识、胆略、经验、作风、品格、方法、能力的综合体现。

领导艺术的特点体现在创造性、形象性、情感性和适度性这四个方面，如图 8.8 所示。

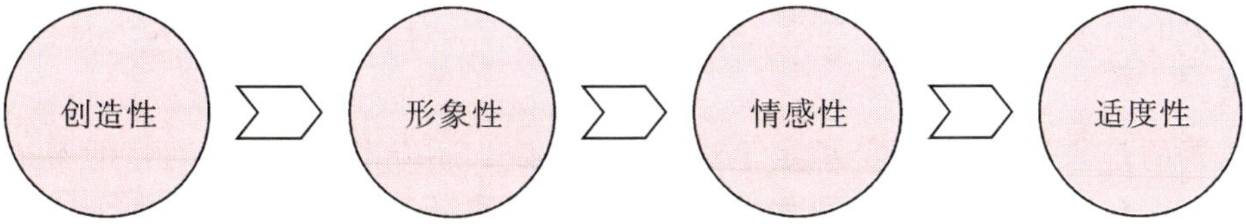

图 8.8　领导艺术的特点

(1) 创造性

领导艺术的创造性从广义上讲，有思维创新、方法创新、提出新方案和决策、创建新理论、形成新观念等。具有如下特征：第一，独创性或新颖性；第二，有效性或有用性；第三，灵活性。

(2) 形象性

领导艺术的形象性就是用鲜明、生动、具体的行为与事例去表现领导活动的内容，既要实现领导的目的，又要树立领导者良好的公众形象。领导形象包括领导者的人格形象和公众形象。

(3) 情感性

一个优秀的领导者必然是一个情感高尚而丰富并能出色地驾驭与表达自己情感的人。

(4) 适度性

领导艺术也必须掌握度的界限，在领导活动中要能把握时机、掌握分寸、恰到好处。

8.4.2 领导艺术的内容

(1) 用人的艺术

科学用人要做到以下五点：①知人善用，人尽其才；②用人如器，各取所长；③大胆用人，不拘一格；④疑人不用，用人不疑；⑤令行禁止，赏罚分明。

管理百科

李嘉诚的用人艺术

出身寒门的李嘉诚通过半个世纪的不懈努力和奋斗，从一个普通人成为商界名人并取得了令人瞩目的成就。每当提起他的成功，李嘉诚总是坦然告知，良好的处世哲学和用人之道是他成功的前提。

在总结用人心得时，李嘉诚曾形象地说："大部分人都有长处和短处，需各尽所能、各得所需、以量材而用为原则。这就像一部机器，假如主要的机件需要用五百匹马力去发动，虽然半匹马力与五百匹相比小得多，但也能发挥其部分作用。"李嘉诚这一番话极为透彻地点出了用人之道的关键。

（2）表扬与批评的艺术

表扬与批评是领导者必须掌握和运用好的最基本的领导艺术，下属有了成绩，领导者应及时加以肯定和赞扬；下属有了缺点和错误，领导者也应及时指出并加以批评，促其改正。

表扬的艺术——表扬不能满足于对成绩的肯定，还应当提出有针对性的希望，给受表扬者以新的目标，促使其更加发奋努力，为组织做出更大的贡献。作为领导者在进行表扬之前，归纳总结其成功的经验和有效的方法，可以在表扬的时候能够向他人详细介绍使大家能从中有所受益。

批评的艺术——批评也是引导，是一种警醒性的引导，这就要求领导者在对下属进行批评时，一定要讲究方式方法，讲究批评的艺术。要做到对症下药，抓住问题的实质；把准火候，点到为止；以理服人，帮助下属分析问题产生的原因及可能造成的影响；注意时机和场合，主要把握好批评的范围和批评的氛围。

（3）授权的艺术

授权是指领导者将自己职权范围内的一定权力给予自己的直接下属，并加以协调、控制、激励、检查、督促、评价使被授权的组织或个人在已明确的职权范围内，充分发挥各自的积极性、主动性和创造性。

合理授权可以使领导者从繁杂的事务中解脱出来，集中精力处理重大问题；授权可以调动下级的积极性、主动性，增强下级的信任感和责任感；有利于培养锻炼下属，充分发挥下属的专长，弥补领导者自身的不足。

（4）合理运用时间的艺术

领导者科学运用自己的时间是提高工作效率的关键之一。根据研究，时间在领导工作中的分布是极不均匀的，占领导工作数量80%的重要工作，只需占用20%的工作时间，领导者应把有限的时间用在自己应该做的领导工作上。为了更有效地利用时间，在时间管理上应注意以下几个方面：

①制订时间计划表，有计划地使用时间；
②集中分散的时间，减少时间的浪费；
③充分利用现代工具，提高时间使用效率；
④善于利用科学的方法，合理运筹时间。

管理现场 8.4

从曹操的用人观看他的领导艺术

东汉末年的三国是一个动荡的时代。“若建非常之功，必待非常之人”，从一定意义上说，三国的纵横捭阖、军事较量，是一场争夺人才的大战。曹操在革新吏制中选贤任能，使用得当，为后代坐江山打下了基础。

曹操前期的五位重要谋士——荀彧、荀攸、程昱、郭嘉、贾诩，都是主动投奔曹操的，其中有四个人来自曹操的对手的阵营，如郭嘉和荀彧是从袁绍那里投奔曹操的。在谋士郭嘉的眼里，曹操才是一个能够成就大事的人，所以他才毅然决然地离开袁绍投奔曹操。也就是说，人才都是择贤主而归附的，因为人才只有在一个好老板手下才会实现自己最大的人生价值。那么曹操怎么就是个好老板呢？他有以下几点表现：第一，知人善任，唯才所宜；第二，推诚取信，用人不疑；第三，令行禁止，赏罚分明；第四，虚怀若谷，见贤思齐。

曹操作为一个好老板，是非常会用人的，他十分清楚“争天下必先争人”。可是身处乱世，老板选择人才，人才也选择老板，这就类似于今天的双向选择，因此争取人才必须先征服人才的心。

1. 阅读材料，比照本节所学内容，分析总结曹操的领导艺术。
2. 曹操的领导艺术有哪些是可以应用到现代管理学中并值得领导者效仿学习的？

曹操的领导艺术精髓	
现代管理中的借鉴例子	

精要回顾

领导是那些能够影响他人并拥有管理权力的人影响群体成功地实现目标的过程。包含三个要素：追随者；影响追随者的能力或力量和通过影响部下实现组织目标。

领导的权力是指领导有目的地影响下属思想和行为的能力。美国管理学者弗兰奇和雷文将权力的类型划分为五种：法定权、奖励权、强制权、专长权和个人影响力。其中法定权、奖励权、强制权属于职位权力；专长权及个人影响力属于非职位权力。

领导特质理论也称伟人理论，是研究领导者的心理特质及其影响力与领导效能之间关系的理论。该理论侧重于领导者本身特质的研究，认为领导工作效能的高低与领导者的素质、品质或个性特质密切相关。

早期对领导作风的一些解释是根据领导者行为方式分类的，这种理论被称为领导的个人行为理论，着重研究领导者做些什么来完成管理工作。主要流派有勒温的三种领导方式理论；利克特的支持关系理论；领导行为四分图理论；管理方格理论和领导方式连续体理论。

领导权变理论也被称为情境理论，该理论认为领导的有效性不单纯取决于领导者的个人行为，某种领导方式在实际工作中是否有效主要取决于具体的情景和场合。主要流派有菲德勒权变理论；领导生命周期理论和路径—目标理论。

领导工作是认识活动和实践活动的统一，因此领导方法是指领导者为达到一定的领导目的，按照领导活动的规律而采取的各种方式、办法、手段、措施、步骤的总和。

领导艺术是领导者的一种特殊才能，是领导者在一定的知识、经验、才能和智慧等因素的基础上，在履行领导职能的过程中，创造性地运用领导原则和方法的才能。

重点概念

1．领导
2．领导权力
3．领导特质理论
4．领导行为理论
5．勒温领导方式理论
6．利克特的支持关系理论
7．领导行为四分图理论
8．管理方格理论
9．领导权变理论
10．菲德勒权变理论
11．领导生命周期理论
12．路径—目标理论
13．领导方法
14．领导艺术

管理工作坊－8

思考题

1. 领导的含义与作用?
2. 领导与管理的区别?
3. 领导特质理论有哪些主要流派和观点?
4. 领导行为理论有哪些主要流派和观点?
5. 领导方法和领导艺术的重要性?

操作题

请与你的组员一起，通过书刊、网络、企业、亲友等渠道寻找下列问题的答案，并带回充分的证据资料与大家分享：

1. 参照本章所学理论，对比自身，你认为自己具备哪些领导才能？请收集一两个你所敬仰的出色的领导者的故事与大家分享。

2. 举例试着运用本章所学理论对你现在的上司进行评价，如果你在他的位置，你将如何处理事件。

3. 苹果公司是全球第一大手机生产商，是全球最大的 PC 厂商，也是世界上市值最大的上市公司，其核心业务是电子科技产品。苹果的 Apple Ⅱ于 20 世纪 70 年代助长了个人电脑革命，其后的 Macintosh 接力于 20 世纪 80 年代持续发展。苹果公司在高科技企业中以创新而闻名，其最知名的产品包括 Apple Ⅱ、Macintosh 电脑、iPod 音乐播放器、iTunes 商店、iMac 一体机、iPhone 手机和 iPad 平板电脑等。2012 年 2 月底，苹果市值大涨，一举突破 5 000 亿美元关口。这一切都离不开苹果公司的灵魂人物乔布斯。虽然乔布斯已经离世，但是他给世界带来的变革是巨大的，影响是深远的。请从各个渠道（苹果公司网站、乔布斯传记等）收集资料，分析乔布斯在领导苹果公司发展中所展现出的才能、素质以及领导技巧。

学习档案

为了证明你在完成这一章的学习之后，已经掌握了相关的理论知识和技能技巧，达到了本章提出的学习目标，你需要提供以下资料：

1. 对本章“引导案例”的分析理解；

2. 对本章“管理现场”的分析理解；

3. 对本章“关键概念”的理解回答；

4. 对本章“管理工作坊－8”提出的“思考题”的分析理解，以及对“操作题”的完成情况（包括书面报告、口头演示、材料整理等）；

5. 在本章学习过程中的其他相关管理活动的参与情况、课外学习的成果（包括资料、方式证据与反馈等）。

9 激励

学习目标

通过本章的学习，要求：

1. 理解激励的含义与作用；
2. 掌握各种激励理论的基本内容及其原理；
3. 掌握激励的原则与基本方法；
4. 能够在实践中灵活运用各种激励理论。

内容结构图

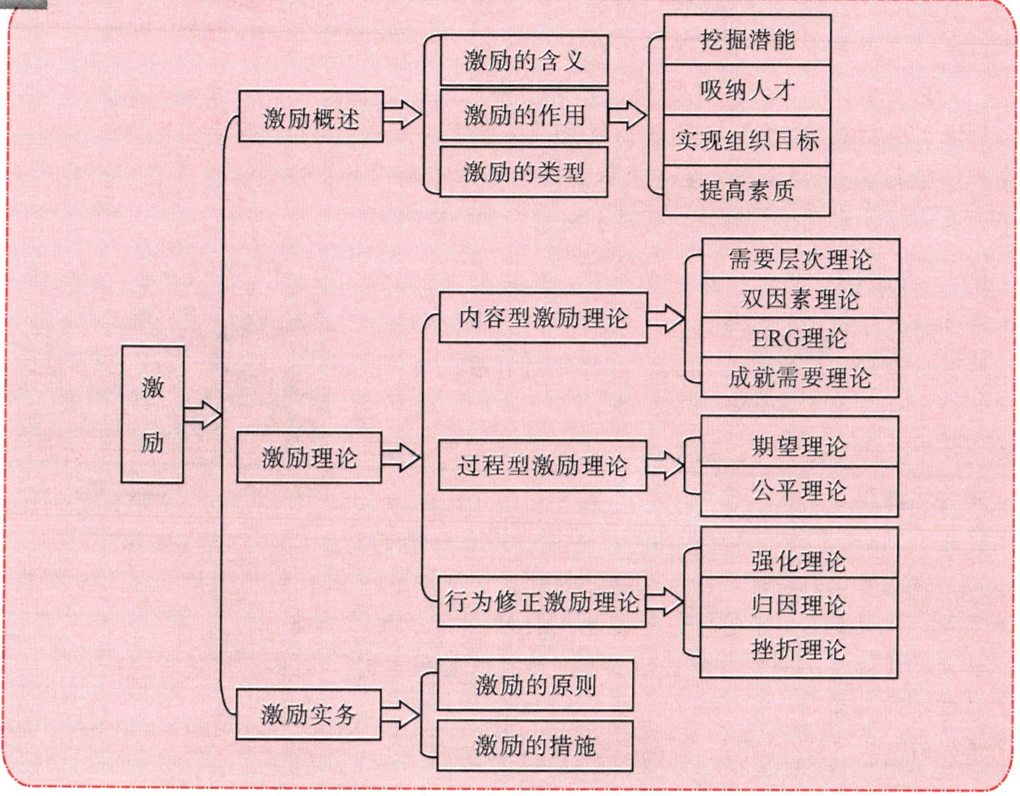

引导案例

猎人与猎狗的故事

目标 一条猎狗将兔子赶出了窝，一直追赶它，追了很久仍没有捉到。

羊看到此情景，讥笑猎狗说："你们两个之间，个子小的反而跑得快得多。"

猎狗回答："你不知道，我们两个跑的目的是完全不同的！我仅仅为了一顿饭，他却是为了性命！"

这话被猎人听到了。猎人想：猎狗说得对啊，我要是想得到更多的猎物，就得想个好法子。

骨头 于是，猎人买来几条猎狗，凡是能够在打猎中捉到兔子的，就可以得到几根骨头，捉不到的就没有饭吃。这一招果然有用，猎狗们纷纷去努力追兔子，因为谁都不愿意自己没吃的。过了一段时间，问题又出现了。大兔子非常难捉到，小兔子好捉，但捉到大兔子得到的骨头和捉到小兔子得到的骨头差不多。猎狗们非常善于观察，发现了这个窍门，于是专门去捉小兔子。

猎人知道后，经过思考，将分配方式改为根据猎狗捕捉的兔子的总重量决定其待遇。于是猎狗们捉到兔子的数量和重量都增加了。

猎人很开心。但是过了一段时间，猎人发现，猎狗们捉兔子的数量又少了，而且越有经验的猎狗，捉兔子的数量下降得就越多。于是猎人又去问猎狗。

猎狗说："我们把一生中最好的时间都奉献给了您，主人。但是我们会变老，当我们捉不到兔子的时候，您还会给我们骨头吃吗？"

骨与肉兼得 猎人决定论功行赏，规定如果捉到的兔子超过了一定的数量后，即使捉不到兔子，每顿饭也可以得到一定数量的骨头。一段时间过后，有一些猎狗达到了猎人规定的数量。这时，其中有一只猎狗说："我们这么努力，只得到几根骨头，而我们捉的猎物远远超过了这几根骨头，我们为什么不能给自己捉兔子呢？"于是，有些猎狗离开了猎人，自己捉兔子去了。

猎人意识到猎狗正在流失，并且那些流失的猎狗像野狗一般和自己的猎狗抢兔子。情况变得越来越糟，于是猎人再次进行了改革，使得每条猎狗除骨头外，还可以获得其所猎兔肉总量的N%，而且随着服务时间加长、贡献变大，该比例还可递增，并有权分享猎人总兔肉的M%。这样之后，连离开的猎狗也纷纷要求重新归队。

（资料来源：刘慧．猎人与猎狗——管与被管的技巧［M］．北京：中华工商联合出版社，2004.）

案例讨论

1. 猎人与猎狗的故事给你什么启示?

2. 请评价案例中猎狗的表现以及猎人对猎狗的激励措施。

3. 发挥你的想象，将猎人与猎狗的故事继续写下去。你觉得后来会发生什么? 猎人又该怎样应对?

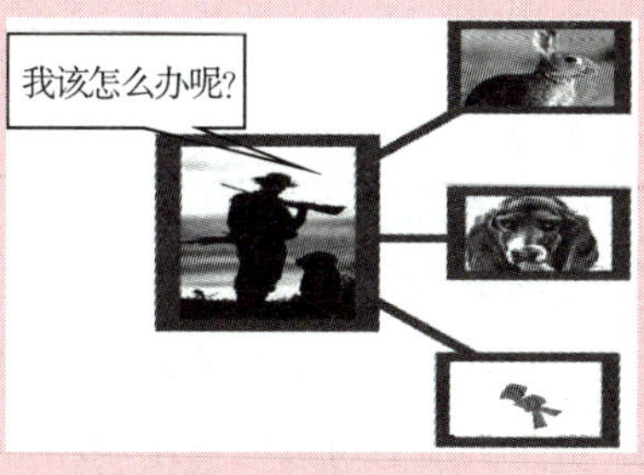

9.1 激励概述

9.1.1 激励的含义

激励有“激发”和鼓励的意思，是管理过程中不可或缺的环节和活动。员工的能力与天赋并不能直接决定他对组织的价值，因为其能力与天赋的发挥很大程度上取决于动机水平的高低。动机是一种精神状态，它对人的行动起激发、推动、加强的作用。如何在工作上激发员工的内在动机，调动全体员工的积极性和创造力，是人力资源管理的最高层次目标。也就是说，即使管理者拥有高素质的员工，并配备最好的设备，但如果没有对员工进行激励，没有激发员工努力工作的动机的话，就无法使员工有出色的表现，也就无法高效率地实现组织目标。

从管理的角度看，激励实质上就是激发人的动机的过程，是指管理者利用某种诱因，调动人的积极性和创造性，使人产生内在的动力，并朝向组织所期望的目标前进。激励的目标是使组织中的成员充分发挥出其潜在的能力。

而动机的产生源于人存在有未被满足的需要，这种未满足的需要引起紧张感，从而激发人的驱动力，这种驱动力就是动机。在一定条件的刺激下，动机促使人们采取某种指向期望目标的行为。如果行为的结果与期望目标相一致，就会产生一种满足感，从而产生新的需要；如果行为不能满足目标期望，行为者会调整目标或者调整行为，以期获得满足感。所以激励是个循环往复的过程（如图 9.1 所示）。

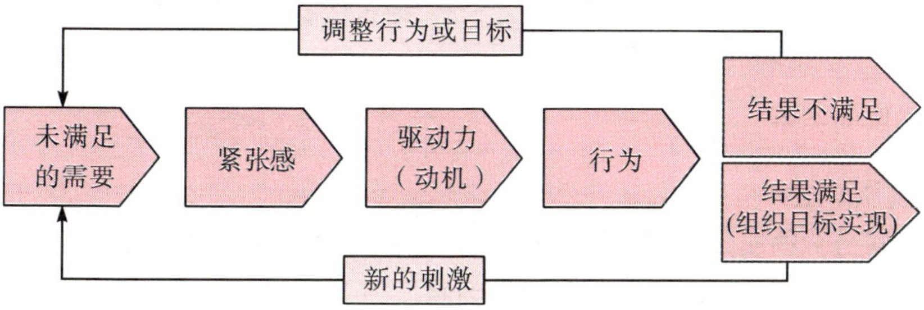

图 9.1 激励的过程

9.1.2 激励的作用

激励的主要作用是激发人们的积极主动性和创造力，从而更有效地达到预期目标。具体来说，激励的作用主要有以下几个方面：

（1）有利于挖掘人的潜能

美国哈佛大学的威廉·詹姆斯（W. James）教授在一项研究中发现，在按时计酬的分配制度中，员工一般发挥20% ~30%的能力就能保住饭碗。如果受到充分激励的话，员工的能力可以发挥出80% ~90%，两种情况之间60%的差距就是有效激励的结果。这让人感到惊讶，因为大多数企业领导者在企业效率不理想时，首先会想办法改进设备和工艺，却没想到手下的员工还有这么大的潜能没有被利用。如果能运用恰当的激励手段，使员工的潜能得到充分发挥，那么在相同的设备工艺条件下，企业将取得意想不到的巨大效果，因为员工的工作绩效是员工能力和受激励程度的函数，用公式可以表示为：

$$工作绩效 = F（能力 \times 激励）$$

（2）有利于组织吸纳人才

人才是企业最重要的战略资源，往往决定着企业的强弱盛衰，甚至生死存亡。有效的激励措施是吸引和留住优秀人才的重要手段。许多竞争力强、实力雄厚的企业，往往通过各种优惠政策、丰厚的福利待遇、快捷的晋升途径来吸引企业需要的人才。

（3）有利于实现组织目标

激励通过对员工的行为进行有目的地引导，促使员工的个人需要与组织目标趋向一致。个人目标是员工行为的基本动力，它与组织目标之间既有一致性，又存在许多差异。当两者发生冲突时，个人目标往往会阻碍组织目标的实现。科学的激励制度能引导员工认识到个人目标与组织目标的一致性，从而推动员工为完成任务而做出努力和贡献，促进个人目标和组织目标的共同实现。

（4）有利于提高员工和组织整体素质

激励推动员工采取行动。为了达到预期目标，员工会积极提升能力与素质，为了达到目标而做出努力。同时，激励能满足员工尊重、社交等多方面的心理需要，鼓舞士气，协调人际关系，进而增强组织积极向上的进取心和凝聚力，在提高员工个体素质的同时，提升了组织整体的素质。

9.1.3 激励的类型

（1）物质激励和精神激励

按内容可分为物质激励和精神激励。两者的最终目的是一致的，但作用的对象不同。前者作用于人们的生理方面，是对人们物质需要的满足；后者作用于人们的心理方面，是对人们精神需要的满足。

管理百科

警觉性实验

心理学家奥格登在1963年做了一个“警觉性实验”来研究激励作用对人的行为的影响。该实验把受试者分成A、B、C、D四个组，分别来辨别同一个光源的发光强度变化，若发觉有变化就向实验者报告。实验者对A组不给任何奖惩暗示；对B组每正确辨别一次奖5分钱，辨别错误一次罚1角；对C组实行个人竞赛，比谁的观察力最强；对D组实行集体竞赛，说明是跟别的组比哪一组的观察力最强。实验的结果是：A组绩效明显低于其他各组，C组的绩效最好，B组第二，D组第三。

这一实验说明，经过激励和未经激励的行为存在明显的差别，不同激励方式对行为结果的影响程度各不相同。

（2）正激励和负激励

从性质划分，可分为正激励和负激励。所谓正激励，就是当一个人行为表现为符合社会需要或组织目标时，通过表彰和奖励来保持和巩固这种行为，以达到调动积极性的目的。所谓负激励，是指当一个人行为不符合社会需要或组织目标时，通过批评或惩罚来减弱或抑制这种行为。

（3）内激励和外激励

从形式上划分，有内激励和外激励。所谓内激励是通过启发诱导的方式，激发人的主动精神，使他们的学习热情建立在高度自觉的基础上，充分发挥出内在的潜能。所谓外激励就是运用环境条件来制约人们的动机，以此来强化或削弱某种行为，进而提高学习意愿。内激励带有自觉性的特征，外激励则表现出某种程度的强迫性。

管理现场9.1

1 000元钱的作用

老邱大学毕业后白手起家，经过5年时间建立了一家做外贸的小公司。每年中秋节，他都会额外给员工发放一笔1 000元的奖金。开始的时候，大家都期待并兴奋着，很卖力地工作。但几年下来，老邱发现这笔奖金正在失去它应有的作用。员工在领取这笔钱时不再有当年的反应，每个人都像领取自己的薪水一样平和自然，甚至像是可有可无的样子。老邱心想，既然奖金不起作用，现在行业又不景气，公司还在赔钱呢，不如停发了吧，这样也可以为公司减少部分开支。

于是老邱在中秋节前宣布停发这笔钱，不料却掀起了轩然大波。公司里几乎每个人都在抱怨这个决定，许多人甚至显得情绪低落，工作效率也大受影响。老邱很困惑：为什么发奖金的时候，没有人注意它，更没有人会为此而努力工作，但取消奖金之后，大家的反应又如此之大呢？

1. 你觉得老邱当初给大家发1 000元奖金的初衷是什么？它起到作用了吗？

2. 请你解答老邱的困惑。（如果你在学完下一节之后再回来看这道题，你可能会有不同的解释。）

3. 你觉得老邱该怎么办？请给出建议。

老邱的初衷	请帮老邱解惑	你给老邱的建议

9.2 激励理论

自20世纪初的霍桑实验以来，行为研究成为管理学研究的重要内容。管理学家、心理学家和社会学家从不同角度对激励问题进行深入研究，并提出了许多激励理论。这些理论可以从不同角度进行归纳和分类，比较流行的分类方法是按照研究的侧重点的不同，划分为内容激励理论、过程激励理论和行为修正激励理论三大类（如图9.2所示）。

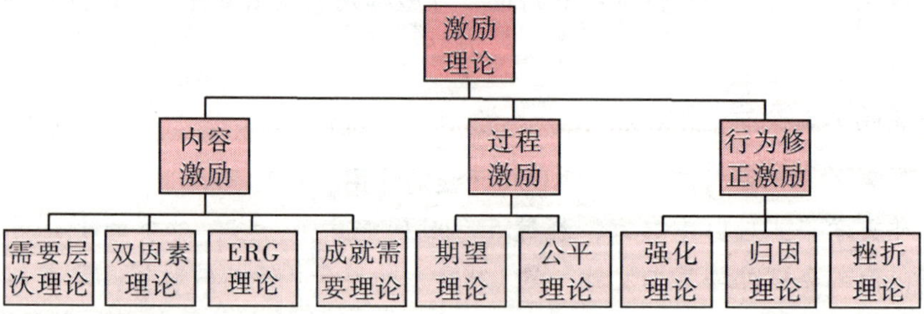

图9.2 激励理论的分类

9.2.1 内容型激励理论

内容型激励理论（Content Theory），就是针对激励的原因与起激励作用的因素的具体内容进行研究的理论。其中具有代表性的理论有马斯洛的需要层次理论、赫兹伯格的双因素理论、奥德弗的ERG理论和麦克利兰的成就需要理论。

（1）马斯洛的需要层次理论

亚伯拉罕·马斯洛（Abraham H. Maslow，1908—1970）在1943年提出的需要层次

理论认为，个体成长发展的内在力量是动机，而动机是由多种不同性质的需要所组成，各种需要之间，有先后顺序与高低层次之分；每一层次的需要与满足，将决定个体人格发展的境界或程度。

按照马斯洛的需要层次，人类的需要可分为生理需要、安全需要、社交需要、尊重需要和自我实现需要五个层次（如图9.3所示）。

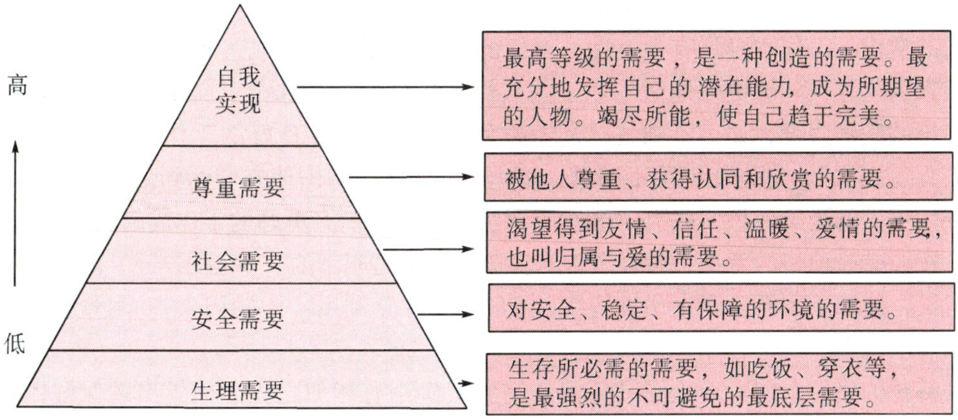

图9.3 马斯洛的需要层次理论

马斯洛认为，人的这五个层次的需要有轻重层次之分。当有多个层次的需要未得到满足时，那么满足最主要的需要就比满足其他需要更迫切，只有排在前面的那些属于低级的需要得到满足或基本满足，才能产生更高一级的需要。当一种需要得到满足后，另一种更高层次的需要就会占据主导地位。所以，如果希望激励某人，就必须了解此人目前所处的需要层次，然后着重满足这一层次或在此层次之上的需要。比如一个饥肠辘辘的人，他更渴望你给他几个馒头或面包，而不是你赞赏他长得如何英俊潇洒或出类拔萃。

（2）赫兹伯格的双因素理论

双因素理论又叫激励保健理论，由美国心理学家弗雷德里克·赫兹伯格（F. Herzberg）提出。20世纪50年代末期，赫兹伯格和他的助手们在美国匹兹堡地区对二百名工程师、会计师进行了调查访问。着手去研究哪些事情使人们在工作中获得快乐和满足，哪些事情造成不愉快和不满足。结果他发现，使职工感到不满的都是属于工作环境或工作关系方面的，使职工感到满意的都是属于工作本身或工作内容方面的。他把前者叫做保健因素，把后者叫做激励因素（如图9.4所示）。

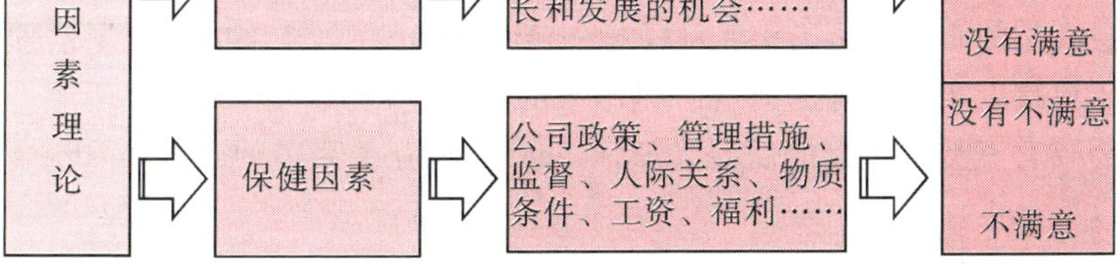

图9.4 赫兹伯格的双因素理论

保健因素指那些能消除不满但没有激励作用的外界因素，包括公司政策、管理措施、监督、人际关系、物质工作条件、工资、福利等。如果这些因素恶化到人们的接受水平以下，就会产生对工作的不满意。但当人们认为这些因素很好时，它只是消除了不满意，并不会导致积极的态度，这就形成了某种既不是满意、又不是不满意的中性状态。

激励因素是那些能带来积极态度、满意和激励作用的因素，包括：工作的成就感、上司的赏识、工作本身具有挑战性、增加的工作责任，以及成长和发展的机会等。这些因素的改善，能够更好地激发职工的热情和积极性。从这个意义出发，赫兹伯格认为传统的激励假设，如工资刺激、人际关系的改善、提供良好的工作条件等，其实属于“保健因素”，它们能消除不满意，防止产生问题，但即使它们达到最佳程度，也不会产生更大的激励效果。只有“激励因素”才能使人们有更好的工作成绩。

按照赫兹伯格的意见，管理者首先应该注意满足职工的“保健因素”，防止职工消极怠工，使职工不至于产生不满情绪，同时还要注意利用“激励因素”，尽量使职工得到满足的机会。

赫兹伯格的双因素理论同马斯洛的需要层次论有相似之处。他提出的保健因素相当于马斯洛提出的生理需求、安全需求、社交需求等较低级的需要；激励因素则相当于尊重需要、自我实现需要等较高级的需要。当然，他们的具体分析和解释是不同的。但是，这两种理论都没有把“个人需要的满足”同“组织目标的实现”这两点联系起来。

管理百科

赫兹伯格

弗雷德里克·赫兹伯格（F. Herzberg）是美国心理学家，曾获得纽约市立学院的学士学位和匹兹堡大学的博士学位，以后在美国和其他三十多个国家从事管理教育和管理咨询工作，是犹他大学的特级管理教授。

赫兹伯格的主要著作有：《工作的激励因素》、《工作与人性》、《管理的选择：是更有效还是更有人性》。双因素理论是他最主要的成就。在工作丰富化方面，他也进行了开创性的研究。

（3）奥德弗的ERG理论

“ERG”理论是“生存—相互关系—成长需要”理论的简称，又称为成长理论，是由美国耶鲁大学的心理学家奥德弗（Clayton Alderfer）在马斯洛的需要层次理论的基础上，进行了更接近实际经验的研究，提出来的一种新的人本主义需要理论。奥德弗认为，人的需要有三类：生存的需要（Existence）、相互关系需要（Relatedness）和成长发展需要（Growth）。

①生存需要，指关系到人的生存的生理需要和物质需要，如吃、住、睡等。工作

组织为保障这些需要而提供的报酬如薪金、福利、工作环境等基本条件属于这一类需要。这一类需要大体上和马斯洛理论中的生理需求和某些安全需求相对应。

②相互关系需要。指发展人际关系（或称为社会关系）的需要。这种需要通过工作中与他人接触交往、与他人分享情感和互相关怀中得到。这一类需要类似马斯洛理论中的某些安全需求、社交需求和某些尊重需求。

③成长需要，指个人自我发展和完善的需要，它指人不仅要求充分发挥个人潜能、有所作为和成就，而且还有开发新能力的需要。这一类需要可与马斯洛理论中某些尊重需求及整个自我实现需求相对应。

ERG 理论对需要的分类并没有超越马斯洛的需要理论的范围，它们的主要不同之处在于：按照马斯洛的理论，需要的满足是上升式前进的，即低层次的需要满足后产生高层次的需要。ERG 理论则认为，某种需要得到满足后，可能去追求更高层次的需要；但当追求较高级的需要受到挫折时，会倒退至较低级的需要。比如，社会关系的满足越少，就可能会越多地追求薪金的满足。另外，某些需要在得到基本满足后，其强烈程度不仅不会减弱，还可能会增强。比如，基本的薪金要求得到满足后，可能会要求更高的薪水。

<table>
<tr><td>高 ↑</td><td>自我实现需要</td><td rowspan="2">成长需要</td><td>高 ↕</td></tr>
<tr><td></td><td>尊重需要</td><td></td></tr>
<tr><td></td><td>社交需要</td><td>关系需要</td><td></td></tr>
<tr><td></td><td>安全需要</td><td rowspan="2">生存需要</td><td></td></tr>
<tr><td>低</td><td>生理需要</td><td>低</td></tr>
<tr><td></td><td>马斯洛的需要层次理论</td><td>奥德弗的 ERG理论</td><td></td></tr>
</table>

图 9.5 ERG 理论与马斯洛需要层次理论

4）麦克利兰的成就需要理论

成就需要理论也称三种需要理论，是20 世纪50 年代初期，美国哈佛大学的心理学家戴维·麦克利兰（David C. McClelland）对人的成就需要进行了大量的研究后提出的一种新的内容型激励理论。麦克利兰认为，人在生存需要基本得到满足的前提下表现出来的最主要的需要有三种：成就需要（Achievement）、权利需要（Power）和归属（或称亲和）需要（Affiliation）。

①成就需要是一种追求卓越，不断挑战，争取（希望）做到最好的欲望。成就需要高的人，对胜任和成功有强烈的要求，他们喜欢表现自己，热衷于接受挑战，敢于冒风险，愿意承担责任，往往为自己树立有一定难度而又不是高不可攀的目标，喜欢那些能发挥其独立解决问题能力的环境。在管理中，只要给他提供合适的环境，他就会充分发挥自己的能力。

②权力需要是一种影响或控制他人且不受他人控制的欲望。权力需要较强的人喜欢追求和影响别人，对施加影响和控制表现出很大的兴趣，愿意承担需要的竞争，喜

欢能够取得较高的社会地位的工作。

③归属需要即建立友好亲密的人际关系的需要。具有归属和亲和关系需要的人，通常从友爱、情谊、人与人之间的社会交往中得到欢乐和满足，并总是设法避免因被某个组织或社会团体拒之门外而带来的痛苦。他们喜欢合作而不是竞争，渴望获得他人赞同，高度服从群体规范，忠实可靠。

麦克利兰的动机理论在企业管理中很有应用价值。首先，在人员的选拔和安置上，测量和评价一个人动机体系的特征对于如何分派工作和安排职位有重要的意义。其次，由于具有不同需要的人需要不同的激励方式，了解员工的需要与动机有利于合理地建立激励机制。最后，麦克利兰认为动机是可以训练和激发的，因此可以训练和提高员工的成就动机，以提高生产率（见表9.1）。

表9.1　　四种内容型需要理论对比

赫兹伯格的双因素理论	马斯洛的需要层次理论	奥德弗的ERG理论	麦克利兰的成就需要理论
激励因素	自我实现需要	成长需要	成就需要
	尊重需要	关系需要	权力需要
	社交需要		归属需要
保健因素	安全需要	生存需要	
	生理需要		

9.2.2　过程型激励理论

内容型激励理论研究的是"什么样的需要会引起激励"，它说明了激发、引导、维持和阻止人的行为的因素，解释"什么会使员工努力工作"的问题。过程型激励理论研究的是"激励是如何产生的"，探讨人的行为是怎样被激发、引导、维持和阻止的，解释"为什么员工会努力工作"和"怎样才能使员工努力工作"这两个问题。其代表理论有弗鲁姆的期望理论和亚当斯的公平理论等。

（1）弗鲁姆的期望理论

维克多·弗鲁姆（V. Vroom）1964年在《工作与激励》一书中提出的期望理论认为，人们之所以采取某种行为，是因为他觉得这种行为可以有把握地达到某种结果，并且这种结果对他有足够的价值。换言之，动机激励水平取决于人们认为在多大程度上可以达到预期的结果，以及人们判断自己的努力对于个人需要的满足是否有意义，用公式来表示即：

$$激发力量(M) = 效价(V) \times 期望值(E)$$

（其中：M = Motive Force；　V = Value；　E = Expectancy）

M：激发力量，指是动机的强度，即人们为达到预期目标而做出的努力程度。

V：效价，指目标对于满足个人需要的价值，即人们对预期结果的偏爱程度。

E：期望值，指采取某种行为可能导致满足需要的概率，即采取某行为对于实现目标的可能性大小。

这个公式表明，推动人们去实现目标的力量，是两个变量的乘积。效价越高，期望值越大，激发力量就越大；反之反是。如果其中一个变量为零（毫无意义或毫无可能），则激发力量也就等于零。这就说明了为什么非常有吸引力的目标，有时也会无人问津。这一点是内容型激励理论所无法解释的。

根据期望理论，行为与目标之间的关系可以用过程模式来表示，如图 9.6 所示。

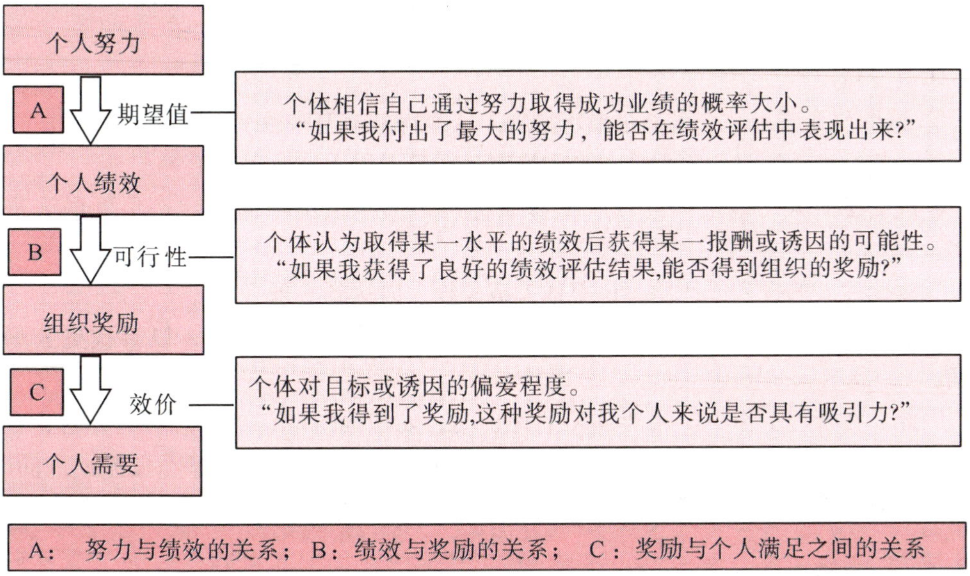

图 9.6　期望理论关于激励的过程

（2）亚当斯的公平理论

公平理论，又称社会比较理论，由美国心理学家约翰·亚当斯（John S. Adams）于 1965 年提出，侧重于研究工资报酬分配的合理性、公平性及其对职工生产积极性的影响。

亚当斯认为，所有人都期望他在工作中的付出和获得的报酬之间保持一定的关系。这里的付出（O）包括时间、精力、经验和能力等；报酬（I）则包括收入、晋升机会、假期、各种津贴等。人们往往通过纵向比较和横向比较来判断其所获报酬。人们不仅受其所得的绝对报酬的影响，而且也受到相对报酬的影响。这就是说，一个人既关心自己收入的绝对值（实际收入），也关心自己收入的相对值（与他人收入比较）。两种比较结果相等时，就公平；公平就能激励人。反之，就会使人感到不公平；不公平就产生紧张、不安和不满情绪，影响工作积极性的发挥（如图 9.7 所示）。

比较的结果	员工的感觉	注释
$\frac{O_p}{I_p} < \frac{O_c}{I_c}$	不公平（报酬过低，吃亏感）	O_P—自己的报酬 I_P— 自己的付出 O_C— 别人的报酬 I_C— 别人的付出
$\frac{O_p}{I_p} = \frac{O_c}{I_c}$	公平（满意）	
$\frac{O_p}{I_p} > \frac{O_c}{I_c}$	不公平（报酬过高，负疚感）	

图 9.7　亚当斯的公平理论

根据公平理论，如果员工经过比较后感觉不公平，就会采取措施来消除不公平的感觉。通常采用的方法有：

①改变付出。

② 试图改变成果。个人通过要求增加工资或得到提升来改变付出与回报的比率。

③调整心理。通过心理调节，自我安慰，调整对投入感成果的感觉。

④改变参照人。包括提高或降低参照标准，选择付出与回报比率更低的人进行对比。

⑤改变他人的投入或产出。说服他人减少投入以达到心理平衡。

⑥改变环境。当长时间难以消除不公平感时，员工可能离职，以寻找更公平的环境。

因此，在管理工作中应用亚当斯的理论时，要加强对职工的思想教育，防止在工作评定中贬低别人、抬高自己、拨弄是非、左右舆论、制造矛盾等不良倾向。同时，在激励时应力求公正，使等式在客观上成立，不致造成严重的不公平感。

9.2.3　行为修正激励理论

前面两种激励理论主要着眼于如何激发人的动机，使其产生组织所期望的行为。与这些理论不同的是，行为修正激励理论不仅考虑积极行为的引发和保持，更注重消极行为的引导和改造。这类研究的代表性理论有以行为主义为基础的强化理论，以人本主义为基础的归因理论，还有两者结合的挫折理论（见图 9.8）。

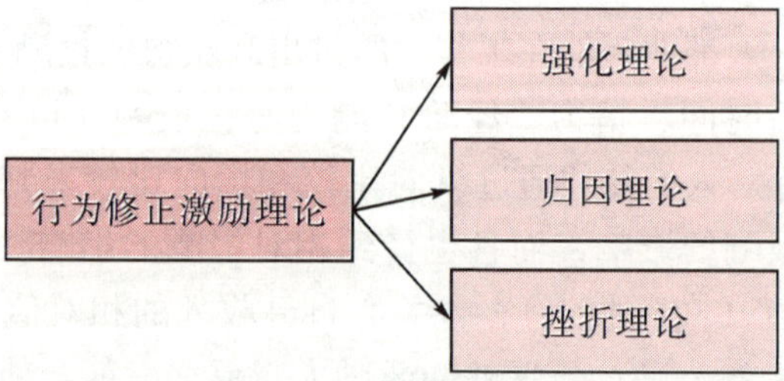

图 9.8　行为修正激励理论的主要代表

（1）强化理论

强化理论是美国心理学家和行为学家斯金纳（Burrhus Frederic Skinner）等人提出的一种理论，也称为行为修正理论。强化理论是以学习的强化原则为基础的关于理解和修正人的行为的一种学说。所谓强化，从其最基本的形式来讲，指的是对一种行为的肯定或否定的后果（报酬或惩罚），它至少在一定程度上会决定这种行为在今后是否会重复发生。

根据强化的性质和目的，可把强化分为正强化和负强化。从管理的角度，正强化就是奖励那些组织上需要的行为，从而加强这种行为；负强化就是惩罚那些与组织不相容的行为，从而削弱这种行为。正强化的方法包括奖金、对成绩的认可、表扬、改善工作环境和人际关系、提升、安排担任挑战性的工作、给予学习和成长的机会等。负强化的方法包括批评、处分、降级等，有时不给予奖励或少给奖励也是一种负强化。

斯金纳认为，正强化可使员工受到鼓励和肯定从而自觉地加强该行为；负强化可以使员工感受到物质利益的损失和精神的痛苦从而自动放弃不良行为。他主张强化的重点应该多采用奖励等正强化而少采用惩罚等负强化。尽管惩罚措施对于消除不良行为的效果很快，但是它的效果经常只是暂时的，并且可能会导致矛盾冲突。同时，还要依照强化对象的不同采用不同的强化措施。因为人们的年龄、性别、职业、学历、经历不同，需要就不同，强化方式也应不一样，如：有的人更重视物质奖励，有的人更重视精神奖励，就应区分情况，采用不同的强化措施，以达到有效激励员工行为的目的。

管理百科

小白鼠实验与强化理论

斯金纳曾经做过这样一个心理实验：他把一只饥饿的小白鼠放到一个箱子里，箱子里装有一个杠杆，按压这个杠杆就会出现一粒食物。开始，小白鼠偶尔跳到杠杆上，压出了一颗食物，它吃了。这样进行多次之后，只要把小白鼠放进箱子里，它就会去按压杠杆，以便获得食物。当饥饿的白鼠按动开关时给予食物，食物便是正强化物。当某种刺激在有机体环境中消失时，反应概率增加，这种刺激便是负强化，是有机体力图避开的那种刺激。例如，当处于电击状态下的白鼠按动开关时停止电击，停止电击就是负强化。

这样的发现也给心理治疗带来了重要的启示：既然人们的行为是由行为的后效来塑造的，那么，有意识地设置一些环境条件，使特定的行为产生特定的后效，就可以人为地控制和塑造行为。例如鲁滨逊应用代币强化的方法，对18个多动及学习成绩差的三年级孩子进行治疗，以提高他们的阅读及词汇能力。代币是一些彩色的圆牌儿，当孩子们完成指定的作业时就可得到它，拴在手腕上。他们用这些代币，可以兑换15分钟的打乒乓球或玩电子游戏机的时间。研究人员观察发现，当代币作为强化物时，学生们完成指定作业的数量便急剧增加。

（2）归因理论

归因理论是美国心理学家弗里茨·海德（Fritz Heider）在其1958年出版的《人际关系心理学》中首先提出的，后来一些学者如韦纳、凯利、琼斯等人在此基础上陆续提出了一些新理论。20世纪70年代，归因研究成为美国社会心理学研究的中心课题。

归因理论是说明和推论分析人们活动的因果关系的理论。不同的归因会直接影响人们的工作态度和积极性，进而影响随之而来的行为和工作绩效；对过去成功或失败的归因，会影响将来的期望和坚持努力的行为。例如，一个人如果把自己失败的原因归结为运气不佳，则其下次的行为将是不稳定和难以控制的。

如果人们把失败看成是必然的或者是自己无能为力的，就会降低以后从事同样行为的动机；反之，如果将失败看成是偶然的或是自己可以主动控制的，就可能保持甚至增强类似行为的动机，努力争取下次的成功。

归因理论给管理者以很好的启示：当员工在工作中遭受失败后，要帮助他寻找原因（归因），引导他继续努力，争取下一次成功。将成功归因于自己的努力，则会增强人们行为的持续性和积极性，有助于取得成就。

（3）挫折理论

挫折理论是关于个人的行为受到阻碍后，如何解决问题并调动积极性的激励理论。挫折是一种个人主观的感受，同一遭遇对不同的人会造成不同影响，有些人可能感受到强烈的挫折，而对另外的人则并不一定构成挫折。

挫折具有两重性，它可以是坏事，也可以是好事。从好的方面来讲，挫折可以使人认识错误，接受教训，可以磨炼意志，激励奋发，从逆境中奋起，可以提高人的能力，真正使失败成为成功之母。但如果挫折过大，可以使人消极颓废，一蹶不振，激化矛盾，产生偏差行为。从这一点说，挫折是坏事。对挫折的态度不同，会使人们产生不同的受挫后的行为表现（如表9.2所示）。

表9.2　受挫后的不良行为表现

	行为	表现
挫折可能造成的不良行为表现	攻击	对构成挫折的直接成因对象或替代者进行攻击、谩骂等发泄
	固执	不由自主地坚持重复某种无效的行为，并找各种理由为之进行辩解
	冷漠	对一切都不感兴趣，心灰意冷
	幻想	不能面对现实，做白日梦，企图以幻想替代现实
	退化	幼稚行为，如又哭又闹、骂人、耍赖、蒙头大睡、装病不起等
	焦虑	打击造成紧张、忧虑、恐惧等心理和生理反应，无法正常工作

为了避免挫折可能导致的严重后果，管理者一方面应该尽量消除导致挫折的环境因素，避免员工受到不应有的挫折；另一方面，当员工不可避免地受到挫折时，应该给予一定的宽容，减轻挫折所引起的不良影响，以免受挫者产生不当行为。另外，管理者要设法帮助受挫者摆脱困境，引导其行为向积极方向发展。

管理现场 9.2

人事经理的建议

长期困扰前景钢制品公司高层管理人员的一个问题是：生产车间的工人似乎对他们的工作缺乏兴趣，其结果是产品质量不得不由检验科来保证。公司高层为此进行调查并试图找到对策。

人事经理查理的报告指出：首先，由于公司的工会组织历来很强势，所以公司人事部门对于公司雇佣和解聘工人很少有控制权。其次，他发现车间的工作其实是很单调和非常辛苦的，所以公司不应该期望工人对于这种工作除了领取工资之外还能有什么兴趣。

不过，查理报告说，如果公司愿意，相信还是有办法提高工人的兴趣的。比如，如果让工人承担的工作范围扩大的话，必然会提高工作质量和减低缺勤率。

查理向公司提了两个建议：①培训工人，让他们掌握集中操作技能，不是只做一项简单的工作。②工人每星期轮流换班，从生产线的一个位置换到另一个位置。

1. 前景钢制品公司存在哪些方面的问题？
2. 你同意查理的建议吗？他的建议运用了什么理论？
3. 你有没有其他方法来解决前景公司目前存在的问题？请提出建议并说明理由。

前景公司的问题	查理运用的理论	其他建议

9.3 激励实务

前面介绍了几种主要的、具有代表性的激励理论，管理者在实践中应该如何运用它们呢？在这方面，其实没有一个放之四海而皆准的行动指南，这也是为什么激励理论会呈现百家争鸣的局面的原因。通过各种激励理论，我们了解到人的需要是多种多样的，追求是永无止境的，管理者应该根据具体的管理情景和员工的特点，把握一定的激励原则，采用多样化的激励措施。

9.3.1 激励的原则

（1）组织目标与个人目标相结合的原则

目标设置在激励机制中是一个关键环节。组织目标的设置必须同时体现员工个人需要的要求，否则无法提高员工的积极性，达不到理想的激励效果。因此，要将组织目标和个人目标有效地结合起来。

（2）物质激励和精神激励相结合的原则

每个人都有物质和精神两方面的需要，企业提供的激励措施应该兼顾这两方面的需要。物质激励是基础，精神激励是根本，在两者结合的基础上，逐步过渡到以社交、自尊和自我实现等较高层次的精神激励为主。

（3）正激励与负激励相结合的原则

正激励就是对员工的符合组织目标的期望行为进行奖励。负激励就是对员工违背组织目的的非期望行为进行惩罚。奖优罚劣，扶正祛邪。正负激励都是必要而有效的，不仅作用于当事人，而且会间接地影响周围其他人，有助于形成良好的企业文化。

（4）按需激励原则

有效的激励应以满足员工的需要为前提，但员工的需要因人而异、因时而异。另外，员工同时会有多种需要存在，只有满足其最迫切的需要，其激励强度才大。因此，管理者应该深入调查，不断了解员工需要层次和需要结构的变化趋势，有针对性地采取激励措施，才能收到实效。

（5）时效性原则

要把握激励的时机，“雪中送炭”和“雨后送伞”的效果是不一样的。激励越及时，越有利于将人们的激情推向高潮，使其创造力连续有效地发挥出来。

（6）公平性原则

管理者在处理员工问题时，一定要做到公平、公正。因为如果员工感到的任何不公的待遇都会影响他的工作效率和工作情绪，并且影响激励效果。取得同等成绩的员工，一定要获得同等层次的奖励；同理，犯同等错误的员工，也应受到同等层次的处罚。否则，宁可不奖励或者不处罚。

9.3.2 激励的措施

（1）物质激励

常见的物质激励包括工资、奖金、福利、股份以及各种实物奖品等。每个人都需要物质的支持和保障。如果一个单位不能保证员工基本的生活所需，那么就失去了激励的基础。大部分员工如果在单位不能按时拿到工资、奖金等，他们的积极性就不复存在。

根据马斯洛的需要层次理论，人的需要随着较低层次需要的满足，不断向高层次需要发展。因此，人们不可能会满足于只够吃饱的薪金水平。如果管理者能将奖金等物质奖励与员工的绩效挂钩，会促使员工的行为朝向组织既定目标发展，给企业带来明显效益。为了达到激励的目的，物质激励应该有一个明确的标准，并且从量上讲要足以引起员工的兴趣。

（2）精神激励

每个人都有荣誉感。当员工取得一定成绩后，都渴望得到大家（尤其是领导者）的认可。被注意、被重视、被认可、被赏识是人最强大的动力之一。所以，当领导者适时地向取得成绩的员工表示认可或赞赏时，会对员工产生很大的激励作用。

精神激励的形式很多，常见的有授予荣誉称号，颁发证书、奖状；授予一定特权；对其进行专门的宣传报道等。这些激励方式效果好、成本低，是很有价值的激励措施。

（3）情感激励

积极的情感可以提高人的活动能力，消极的情感削弱人的活动能力。在工作中，具备积极情感的人通常有积极的心态和进取心，有着较高的工作效率；而具有消极情感的人通常工作效率较低。因此，管理者尽可能运用情感激励的方式来培养带动员工的积极情感，消除和抑制消极情感。

根据需要层次理论、归因理论、成就需要理论等可以得知，管理者通过满足员工的情感需要，能使员工产生很强的归属感，从而产生激励作用。因此，当员工生活、家庭、工作中遇到困难或挫折时，领导者应给予及时的同情、关心和爱护，设法帮助其解决困难。领导者若能在平时注意与员工打成一片，保持良好的情感沟通，会产生意想不到的激励效果。

（4）目标激励

目标激励就是给员工设定一个具体的且有一定难度的目标，以此诱使员工努力工作，达到调动员工积极性的目的。目标作为一种诱因，具有引发、导向和激励的作用。一个人只有不断引发对高目标的追求，才能激发其内在动力。

每个人都有成就感的需求。管理者就是要将每个员工内心深处的潜在的目标挖掘出来，并协助他们制定详细的实施步骤，在随后工作中引导和帮助他们努力实现目标。当每个员工的目标强烈和迫切地需要实现时，他们就对企业的发展产生热切的关注，对工作产生极大的责任感，平时不用别人监督就能自觉地把工作做好。这种目标激励会产生强大的效果。例如：我们在管理实践中所采用的向每一名销售人员分配销售指标的办法，企业内部为控制成本而给各部门下达费用指标的办法即是采取的目标激励的办法。

（5）责任激励

大部分人都希望能够担任一定的职务。管理者应该帮助员工找到适合自己特点的事情并负起一部分责任，并且经常让员工参与企业的重大问题的决策，使员工感受到组织对自己的重视，感觉到自己是主人翁，应该对工作尽到主人翁的责任，从而激励员工发挥自己的积极性和创造性。

（6）晋升激励

晋升激励是通过给员工提供职位晋升的机会来激励员工。职位晋升对组织的管理人员来说，可能是最有吸引力的激励措施。因为晋升意味着工作业绩得到承认，可以享有更大的权力，满足更高层次的需要，通常也会带来施展才能和创造更大成就的机会，因此，晋升会激励人们更加努力地工作，发挥潜能。因此，组织应该制定一套通畅的晋升系统和健全的人才培养机制，给员工创造晋升的机会。

（7）授权激励

管理人员若没有了权力，就无法开展相应的工作。针对管理人员的权力需要，高层管理人员要善于对低层管理人员进行授权，赋予他们相应的权力，通过授权调动他们的积极主动性和创造性，使他们在工作中体验成就感和满足感，进而更加努力工作。在对管理人员进行授权时，领导者应该处理好集权与分权的关系。

（8）惩罚激励

按照强化理论，惩罚也是一种激励。惩罚激励是指组织通过惩罚的手段，诱导员工放弃不符合组织需要的不良行为的一种激励措施。惩罚激励一般根据已定的员工行为规范来确定相应的惩罚标准和方式。常见的惩罚手段很多，如扣工资、扣奖金、罚款、赔偿、批评、降职、解雇等。组织通过使用惩罚手段，一方面促使员工修正违规行为并采用符合组织需要的行为，另一方面，起到"杀一儆百"的作用，激励未违规的员工自觉遵守组织规范。

管理现场 9.3

激励的泥潭

广州番禺A公司，是一家生产游戏机外壳的生产厂商，由于把握住了市场高速发展的大好机遇，2009年的产值和利润较2007年分别增长了10倍和16倍，年盈利达500万元。厂长王先生很高兴，想乘胜加速发展。他看着手里的钱，盼着工人更加努力工作，于是就想发挥金钱的作用。月平均奖金不断加码、文体活动给钱、参加会议发钱，干什么事都和钱联系起来，以至于生产计划都是在酒桌上订出来的。

结果却是"赔了夫人又折兵"，钱花掉了不少，公司却问题百出：一个老员工嫌奖金比别人少了，故意把合格品捣毁成废品；另外几个青年员工觉得奖金增长比别人慢，偷了厂里的东西去变卖；一个女工闹情绪，上班打开水龙头，淹了价值万元的产品；工厂蔓延着享乐的风气，办事员上班时间在办公室里上网"偷菜"，车间工人与流水线组长在厂区玩扑克"斗地主"。工厂如同陷进了泥潭，逐渐由盈变亏，2010年亏损额达70万元……

王厂长急得抓耳挠腮……

1. A公司的激励机制出现了什么问题？违反了哪些激励原则？
2. 请你针对A公司目前的情况，设计适合的激励方案。

A公司的激励问题		你的激励建议	

精要回顾

激励实质上就是激发人的动机的过程，是指管理者利用某种诱因，调动人的积极性和创造性，使人产生内在的动力，并朝向组织所期望的目标前进。对于企业来说，激励的作用是激发人们的积极主动性和创造力，从而更有效地达到预期目标。激励的类型包括物质激励、精神激励、正激励、负激励、内激励和外激励。

自20世纪初的霍桑实验以来，行为研究成为管理学研究的重要内容。管理学家、心理学家和社会学家从不同角度对激励问题进行深入研究，并提出了许多激励理论。这些理论可以从不同角度进行归纳和分类，比较流行的分类方法是按照研究的侧重点的不同，划分为内容激励理论、过程激励理论和行为修正激励理论三大类。

内容型激励理论，就是针对激励的原因与起激励作用的因素的具体内容进行研究的理论。它研究的是“什么样的需要会引起激励”，它说明了激发、引导、维持和阻止人的行为的因素，解释“什么会使员工努力工作”的问题。其中具有代表性的理论有马斯洛的需要层次理论、赫兹伯格的双因素理论 、奥德弗的ERG理论和麦克利兰的成就需要理论。

过程型激励理论研究的是“激励是如何产生的”，探讨人的行为是怎样被激发、引导、维持和阻止的，解释“为什么员工会努力工作”和“怎样才能使员工努力工作”这两个问题。代表理论有弗鲁姆的期望理论和亚当斯的公平理论等。

行为修正激励理论不仅考虑积极行为的引发和保持，更注重消极行为的引导和改造。这类研究的代表性理论有以行为主义为基础的强化理论，以人本主义为基础的归因理论，还有两者结合的挫折理论。

在管理实践中，对于如何进行有效激励其实没有一个放之四海而皆准的行动指南，管理者应该根据具体的管理情景和员工的特点，把握一定的激励原则，采用多样化的激励措施。应该把握的激励原则主要包括：①组织目标与个人目标相结合的原则；②物质激励和精神激励相结合的原则；③正激励与负激励相结合的原则 ；④按需激励原则；⑤时效性原则；⑥公平性原则。常用的激励措施包括：物质激励、精神激励、情感激励、目标激励、责任激励、晋升激励、授权激励和惩罚激励。

重点概念

1. 动机
2. 激励
3. 正激励
4. 负激励
5. 内容型激励理论
6. 过程型激励理论
7. 行为修正激励理论
8. 需要层次理论
9. 双因素理论
10. ERG理论
11. 成就需要理论
12. 期望理论
13. 公平理论
14. 强化理论
15. 归因理论
16. 挫折理论

管理工作坊-9

思考题

1. 什么是激励？激励的作用是什么？
2. 激励理论有哪些分类？不同类别的激励理论的研究重点是什么？
3. 内容型激励理论主要包括哪些理论？它们之间的联系与区别是什么？
4. 根据期望理论，激发力量的大小取决于哪些因素？
5. 在实践中使用激励手段应该遵循哪些原则？

操作题

请与你的组员一起，通过书刊、网络、企业、亲友等渠道寻找下列问题的答案，并带回充分的证据资料与大家分享：

1. 美国行为科学家爱德华·劳勒和莱曼·波特在1968年的《管理态度和成绩》一书中提出一个“综合激励模型”。这是一个在20世纪60~70年代非常有影响的激励理论，在今天看来仍有现实意义。请感兴趣的同学收集有关资料，学习研究这一理论，并与老师、同学交流学习心得。

2. 深入调查一家你熟悉的企业，了解企业通常使用哪些激励措施？这些措施的理论依据是什么？企业员工对这些激励措施的反应如何？请评价激励的效果并提出建议（如果有）。

3. 世界500强企业之一的华为技术有限公司是全球最大的电信网络解决方案提供商，其产品与方案应用于全球140多个国家，服务全球营运商50强中的45家及全球1/3的人口，拥有员工几万人。从一家私营企业成长为电信服务巨头，华为的员工激励手段发挥着重大的作用并且为人所津津乐道。请登录华为公司网站或者从其他可行的渠道，收集有关华为的员工激励的信息资料，并进行分析评价，写成学习报告。

学习档案

为了证明你在完成这一章的学习之后，已经掌握了相关的理论知识和技能技巧，达到了本章提出的学习目标，你需要提供以下资料：

1. 对本章“引导案例”的分析理解；
2. 对本章“管理现场”的分析理解；
3. 对本章“关键概念”的理解回答；
4. 对本章“管理工作坊-9”提出的“思考题”的分析理解，以及对“操作题”的完成情况（包括书面报告、口头演示、材料整理等）；
5. 在本章学习过程中的其他相关管理活动的参与情况、课外学习的成果（包括资料、方式证据与反馈等）。

10　沟通

学习目标

通过本章的学习，要求：

1. 理解沟通的含义与作用；
2. 掌握沟通的过程及其构成要素；
3. 掌握各种沟通方式及其特点；
4. 理解影响有效沟通的各种障碍；
5. 掌握有效沟通的原则以及技巧。

内容结构图

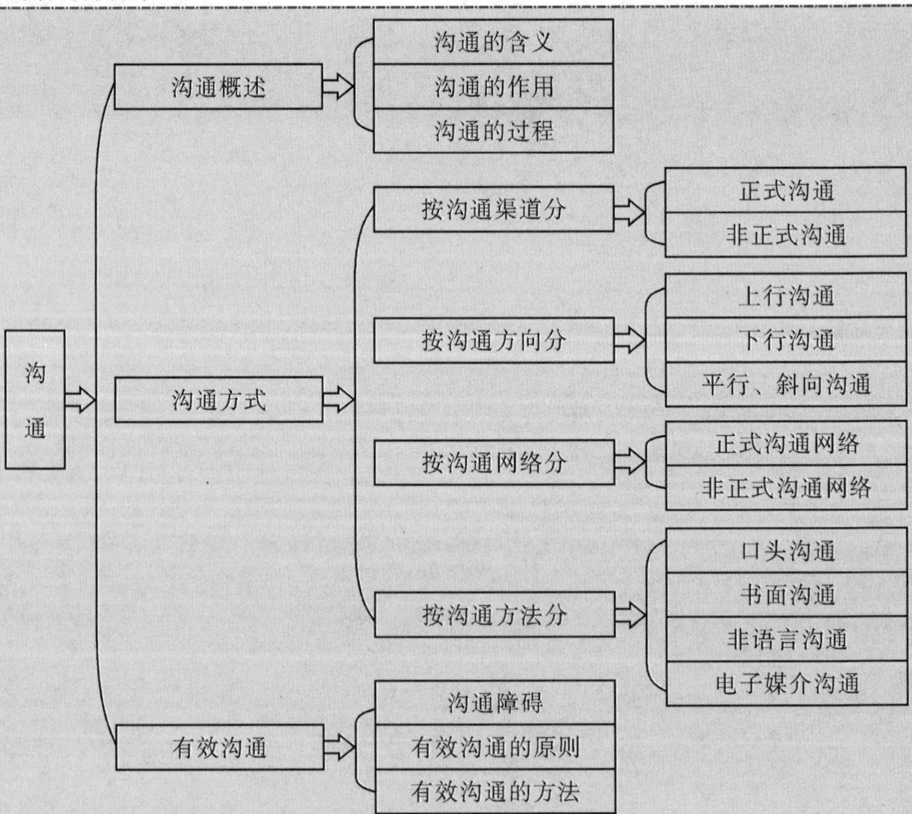

引导案例

W52 航班的意外

一个初春的晚上7点40分，W52航班正飞行在离目的地A市K机场不远处的高空。飞机上的燃油量还可维持近两个小时的航程。在正常情况下，此时航班离降落到K机场仅需约半小时的时间。但没有想到，W52航班在降落前遭遇了一系列耽搁和问题。

首先，晚上8点整，K机场航空交通管理员通知W52航班飞行员，由于机场出现了严重的交通问题，他们必须在机场上空盘旋待命。8点45分，W52航班的副驾驶员向机场报告他们飞机的“燃料快用完了”。交通管理员收到了这一信息，然而，在9点24分之前，飞机并没有被批准降落机场。而在此期间，W52航班机组成员没有再向K机场传递任何情况十分危急的信息，只是飞机座舱中的机组成员在相互紧张地通告说他们的燃料供给出现了危机。

9点24分，W52航班第一次试降失败。由于飞行高度太低及能见度太差的原因，飞机安全着陆没有保证。当机场指示W52航班进行第二次试降时，机组成员再次提到他们的燃料将要用尽，但飞行员还是告诉机场交通管理员说新分配的飞行跑道“可行”。几分钟后，也就是9点32分，飞机有两个引擎失灵了，1分钟后，另外两个也停止了工作。耗尽燃料的飞机终于在9点34分坠毁于A市，机上73名人员全部遇难。

事故调查人员研究了飞机座舱中的磁带上的内容并与当事的机场交通管理员交谈之后，发现导致这场悲剧的原因实际上很简单：机场方面不知道W52航班的燃料会这么快耗尽。

第一，飞行员一直说他们“油料不足”，交通管理局则告诉调查者，这是飞行员们惯用的一句话。当因故出现降落延误时，管理员认为，每架飞机都不同程度存在燃料问题。但是，如果飞行员发出“燃料危急”的呼声，管理员有义务优先为其导航，并尽可能迅速地允许其着陆。一位管理员这样说：“如果飞行员说明情况十分危急，那么，所有的规则程序都可以不顾，我们会尽可能以最快的速度引导其降落的。”事实是，W52航班的飞行员从未说过“情况危急”，由此导致K机场交通管理员一直未能理解到飞行员所面临的真正问题。

第二，W52航班飞行员的语调也并未向交通管理员传递有关燃料紧急的严重信息。机场交通管理员普遍接受过专门训练，可以在多数情况下捕捉到飞行员声音中极细微的语调变化。尽管W52航班机组成员内部也表现出对燃料问题的极大忧虑，但他们向K机场传达信息时的语调却是冷静而职业化的。

另外也应当指出的是，按照规定，驾驶员在飞行中作了紧急情况报告之后，事后需要补写长篇的、正式的书面汇报。还有，如果飞行员被发现对飞机所需油量的估算存在严重的疏漏，那么飞行管理局就有理由吊销其驾驶执照。在这种情况下，飞行员的职位和荣誉感有时会变成一种可能要人命的“赌注”！

（资料来源：斯蒂芬·P. 罗宾斯，等. 管理学［M］. 毛蕴诗，主译. 大连：东北财经大学出版社，2005.）

案例讨论

1. 你觉得 W52 航班不幸坠毁的根本原因是什么？

2. 哪些因素导致了飞行员与机场航空交通管理员之间沟通失败？从 W52 航班的悲剧中可以吸取怎样的教训？

10.1 沟通概述

10.1.1 沟通的含义

人们的日常生活离不开信息沟通，而在管理学领域，沟通被视为一种管理功能。日本松下电器创始人松下幸之助曾说：企业管理过去是沟通，现在是沟通，未来还是沟通。沟通之于组织，就好比血液循环之于生命有机体。如果缺乏必要的沟通，组织内各部门的工作将会发生紊乱，进而导致整个组织的运转发生故障。

那么，什么是沟通呢？沟通一词来源于拉丁语，意为“分享”。在管理学中，沟通意指沟通联络，即指一方将某一信息传递给客体，以期获得客体作出相应反应效果的过程。沟通包含信息的传递，如果信息没有被送达，就意味着沟通没有发生；但是，如果仅仅是信息送达了而没有被理解，则意味着沟通的失败。因此，有效的沟通应是信息经过传递后被客体完全接收并被正确理解。

沟通是双方之间相互关联的行为。一般而言，沟通有三种表现形式：人与人之间的沟通（亦即人际沟通）、人与机器之间的沟通、机器与机器之间的沟通（如两部传真机之间的信息传递）。本章主要阐述组织内部人与人之间的沟通。

10.1.2 沟通的作用

沟通维系着人与人之间的相互交往。在企业管理中，有效的沟通能使组织内的上司、下属、同事之间在适当的时候，将适当的信息，用适当的方法，传递给适当的人，从而形成一个健全的、迅速的、有效的信息传递系统，以有利于组织目标的实现。具体来说，沟通的作用主要有以下几点：

（1）有助于提高决策的质量

任何决策都建立在掌握充分而真实的信息基础之上。因此，准确而迅速地收集、传递、处理和使用组织内外的各种信息，有助于企业各级管理人员作出正确的决策。

（2）有利于统一思想与行动

企业要更有效率地实现组织目标，需要组织内部各成员了解和认同组织的目标、形势、决策和政策，大家同心协力。但是组织成员所处的位置、向往的利益、掌握的知识经验、了解的信息资讯等都不同，要使大家统一思想和行动，必须进行充分而有效地沟通。

（3）有利于协调和改善人际关系

企业中各个部门和各个职务是相互依存的。依存性越大，对协调的需要越高，而协调只有通过沟通才能实现。如果组织内部信息沟通畅通有效，那么领导与职工之间、职员与职员之间、部门与部门之间就会减少不必要的冲突和误解、同时增进相互之间的理解和信任，改善相互间的关系，增进感情，造就和谐的组织氛围，最终有利于组织日标的实现。

10.1.3 沟通的过程

沟通的过程是指信息发送者通过选定的渠道把信息传递给信息接受者的过程，这个过程的大致步骤如图 10.1 所示。

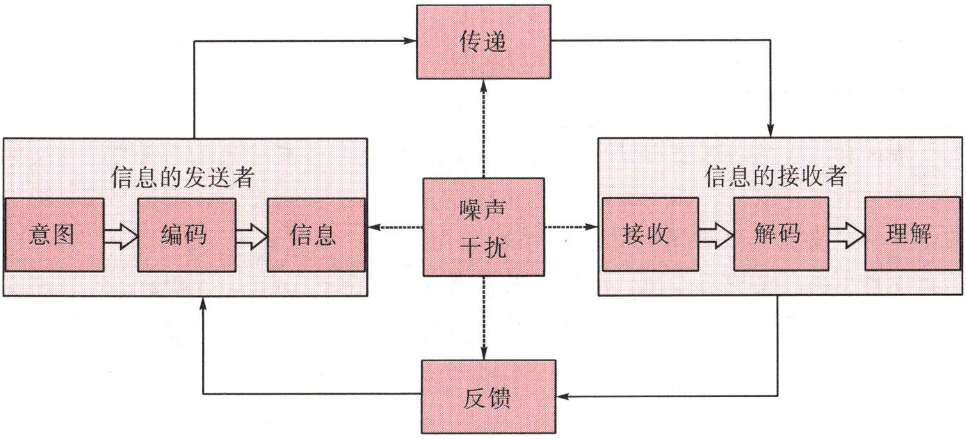

图 10.1　沟通过程模式图

第一步：编码。信息的发送者把某种意图通过一定形式进行编码，转变成信息接收者所能理解的信息（如语言、文字、图表、手势、表情等）。由于编码是信息发送者把头脑中的概念、想法转变为符号信息，这个过程受到信息发送者的知识、技能和态度的影响，因而编码过程容易出现编码错误。所以信息发送者最重要的是明确自己要传递的信息。如果把自己都不清楚的信息或者把错误的信息传递出去，肯定会影响沟通的效果。

第二步：传递。信息发送者通过一定的沟通渠道将信息传递给信息的接收者。沟通渠道是信息传递的载体，包括口头的和书面的不同形式，如电话、文书、多媒体、网络等。不同渠道各有利弊，在管理过程中，选择恰当的渠道对实施有效沟通极为重要。例如，在绩效考评中，书面报告的形式既正式又能避免信息缺失和歪曲；而当工作现场出现紧急事故需要抢险时，电话等口头报告请示是最及时的。

第三步：解码。解码是信息接收者对所接收到的编码信息进行思维分析和理解的过程。与发送者在编码时受到其知识、技能和态度的影响一样，接收者在解码时也受其知识、能力、态度和文化背景的影响。所以，只有当发送与接收双方对符号的意思有相同或类似理解时，才会有准确的沟通。

第四步：反馈。信息接收者以一定的方式把所理解的信息反馈给发送者，以确认所接收的信息是否正确。为了检验沟通的效果，反馈是必不可少的，因为在没有得到信息反馈证实之前，我们不可能肯定信息是否已经得到有效的编码、传递、解码和理解。不过，反馈这一步骤有时候会缺失。

从图 10.1 中我们可以看出，沟通的过程主要包括信息发送者、编码、信息、传递渠道、信息接收者、解码、反馈和噪音干扰这几个构成要素。需要特别指出的是，在沟通过程中，无论是发送者方面、传递过程中、还是在接收者方面都常常存在着各种各样的噪音干扰因素，这些干扰因素常常导致接收者所接收的信息失真。因此，为确保沟通的效果，还得注意减少或排除妨碍沟通的干扰因素。

管理现场 10.1

大仲马就餐

法国作家大仲马到德国的一家餐馆就餐，本欲品尝有名的德国蘑菇，可是服务员根本听不懂法语，而他又不会德语。于是，他灵机一动，在纸上画了一个蘑菇图交给服务员。服务员一看，似乎恍然大悟，马上飞奔出去。大仲马心想，总算让服务员明白自己的意思了。谁知一刻钟后，服务员气喘吁吁地跑回来，递给他一把雨伞。

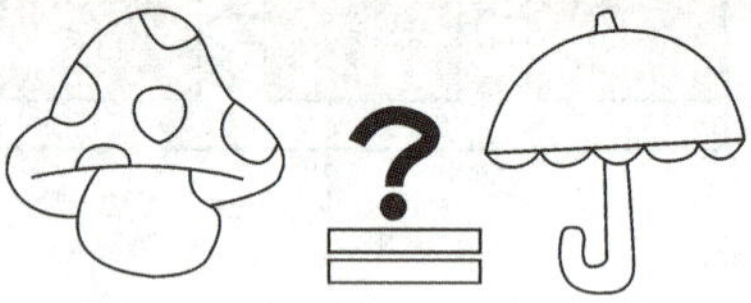

1. 你觉得大仲马与服务员的沟通为什么会失败？分析他们的沟通过程，你觉得问题出现在哪个步骤？

2. 在本案例这种情况下要保证有效沟通，你会给他们什么建议？

他们沟通失败的原因	你给他们的建议

10.2 沟通方式

10.2.1 按沟通渠道分类

沟通按照不同的标准可以分为许多不同的方式。按照沟通的组织系统，可以分为正式沟通和非正式沟通。

(1) 正式沟通

正式沟通就是通过组织内部明文规定的途径进行信息传递和交流。这类沟通与组织的结构息息相关，它代表组织，比较慎重，一般重要的信息和文件的传达、组织的决策等都采取这种方式。例如组织与组织之间的公函来往，组织内部的文件传达、召开会议，上下级之间定期的情报交换与指示的逐级传达等。另外，团体所组织的参观访问、技术交流、市场调查等也在此列。

正式沟通的优点是，沟通效果好，比较严肃，约束力强，易于保密，可以使信息沟通保持权威性。其缺点是由于依靠组织系统层层的传递，所以较刻板，沟通速度慢。

(2) 非正式沟通

非正式沟通指的是正式沟通渠道以外的信息交流和传递，它不按正规的组织程序，不受组织监督，自由选择沟通渠道。例如团体成员私下交换看法、朋友聚会、小道消息等都属于非正式沟通。非正式沟通是正式沟通的有机补充。在许多组织中，决策时利用的情报大部分是由非正式信息系统传递的。

非正式沟通的优点是，沟通形式不拘一格，直接明了，与正式沟通相比，它往往能更灵活迅速地适应事态的变化，可省略许多繁琐的程序；并且常常能提供大量的通过正式沟通渠道难以获得的“内幕信息”，真实地反映员工的思想、态度和动机，而这种动机往往能够对管理决策起重要作用。其缺点表现在，非正式沟通难以控制，传递的信息不确切，易于失真、曲解，而且它可能导致小集团、小圈子，影响人心稳定和团体的凝聚力。表 10.1 总结了正式沟通与非正式沟通两种方式的优缺点。

表 10.1　正式沟通与非正式沟通的优缺点

沟通方式	优点	缺点
正式沟通	沟通效果好，比较严肃，约束力强，易于保密，可以使信息沟通保持权威性	依靠组织系统层层的传递，较刻板，沟通速度慢，可能导致信息失真和扭曲
非正式沟通	沟通形式不拘一格，直接明了，灵活迅速，效率高，容易了解到正式沟通渠道难以获得的“内幕信息”	难以控制，传递的信息不确切，易于失真、曲解，而且，它可能导致小集团、小圈子，影响人心稳定和团体的凝聚力

10.2.2 按沟通方向分类

按照沟通信息的流动方向可以把沟通分为上行沟通、下行沟通和平行斜向沟通

（如图 10.2 所示）。

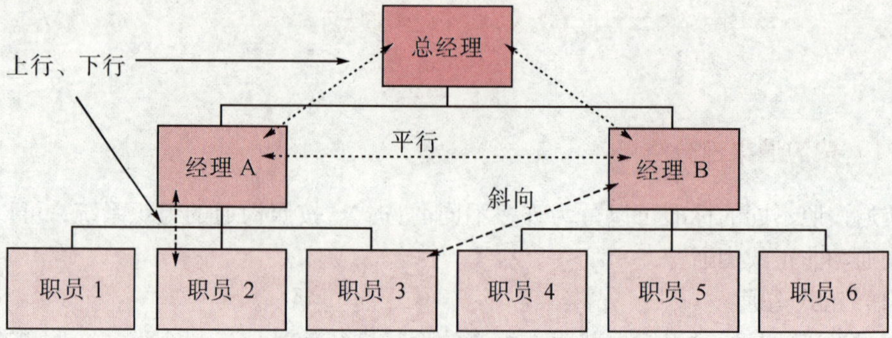

图 10.2　不同沟通方向的沟通方式

（1）上行沟通

上行沟通指在组织中，信息按照上下级隶属关系从较低层次流向较高层次的沟通，主要是下属依照规定向上级提出的正式书面或口头报告，例如态度调查问卷、员工座谈会、意见箱等。上行沟通是管理者了解员工需求、掌握基层动态以及决策执行情况的必要手段。

但是，上行沟通经常受到沟通环节上的主管人员的阻碍，由于各种原因，他们会把信息过滤并且不把所有信息特别是不利的消息向上级汇报，因此往往导致上行沟通的效率比较低。

（2）下行沟通

下行沟通指在组织中，信息按照上下级隶属关系从较高层次流向较低层次的沟通。它通常表现为上级把组织目标、规章制度、工作程序、工作任务等向下级传达，以保证组织工作的顺利进行。这种沟通往往带有指令性、权威性和强迫性，容易引起重视和严肃对待。

遗憾的是，信息向下属指挥系统传送往往会被遗漏或者被曲解，因此，要知道接收者是否按照发送者的意图去理解信息，必须要完善信息反馈系统。

管理百科

信息链现象

信息连续从一个等级到另一个等级所发生的变换称为信息链现象。一般来说，信息通过的等级越多，它到达目的地的时间就越长，信息失真率也越大。

一项研究表明，企业董事会的决定通过五个等级后，信息损失平均达 80%。其中，副总裁这一级的保真率为 63%，部门主管级为 56%，工厂经理级为 40%，第一线工长为 30%，到达职工这一级仅为 20%。

（3）平行、斜向沟通

平行沟通是指在组织中，同一层次不同部门之间的沟通，如销售经理与生产经理之间的沟通。而斜向沟通则指发生在组织内部既不是同一隶属序列，又不属于同一层级之间的信息沟通，如财务部的会计职员与销售部经理之间的沟通。平行、斜向沟通往往带有非命令性、协商性、主动性和双向性。事实证明，平行、斜向沟通有助于提高沟通效率，可弥补信息纵向流动的不足，但跨越权限的斜向沟通必须以组织系统纵向沟通为基础；否则，可能会扰乱组织的管理秩序。

10.2.3 按沟通方法分类

按照沟通的方法可以把沟通分为口头沟通、书面沟通、非语言沟通和电子媒介沟通等（如图 10.3 所示）。

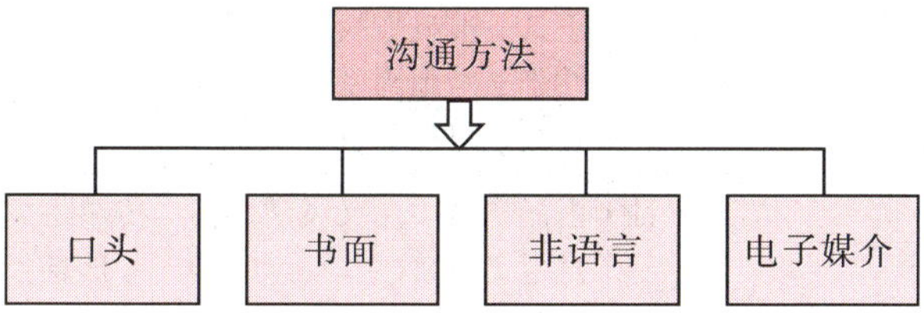

图 10.3 几种不同的沟通方法

（1）口头沟通

口头沟通是借助口头语言进行的信息传递，包括面对面讨论、电话谈话、开会和演讲等。这种方式比较灵活、速度快、简便易行、双向弹性、反馈快，还可以增加表情和手势等辅助沟通，增强效果。不足之处是沟通后保留的信息较少，难于确切查证，传递的层次越多失真率越大。

（2）书面沟通

书面沟通是利用文字作为信息媒介来传递信息，例如备忘录、合同协议、通知公告、刊物信函等。书面沟通比口头沟通更正式、准确和权威，逻辑性更强，考虑更显周密，信息可以长期保存、反复查阅。但是，书面沟通比口头沟通更费时费力，保密性较差，也没法获得即时的反馈。

（3）非语言沟通

非语言沟通是指通过非语言沟通系统，即声光信号、体态、目光、语调等传递信息，比如刺耳的警笛声、十字路口的红绿灯、无精打采的眼神、引人侧目的穿着打扮等都在传递着某种信息。非语言沟通中，最常用的是体态语言和语调。体态语言包括手势、面部表情和其他身体动作。语调指说话的声调，轻柔平缓的语调和急促尖利的语调传递的意义完全不同。语言沟通与非语言沟通常常交织在一起，这两种方式配合得越好，沟通的效果也越好。

（4）电子媒介沟通

电子媒介沟通是指将语言和各种电子设备（如电话、传真、录像、计算机网络、电子邮件、闭路电视系统等）结合起来而实现的一种更新式的沟通方式。它的出现丰富了传统的沟通手段，使得信息的传递更迅速、更高效，同时也使得组织的界限越来越模糊了，例如网络化使得组织中的成员可以更容易跨越层级进行沟通，可以在家中或者单位以外的其他地方工作，可以随时与其他企业的员工保持交流。各种电子媒介中发展最快、使用最多的是电子邮件。

口头沟通、书面沟通、非语言沟通和电子媒介沟通这几种方式各有利弊，如表10.2所示。

表10.2　不同媒介的沟通方式比较

沟通方式	举例	优点	缺点
口头沟通	面谈、讨论会、电话、开会、演讲	灵活、速度快、简便易行、双向弹性、反馈快	沟通后保留的信息较少，难于确切查证，传递的层次越多失真率越大
书面沟通	备忘录、合同、协议、通知、布告、刊物、信函	正式、准确、权威、逻辑性强、考虑周密、信息保存久、可反复查阅	费时费力、保密性较差、没法获得即时的反馈
非语言沟通	声光信号、体态、目光、语调	内涵丰富、含义灵活、信息意义明确	传递距离有限、界限含糊、某些信息只可意会不可言传
电子媒介沟通	电话、传真、录像、计算机网络、电子邮件、闭路电视	传递速度快、容量大、距离远、可同时传递到多人	单向传递、电子媒介可交流但是看不到表情、不能满足人们归属的需要

10.2.4　按沟通网络分类

沟通网络指的是信息流动的通道。如前面所述，沟通若按渠道不同可以分为正式沟通和非正式沟通两大类，而不管经由哪种渠道的沟通，都会形成不同的沟通网络。

(1) 正式沟通网络

根据莱维特的实验研究，经正式沟通渠道形成的沟通网络可分为链式、Y式、轮式、环式和全通道式五种形态（如图10.4所示）。

① 链式沟通

如图10.4（a），链式沟通是个平行的网络，其中处于两端的人只能与内侧的一个成员联系，居中的人则可以分别与左右两旁的两人联系。在一个组织系统中，它相当于一个纵向沟通网络，代表组织的各级层次上下之间的信息传递。在这个网络中，信息层层筛选，容易失真，各个信息传递者所接收的信息差异很大，平均满意度有较大差距。此外，这种网络还表示组织中主管人员与下级部属之间存在若干管理者，属于控制型结构。在管理中，如果某一组织系统过于庞大，需要实行分权授权管理，那么链式沟通是一种行之有效的方法。

② Y式沟通

如图10.4（b），Y式沟通是一个纵向沟通网络，其中只有一个成员位于沟通内的中心，成为沟通的媒介。在组织中，这一网络大体相当于组织领导、秘书再到下级主

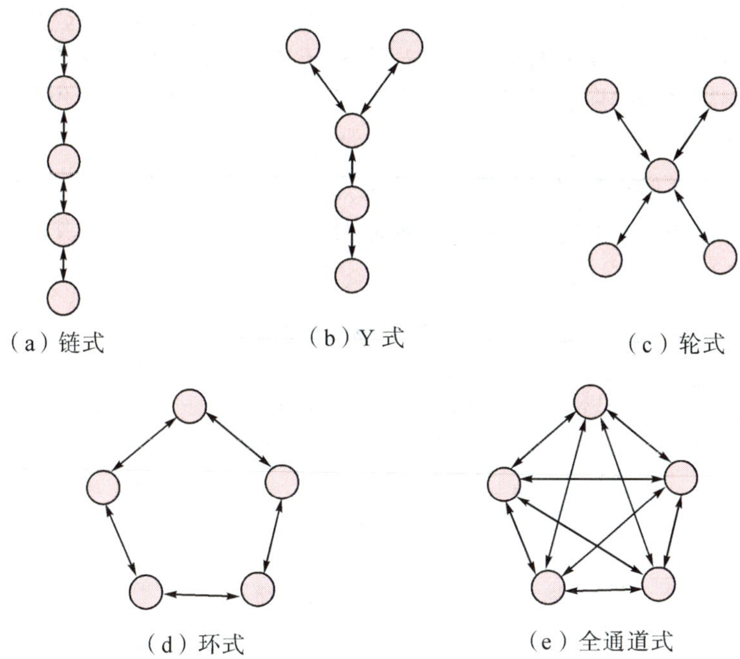

图 10.4 正式沟通网络形态图

管人员或一般成员之间的纵向关系。这种网络集中化程度高，解决问题速度快，组织中领导人员预测程度较高。除中心人员外，组织成员的平均满意程度较低。此网络适用于主管人员的工作任务十分繁重，需要有人选择信息，提供决策依据，节省时间，而又要对组织实行有效的控制。此沟通方式的缺点是容易导致信息曲解或失真，影响组织中成员的士气，阻碍组织提高工作效率。

③ 轮式沟通

如图 10.4（c），轮式沟通属于控制型沟通网络形态，其中只有一个成员是各种信息的汇集点与传递中心。在组织中，这种网络大致相当于一个主管领导直接管理几个部门的权威控制系统。此网络集中化程度高，解决问题的速度快，领导者了解全部情况，但是沟通的渠道少，下级成员之间无法沟通，可能造成满意度低、士气低落。轮式网络是加强组织控制、争抢时间的一个有效方式。例如组织接受紧急攻关任务，要求进行严密控制，则可采取这种沟通方式。

④ 环式沟通

如图 10.4（d），环式沟通形态可以看成是链式形态的一个封闭式控制结构，表示各成员之间依次联络和沟通。其中，每个人都可同时与两侧的人沟通信息。在这个网络中，组织的集中化程度和领导人的预测程度都较低；沟通渠道不多，组织中成员具有比较一致的满意度，组织士气高昂。如果在组织中需要创造出一种高昂的士气来实现组织目标，环式沟通是一种行之有效的措施。

⑤ 全通道式沟通

如图 10.4（e），全通道式沟通是一个开放式的网络系统，其中每个成员之间都有一定的联系，彼此了解。此网络中组织的集中化程度及主管人的预测程度均很低。由于沟通渠道很多，组织成员的平均满意程度高且差异小，所以士气高昂，合作气氛浓厚。这对于解决复杂问题、增强组织合作精神、提高士气均有很大作用。但是，由于这种网络沟通渠道太多，易造成混乱，且又费时，影响工作效率。

上述种种沟通形态和网络，都有其优缺点。作为一名主管人员，在管理工作实践中，要进行有效的人际沟通，就需发挥各种沟通方式的优点，避免其缺点，使组织的管理工作水平逐步提高（见表 10.3）。

表 10.3　　五种正式沟通网络形态比较

沟通形态 评价标准	链式	Y 式	轮式	环式	全通道式
集中性	适中	较高	高	低	很低
速度	适中	快	快（简单任务） 慢（复杂任务）	慢	快
正确性	高	较高	高（简单任务） 低（复杂任务）	低	适中
领导能力	适中	高	很高	低	很低
成员满意度	适中	较低	低	高	高
示例	命令链锁	领导任务繁重	主管对四个部属	工作任务小组	非正式沟通 （秘密消息）

（2）非正式沟通网络

非正式沟通传播的消息又称“小道消息”。由于非正式沟通不受组织监督，也没有层次结构上的限制，而是由员工自由选择方式进行传播，因此常常带来不良影响，比如消息被歪曲、一些重要消息被“泄密”而影响正式沟通效果、导致正式沟通环境恶化等。虽然如此，但我们还是应该重视非正式沟通的研究与运用，因为人们的真实思想和动机往往是在非正式沟通中表露出来的。

与正式沟通有不同的网络形态一样，非正式沟通也有自己的沟通模式。常见的非正式沟通主要有单串型、流言型、集束型和随机型四种网络形态（如图 10.5 所示）。

① 单串型沟通

单串型沟通，如图 10.5（a）所示。即由一个人告诉另一个人，第二个人再转告第三个人，由此一直传递下去。

② 流言型沟通

流言型沟通，如图 10.5（b）所示。又称闲谈式或饶舌式传播。即信息由非正式渠道中的一个关键人物传播给其他很多个人。

③ 集束型沟通

集束型沟通，如图 10.5（c）所示。即消息被传播者有选择地传播给朋友或者相关的人，他人接收后也如法炮制传递给某些特定的人。这种传播方式最普遍，也就是说

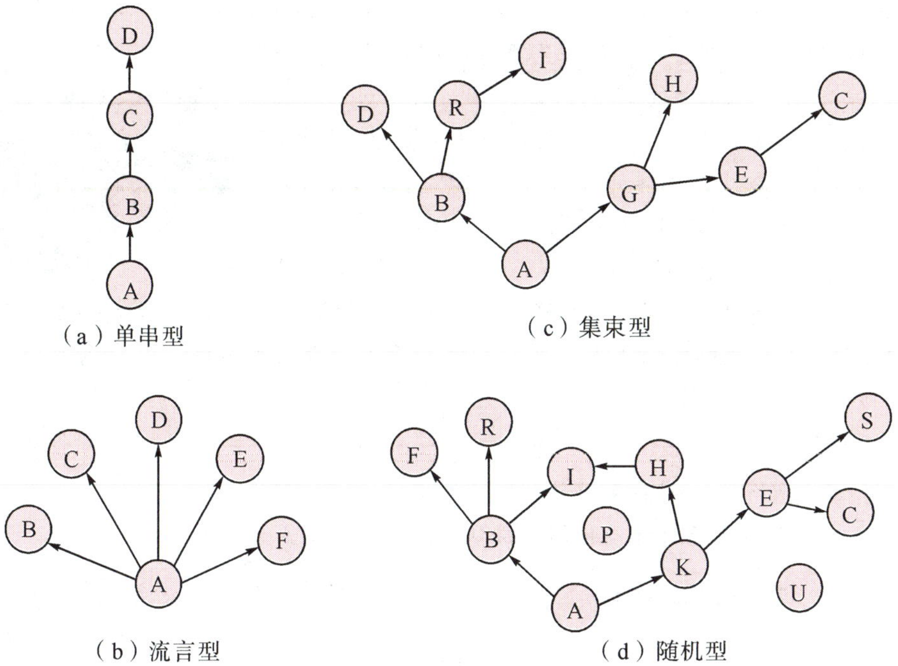

图 10.5　非正式沟通网络形态图

非正式沟通往往有一个特定的范围，信息只在与传播人有密切关系的圈子里沟通。

④ 随机型沟通

随机型沟通，如图 10.5（d）所示。信息被随机地传播，传播对象无选择性，传播路线无特定规律。

管理现场 10.2

华联公司的传闻

华联是一个发展迅速的电子科技公司。最近在其总部发生了一系列的传闻：公司总经理万泉想卖出自己的股票，但又想保住自己总经理的职务，这已是公开的秘密了。

而事实是，万泉为了提升公司的竞争力，为公司制订了两个战略方案：一个是把公司现有的附属单位卖掉；另一个是利用附属单位现有的基础重点振兴发展。他自己曾对这两个方案的利弊进行了认真的分析，并请副总经理李杰明提出意见。李杰明曾为此起草了一份备忘录，随后叫秘书小王打印。小王打印完后即到职工咖啡厅去，在喝咖啡时小王碰到了另一位副总经理麦特，并把这一秘密告诉了他。

小王对麦特悄悄地说："我得到了一个极为轰动的最新消息。他们正在准备成立另外一家公司。他们虽说不会裁减职工，但我们应该联合起来，有所准备啊。"这话又被办公室的通讯员小李听到了，小李立即把这消息告诉他的上司孟巴拉。孟巴拉又为此事写了一个备忘录给负责人事的副总经理马文，马文也加入了他们的联合阵线，并认为公司应保证兑现其不裁减职工的诺言。

第二天，小王正在打印两份备忘录又被路过办公室探听消息的小罗看见了。小罗随即跑回办公室说：“我真不敢相信公司会做出这样的事来。我们要被卖给盛大公司了，而且要大量削减职工呢！”

这消息传来传去，3 天后又传回到总经理万泉的耳朵里，他同时也接到了许多极不友好甚至充满敌意的电话和信件。人们纷纷指责他企图违背诺言而大批解散工人，有的人也表示为与别的公司联合而感到高兴，而万泉则被弄得迷惑不解。

1. 请解释华联公司在私下传闻中所发生的一切。
2. 总经理万泉怎样才能使问题得到澄清？请设想 3 个方案。

传闻是怎么回事？	总经理的应对方案

10.3 有效沟通

要实现有效沟通，就必须尽量减少或消除沟通过程中存在的沟通障碍，改善沟通现状，遵循一定的沟通原则，使用适宜的沟通技巧。

10.3.1 沟通障碍

从沟通过程模式图 10.1 中我们可以看到，信息传递过程会不可避免地会受到噪声的干扰而失真，这种影响沟通过程、使沟通达不到预期效果的现象叫沟通障碍。在沟通过程中可能形成沟通障碍的因素有很多，概括起来有个人、人际、组织和技术等几个方面的因素（如图 10.6 所示）。

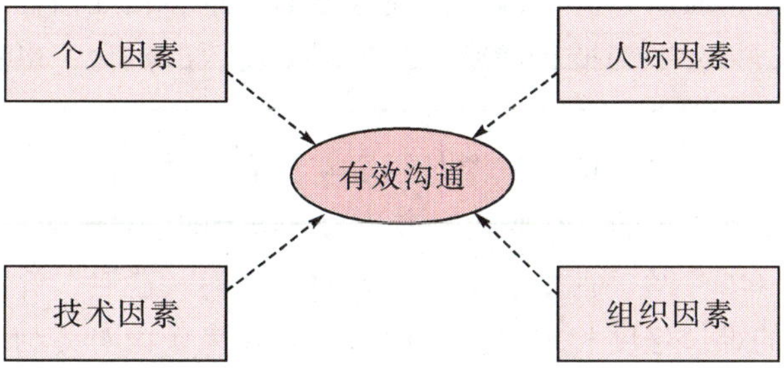

图 10.6　常见的沟通障碍

（1）个人因素

沟通是发送者与接收者双方的事情，因此，影响沟通效果的个人因素来源于发送者与接收者双方。这些因素主要包括两类：一是选择性接受；二是沟通技巧的差异。

所谓选择性接受，是指人们在沟通过程中，根据自己的兴趣、经验和态度有选择地去解释所看到或听到的信息。经研究证明，人们会有选择地接收信息以保护自己。比如，当信息接收者认为所传递的内容与己无关时，常常不予理会或拒绝接受；当信息接收者对发送者抱有成见时，会不愿意听其讲述的内容或专挑毛病。如果人们在沟通中存在着偏见、猜疑、威胁和恐惧等心理，对沟通的影响就更大了。可见，选择性接收往往会造成有效沟通的障碍

除了人们接受能力有所差异外，许多人运用的沟通技巧也不尽相同。沟通技巧上的差异也影响着沟通的有效性。例如，有的人擅长于文字表达，而口头表达能力却很差；有些人口头表达能力很强却不善于倾听；有些人阅读很慢，理解东西比较困难。如此种种，都会影响到沟通的顺畅和有效性。

管理百科

选择性接受

● 有人曾做过这样的实验：请一家公司 23 位主管回答同一个问题：“假如你是公司总裁，你认为哪个问题最重要?”结果每个主管都认为从全公司角度出发，自己所负责的部门最重要。销售经理说营销是个大问题，生产经理认为是产品或经常看到的东西。

● 由于复杂的事物可以从各种角度去观察，人们所选择的角度强烈地影响到了他们认识问题的能力和方法。

因此，管理者应该明白：各个部门之间若缺乏有效沟通的话，冲突是不可避免的；由于人们产生偏见在所难免，所以在做最后决定时必须对有关各方面进行协调。

（2）人际因素

人际因素主要包括沟通双方的相互信任、信息来源的可靠程度和沟通双方的相似程度。

信息沟通传递是沟通双方的事情，沟通双方的诚意和相互信任至关重要。上下级之间如果相互猜疑，只会增加抵触情绪，减少坦率交谈的机会，也就不可能进行有效沟通。

信息来源的可靠性取决于信息来源是否真实或者客观。但是，实际上信息来源是否可靠是由接收者主观决定的，只要接收者认为发送者的信息来源可靠即可。

沟通双方特征（如年龄、性别、智力、地位、兴趣、遭遇、价值观、能力等）的相似性影响了沟通的难易程度和坦率性。沟通一方如果认为对方与自己很接近，那么他将比较容易接受对方的意见，并达成共识。反之，如果沟通一方视对方为异己，信息的传递就很难进行下去。例如，“代沟”就是沟通过程中常见的一个障碍。

（3）组织因素

组织因素主要包括地位差别和结构障碍两大方面。地位的高低对沟通的方向和频率有很大影响。例如，人们一般更愿意与地位较高的人沟通；地位较高的人则更愿意相互沟通；信息趋向于从地位高的流向地位低的；地位高的人常常居于沟通中的中心地位等。在组织中，地位差别是上下级之间进行有效沟通的最大障碍。

结构障碍是指由于组织内的结构设置不当而阻碍了组织的有效沟通。比如，组织内传递层次越多，信息失真率也越大（见前面一节的管理百科“信息链现象”介绍）。又如，当组织的团体规模较大，而所设机构重叠时，人与人之间的沟通也相应地变得比较困难。再如，员工由于岗位不同，会受到空间的约束，从而限制了他们之间的沟通。空间距离越短，交往与沟通的频率就越高。

管理百科

团体规模与沟通渠道

在实际工作中，团体规模的增大会增加沟通难度，原因有两个方面：

● 其一，沟通渠道的增长大大超过人数的增长。例如，5 个人的团体，有 $n(n-1)/2$ 即 10 条沟通渠道；10 人则有 45 条沟通渠道；20 人则有 190 条沟通渠道。

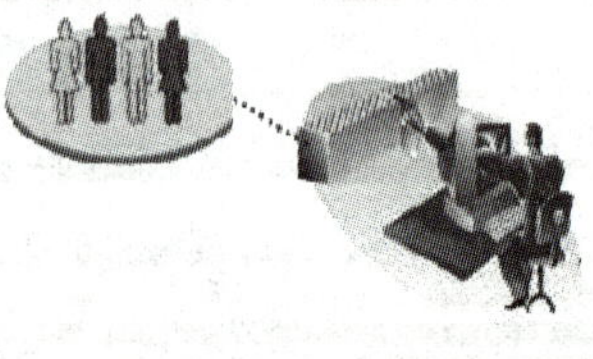

● 其二，由于团体规模的扩大，沟通的形式将变得非常复杂。据测算，如果将沟通的各种形式考虑在内，那么 5 人的团体将存在 $(3 n-2 n+1)/2$ 即 90 条左右的沟通渠道。

（4）技术因素

技术因素主要包括语言、非语言暗示，媒体的有效性和信息过量。

大多数沟通的准确性依赖于沟通者赋予字和词的含义。由于语言本身并没有任何意义，它只是人们用来描述和表达观点的符号或标签，而每个人表述的具体内容常常由他独特的经历、个人的需要和社会背景等因素决定，因此，语言和文字极少对发送者和接收者双方都具有相同的含义。此外，当人们进行交谈时，常常伴随着一系列有含义的动作（如手势、眼神、表情、姿势等），这些非语言的信号可以强化所表示的含义，但在不正确解码时，又会进一步歪曲信息的含义。

管理人员非常关心各种不同沟通媒介的效率。不同的沟通工具适合不同的沟通情景，有着不同的优劣势。在选择沟通工具时，既要考虑信息的种类和沟通的目的，又要考虑沟通环境适用性与沟通双方的需求。

此外，如果传递的信息过量，也会导致一系列问题，从而影响沟通的效果。这些问题包括：人们会对海量信息进行过滤，很可能会忽略了关键性的信息；人们会被过量的信息干扰而在处理中出错；信息过量会降低人们的工作效率，拖延信息处理，甚至使接收者干脆把信息束之高阁，从沟通中脱身而去。

管理百科

有关沟通的研究数据

● 在面对面的沟通中，55% 的信息来自于面部表情和身体语言，38% 来自于语调，仅有 7% 真正来自于语言文字。

● 在一个大型办公设备公司里，由于电子邮件的使用，人们用于打电话的时间减少了 80%，办公室之间的信件减少了 94%，复印件减少了 60%，备忘录减少了 50%，极大地节省了工作成本，提高了效率。

● 经理一天的工作中，用于沟通的时间约占 70%，其中撰写占 9%、阅读占 16%、言谈占 30%、用于聆听占 45%。但经理一般都不是一个好听众，聆听的效率只有 25%。

10.3.2 有效沟通的原则

要克服沟通的障碍，实现有效沟通，有必要遵循以下沟通原则：

（1）准确性原则

沟通的目的是让接收者准确理解发送者的信息，所以，当沟通所用的语言和传递方式能被接收者准确理解时，沟通才具有价值。但在实际工作中，常常出现接收者对发送者的信息理解不正确、不准确的现象。准确性原则要求信息发送者将信息加以综合，充分考虑接收者的接受能力，使用双方熟悉的语言和符号，选择能够充分提高效率的渠道，并注意克服沟通过程中的各种障碍，这样才能保障信息传递的准确性。

（2）完整性原则

在信息沟通过程中，要以维护组织的完整性为前提。为了维护组织的完整性，就要求上级管理人员支持下级管理人员的工作，鼓励位于信息沟通中心的管理人员运用他们的职位与权力，起到中心的作用。要避免上级管理人员越过下级管理人员直接向有关人员发布指令，否则，会使下级主管人员处于尴尬的境地，也违反了统一指挥原则。如果确实需要越级指挥，则上级主管应该事先同下级主管进行沟通，只有这样，下级才会主动配合上级的工作。

(3) 及时性原则

在沟通过程中遵循及时性原则可以使组织制定的最新政策、组织目标、人员配备等情况尽快得到下级管理人员的理解和支持，同时可以使管理人员及时掌握下属的思想、情感和态度，从而提高管理水平和效果。在实际工作中，常因信息沟通不及时而出现许多“小道消息”，使正式沟通渠道发挥不了正常的作用，影响了沟通效果。

(4) 策略性运用非正式组织原则

这一原则的意思是，只有当管理人员使用非正式组织来补充正式组织的信息沟通时，才会产生最佳的沟通效果。非正式组织传递信息的最初原因，是由于一些信息不适合通过正式组织来传递。所以，在正式组织之外，应该鼓励非正式组织传达并接收信息，以辅助正式组织做好组织的协调工作，为达到组织目标共同作出努力。

10.3.3 有效沟通的技巧

为了实现有效沟通，除了要随机因地制宜地采用沟通渠道和沟通形态外，还要注意运用沟通技巧（如图 10.7 所示）。

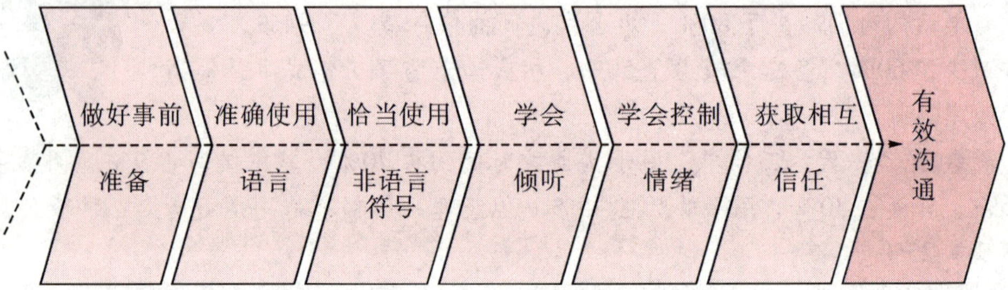

图 10.7　有效沟通的技巧

(1) 做好有效沟通的事前准备

俗话说“有备无患”，充分的准备直接关系到沟通的质量。有效沟通的事前准备包括明确沟通的目标、了解沟通的具体内容、制订可行的沟通计划。

本次沟通要达到怎样的效果，实现怎样的目的，实现这一目的的意义是什么，这是沟通的出发点。如果沟通双方连沟通的目的都搞不清楚，就真的是“无的放矢”了。在明确了沟通目的之后，发送者要明确本次沟通要传递的具体信息，最好预先通知对方，给对方足够的时间来做相应的准备。然后，还需要制订整体的沟通计划，包括通过何种沟通渠道、运用何种沟通媒介、预测可能遇到的异议和争执并准备好应对方案等等。只有双方都做好了周密的准备，沟通才会更加畅顺有效。

(2) 沟通中准确使用语言

沟通过程中，无论是书面语还是口语都要力求准确、简洁、清晰，能让对方尽快明白你要表达的意思。只有对方明白你的意图，才能作出正确的反应，推动沟通的进程。在口语交际中，应注意使用容易理解的方式如比喻、类推、举例等技巧，使用生动幽默的语言有助于调解气氛，消除隔阂，拉近双方心理距离，消除尴尬局面。在书面语中，文章应该有清晰的结构和严谨的逻辑，还可以适当使用图片、色彩、表格等增强表达效果。

（3）恰当使用非语言符号

研究表明，非语言符号信息比语言本身传递的信息量更大，而且更可信，因此，要注意非语言符号在沟通过程中的使用，如肢体动作、衣着打扮、面部表情、语音语调等。在沟通过程中，学会点头和微笑、保持目光交流、加上适当的手势和面部表情，营造友好轻松的气氛，会使沟通更深入、更细致、更流畅。

（4）学会倾听

倾听是沟通中理解的关键。一个主动的倾听者会千方百计地从沟通中获得信息发送者所要表达的意愿。为了达到这一目的，首先是专注地听；其次是有目的地听；最后是听的过程要有适时的反馈，比如，点头表示同意、适时提问以纠正理解偏差、使用适当的语气词和表情等表示正在专注地聆听等。另外，倾听除了要聆听对方通过语言表达的意思外，也要学会倾听情感，即对方通过使用非语言符号传递的情感。

管理百科

提高倾听效果的十个关键

1. 寻找兴趣点；
2. 专注于传递的内容而不是方式；
3. 沉着（不要被表面语言打动）；
4. 注意领会要点；
5. 集中注意力；
6. 灵活多变的记录方法；
7. 训练自己的大脑；
8. 摈弃情绪和偏见，保持头脑开放；
9. 利用思维速度快于讲话速度的优势思考；
10. 努力去听。

（5）学会控制情绪

在沟通的过程中要注意控制情绪，因为情绪在很大程度上影响着沟通的效果。美国著名心理学家麦克利兰提出的“冰山模型”指出，人的外在行为表现是基于内在情绪的。内在的情绪包括人的价值观、对事物的观点以及情绪等都与人格特质有关，而人格特质是最难改变的一个部分。所以，在组织的沟通中，要注意不被情绪所左右，而要学会控制或者引导自己的情绪，这是至关重要的一点。

管理百科

三国时军阀割据，袁绍有一个非常杰出的谋士叫田丰。田丰这个人在历史上的评价很高，因为他的谋略水平很高，但是他有个很不好的脾气——“刚而犯上”。当时袁绍要跟曹操打仗，田丰不赞成，说：“你要打，但你不要冒进。你把战争的时间拖得长一点，我们就会更有把握。”他进谏了两次，而且是直谏，袁绍一听就不高兴了，不爱听他说话。后来田丰跪在袁绍跟前磕头，对袁绍说：“你若不听我的话，则出师不利。”袁绍这个人心胸很狭窄，说：“我军令已下，军队马上就出发了，你说我出师不利！给我关起来！”于是田丰就被关了起来。结果袁绍果然打了败仗。消息传回，看监狱的人就对田丰说：“田先生，大将军果然败给曹操了，人都快死光了，正往回撤呢。您马上就能出来了，您说对了呀。”田丰说：“如果他打胜仗，我还能活；他打了败仗就羞于见我，一定会把我杀了。我命休矣。”

故事中，袁绍的沟通是非理性的，受到了情绪的支配。他的情绪在左右他的行为，因而做出了错误的决策，从而导致了战败。当然，田丰也有沟通问题，虽然他对袁绍把握得很准确，甚至连自己的下场都想得很明白，但他不会“拐弯”，不会以对方能够接受的方式来提意见。如果他选择别的沟通方式，能够让袁绍既不生气，也能听他的意见，他也就不会招惹杀身之祸了。

（6）获取相互信任

沟通与交往是人类特有的精神需要，而人与人之间进行有效沟通的基础是相互信任。沟通双方只有建立了相互信任，才更愿意交流合作，才能互相给予更多的支持。在组织中，无论上司与下属、职员与职员之间以什么样的方式交流，都应该本着相互信任的态度，只有信任度提高了，才能更有效地进行信息共享，实现思想和感情的有效沟通，才能采取恰当的措施，共同面对组织中的所有问题。在组织中的沟通和管理中，信任的作用是无法估量的。但是，信任需要很长时间才能建立起来，而且也是脆弱的，很容易被破坏。因此，要注意对信任的维护。

管理百科

在中国的互联网行业里，有三家企业市值较高。第一家是阿里巴巴，阿里巴巴的市值达到400亿美元左右，它已经进入了全球前五大互联网公司；第二家是百度；第三家是腾讯公司。这三家公司之所以成功，是因为它们解决了沟通的问题。

腾讯是一家非常强势的公司。它抓住了人们之间总要沟通的特点，把需要沟通的互联网的用户附着在它的网上，于是它很好地解决了远距离沟通的问题。现如今，对于广大消费者来说，用手机就用中国移动，上网聊天就用QQ。阿里巴巴解决了销售平台的问题，这也是属于信息沟通的问题，因为人们可以通过这个平台进行交易。同时，阿里巴巴还通过“诚信通”这个工具，解决了沟通中的信任问题。

管理现场 10.3

10 +3 个名额

华茂公司为了奖励市场部的员工，制订了一项海南旅游计划，名额限定为10人。可是13名员工都想去，部门经理宋飞想向上级申请多加3个名额。不巧的是，那天他的上级领导—分管业务的马副总经理有事不在，而公司的总经理周云却少见地出现在办公室里。

于是，宋飞直接跟周总反映了情况，提出多加3个名额的申请。周总听了说："这事好办。不过你还得跟马副总经理打声招呼才好，毕竟他在管这事啊。"

宋飞心中窃喜：幸好直接跟周总说了，看来这事成了！第二天，等马副总回来以后，宋飞跑到他办公室说："马总，我们部门13个人都想去海南，可只有10个名额，剩余的3个人会有意见，这事我昨天也跟周总说了。能不能再给3个名额?"

不料马副总黑着脸说："筛选一下不就完了吗？公司能拿出10个名额就花费不少了，你们怎么不多为公司考虑？你们呀，就是得寸进尺，都不去旅游就谁也没意见。我看这样吧，你们3个做部门经理的，姿态高一点，明年再去，这不就解决了吗?"

1. 你觉得宋飞这次向上级申请名额的事，问题出在哪里？
2. 如果你是宋飞，为了把那3个名额申请下来，你会怎么做？为什么？

问题出在哪里?		你的行动方案	

精要回顾

本章所阐述的沟通意指人与人之间的沟通联络，即一方将某一信息传递给客体，以期获得客体作出相应反应效果的过程。在组织中，沟通的作用主要有：①有助于提高决策的质量；②有利于统一思想与行动；③有利于协调和改善人际关系。

沟通的过程指信息发送者通过选定的渠道把信息传递给信息接受者的过程。这个过程大致可分为四个步骤：编码→传递→解码→反馈，其中每个步骤都可能受到噪声的干扰。

沟通按照不同的标准可以分为许多不同的方式。按照沟通的组织系统，可以分为正式沟通和非正式沟通；按照沟通信息的流动方向可分为上行沟通、下行沟通和平行斜向沟通；按照沟通的方法可分为口头沟通、书面沟通、非语言沟通和电子媒介沟通。

经正式沟通渠道形成的沟通网络可分为链式、Y 式、轮式、环式和全通道式五种形态；经非正式沟通渠道形成的沟通网络主要有单串型、流言型、集束型和随机型四种形态。

在沟通过程中影响沟通、使沟通达不到预期效果的现象叫沟通障碍。在沟通过程中可能形成沟通障碍的因素有很多，概括起来有个人、人际、组织和技术等几个方面的因素。要实现有效沟通，就必须尽量减少或消除沟通过程中存在的沟通障碍，改善沟通现状，遵循一定的沟通原则，使用适宜的沟通技巧。

有效沟通的原则包括：①准确性原则；②完整性原则；③及时性原则；④策略性运用非正式组织原则。实现有效的沟通的技巧有：①做好有效沟通的事前准备；②沟通中准确使用语言；③恰当使用非语言符号；④学会倾听；⑤学会控制情绪。

重点概念

1. 沟通	2. 沟通过程	3. 正式沟通	4. 非正式沟通
5. 上行沟通	6. 下行沟通	7. 平行斜向沟通	8. 口头沟通
9. 书面沟通	10. 非语言沟通	11. 电子媒介沟通	12. 正式沟通网络
13. 全通道式沟通	14. 非正式沟通网络	15. 沟通障碍	16. 沟通原则

管理工作坊－10

思考题

1. 什么是沟通？沟通在组织中有什么作用？

2. 信息沟通的过程是怎样的？

3. 根据不同的划分标准，沟通有哪些不同的方式？不同的沟通方式有什么特点？

4. 什么是沟通障碍？影响有效沟通的因素有哪些？

5. 要实现有效沟通有哪些技巧？

操作题

请与你的组员一起，通过书刊、网络、企业、亲友等渠道寻找下列问题的答案，并带回充分的证据资料与大家分享：

1. 在漫长的人际交往史中，人们通过实践或实验研究，总结了许多有用的沟通经验和理论。除了本章介绍的之外，你还知道哪些你觉得有用的关于沟通的理论或经验？请与大家分享。

2. 人们每天都需要沟通。在我们的工作、学习、生活当中，有许许多多沟通失败和成功沟通的例子。请你各列举一个经典的沟通案例，并深入分析它之所以成功或失败的原因，并对失败的案例进行修正（提出整改建议）。

3. 世界上几乎所有的人都喝过可口可乐，尽管大部分人都知道可口可乐喝了对身体健康无益。因为可口可乐的酸性很强，而且里面含有大量的磷，会带走体内的很多钙剂，所以说女性和小孩子更不应该喝这个东西，因为她们特别容易缺钙。但现实中许多人会说："我可以不让我的孩子喝可口可乐，但我还是要喝的。"在可口可乐面前，人们似乎被洗了脑。可见，可口可乐的沟通水平之高。可口可乐公司是怎样做到高效沟通的呢？请从相关渠道收集资料，分析可口可乐公司的沟通技巧。

学习档案

为了证明你在完成这一章的学习之后，已经掌握了相关的理论知识和技能技巧，达到了本章提出的学习目标，你需要提供以下资料：

1. 对本章"引导案例"的分析理解；
2. 对本章"管理现场"的分析理解；
3. 对本章"关键概念"的理解回答；
4. 对本章"管理工作坊－10"提出的"思考题"的分析理解，以及对"操作题"的完成情况（包括书面报告、口头演示、材料整理等）；
5. 在本章学习过程中的其他相关管理活动的参与情况、课外学习的成果（包括资料、方式证据与反馈等）。

11 控制

学习目标

通过本章的学习，要求：

1. 理解控制的定义、重要性、对象和类型；
2. 掌握控制方法；
3. 掌握控制的过程；
4. 了解有效控制的原则和注意事项；
5. 能对控制案例进行恰当的分析。

内容结构图

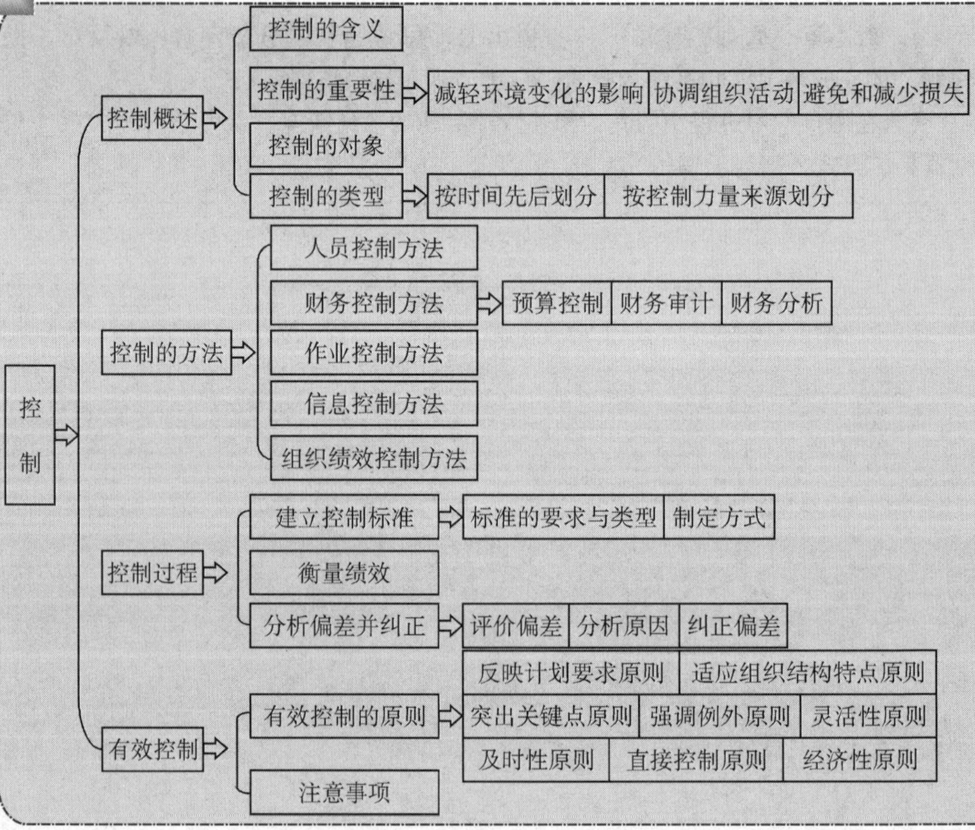

引导案例

央视“3·15”晚会：麦当劳售过期食品

麦当劳宣称对食品质量进行了严格的控制。据了解，麦当劳在自己的“袖珍品质参考手册”中，宣称麦当劳各类食品的制作流程有极其严格的操作规范，包括每一种食品的保存期和储存位置，都有详细的规定。对于这样的规定，员工在接受培训和指导时都会学习到。但在中央电视台2012年“3·15”晚会上，镜头对准了麦当劳这一国际大品牌，向观众们展现了在北京三里屯的一家麦当劳店内一幕幕惊人画面。

画面一：食品制作流水线上有两个保温箱，上面各有一个表格，写着不同种类煎炸食品的保存时间。肉制品经过油炸和煎烤制成后，工作人员会将其放进这两个保温箱中保存，同时按亮存放位置前面的计时器。当超过规定保存时间时，计时器会自动报警提示。但当保温箱发出警报后，当班员工却并没有将里面的肉品取出扔掉，而是再次按亮了计时器，重新开始计时。

画面二：2012年3月1日12点35分，员工炸制了一盘盐焗鸡翅，6分钟后被放入了保温箱中。按照操作规范，盐焗鸡翅的保存时间为30分钟。但13点55分，这盘鸡翅还在保温箱中存放着。一直到14点35分，保温箱中的鸡翅仍然在待售，此时已经超过保存期1小时24分钟。

画面三：根据麦当劳的规定，麦当劳的各类甜品派必须在炸制后90分钟内售出。每个甜品派外面都有纸质包装，包装时员工会在包装一端标注上最晚需要售出的时间。但记者发现，这些包装上的时间竟然被更改过。一批原本22点20分就该到期的香芋派，经过员工简单的一笔，保质期就又向后“推迟”了一个小时，变成了23点20分。有时，员工甚至干脆直接将甜品派的包装更换成新的，重新写上时间待售。

画面四：2012年3月1日中午，一个员工从冷藏库中取出已经解冻的铁板烧鸡肉，包装袋上标注的到期时间是2月29日。已经过期两天的东西，麦当劳员工称“那更得用了”。

画面五：一个包装袋里的生牛肉饼不慎掉在了地上，员工捡起后未经过任何处理，又放进了袋子中备用。一个员工称：“油煎一下细菌就都死了，没事儿。”

为什么麦当劳的员工没有按照麦当劳的要求进行操作呢？一个麦当劳员工揭秘说，如果食物到了规定的保质期，“标准是扔！但是不可能扔，没有一家店是扔的，大家都睁一只眼闭一只眼。规定是人定的”。据员工称，因为所有的损失都要计到成本里，（废）多少都得计到成本里面，因为这涉及“经理的奖金”、“员工的分红”，只有“盈利了才有分红，亏损了，还拿什么分红？”

“3·15”晚会的报道播出后，引起了社会广泛讨论。麦当劳公司表示，这是个别事件，会立即进行认真调查，并坚决严肃处理，以实际行动向消费者表示歉意。

（根据 http://news.163.com/12/0316/02/7SMELD2S00014AED.html 整理修改）

案例讨论

1. 通过“3·15”晚会的报道，麦当劳在你心目中的形象是否有改变？你认为控制的重要性是什么？

2. 你认为麦当劳的控制出现问题的原因是什么？应如何改进？

11.1　控制概述

11.1.1　控制的含义

从前面的章节我们了解到，控制是管理的基本职能之一，也被称为监督职能，它贯穿整个管理过程。在此，我们将控制理解为：

控制是指管理者根据组织的目标和计划，用设定的标准对组织的实际工作进行衡量和评估，发现偏差，寻找原因并纠正偏差的过程。

这一定义包含了以下几层意思：

（1）控制的目的是使组织的目标和计划能够顺利地完成。

（2）控制是通过“衡量”、“评估”和“纠正偏差”作为实施的手段。

（3）控制是一个过程，并且是一个复杂的过程。

从控制的定义可以了解到，控制职能与计划职能有着密切的关系。计划是控制的基础，为控制提供了目标和标准，使管理者明确了控制的方向；控制为计划的实施提供了信息，是计划能够得以实现的根基。控制不但包括纠正实施计划过程中工作的偏差，还包括根据情况、环境等变化，及时纠正和调整计划方案本身。

11.1.2　控制的重要性

（1）减轻环境变化的影响

组织所处的环境是一个变化的环境，包括市场环境等外部环境的变化和内部人员变动等内部环境的变化。环境的变化都会影响组织原定计划的实施，因此，需要控制工作来有效地减轻和降低环境变化的影响，使计划能顺利实施。

（2）协调组织活动

随着组织规模的不断扩大，组织活动也变得更为复杂，如组织内部的部门分工、人员分工、权力分配等都变得复杂。此外，员工水平的差异也影响着组织活动的顺利进行。因此，企业需要有相应的控制手段，指引和协调各种组织活动。

（3）避免和减少失误

在计划实施的过程中，人为的或是不可避免的失误都将可能出现。控制工作有利于检查和监督各项工作，及时发现问题，避免和减少失误。

11.1.3 控制的对象

控制的对象主要包括人员、财务、作业、信息和组织绩效五个方面，如图 11.1 所示。

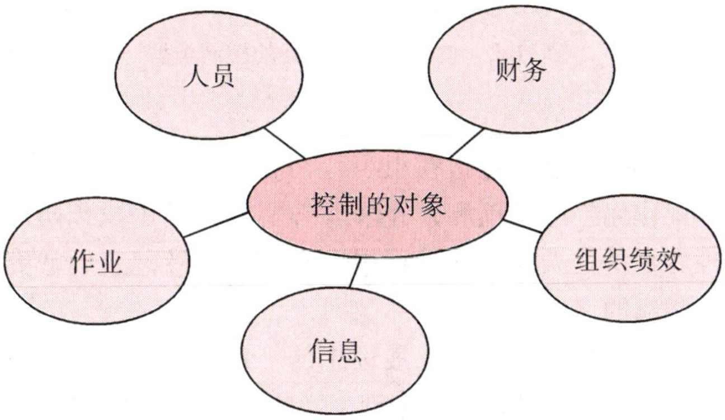

图 11.1 控制的对象

人是管理的第一要素，也是控制的对象之一。组织需要通过组织成员才能实现组织计划。管理者需要对组织成员的素质、行为等方面进行控制，引导和监督员工，使其行为符合管理者的要求，最终能顺利实现组织计划。

财务的控制是实现组织计划的重要一环。组织计划的实现，需要有资金的支持，也需要健康的财务管理。因此，财务控制也是保证企业健康发展和计划实现的重要手段，如监督资金的使用，使资金的使用符合计划预算。

作业是指组织运行过程中，从投入到产出的各个环节。组织计划的实施，离不开对作业的过程进行控制，如生产率的控制、质量的控制、采购的控制，等等。

信息是组织生存和发展的重要资源。企业需要有及时、精确和完成的信息确保组织的运作。因此，对信息的控制就是要确保企业有一套科学的管理信息系统，有效地收集和处理信息。

组织绩效控制是组织高层管理者的控制对象，它反映的是组织最终目标能否实现，这包括组织的短期目标和长期目标的实现。组织绩效很难用一个指标来衡量，要对其进行控制，需要有一套科学合理的绩效考核体系。

11.1.4 控制的类型

控制有很多种分类方式，以下介绍两种常见的分类方式：

（1）按时间先后划分

根据控制手段实施的时间先后顺序，控制可分为三种类型，包括前馈控制、同步控制和反馈控制，如图 11.2 所示。

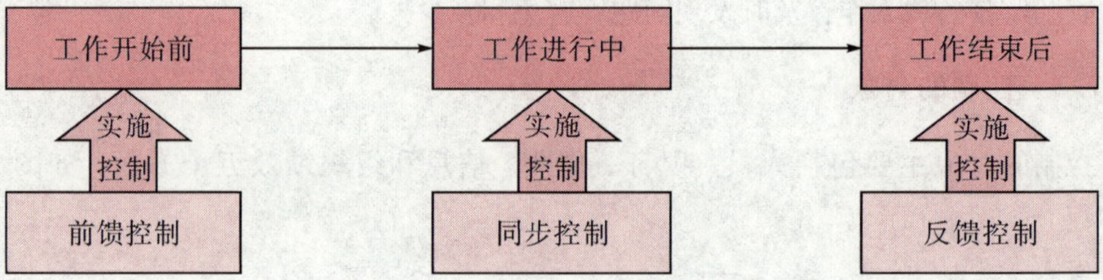

图 11.2　按时间先后分类的控制类型

① 前馈控制

前馈控制也称为事前控制，是指在组织行动和实际工作开始前，管理者对工作中可能出现的问题和工作偏差进行预测，并采取必要的控制手段预防问题和偏差出现的过程。例如，管理者根据工人在生产过程中容易产生的疏忽进行研究和总结，并在员工工作前给予员工相应的培训。

前馈控制的优点：前馈控制是组织最理想的一种控制形式，因为它可以把问题和偏差消灭在萌芽状态，对组织的运行不会产生影响，将组织的损失降到最低。

前馈控制的缺点：前馈控制实施起来难度较大，它要求管理者对控制的对象具有相关的管理经验，能准确地做出预测和评估，并能提供有效的控制方法。

管理百科

海利因希法则

美国人海利因希通过分析工伤事故的发生概率为保险公司的精算提出了海利因希法则。海里因希认为一件重大灾害的背后，除了有 29 件轻度灾害外，还有 300 件有惊无险的体验。这一法则可以运用在企业的安全管理中。也就是说任何一件重大事故的背后，必有 29 件轻度事故和 300 件潜在隐患。海利因希法则告诉管理者，不能对潜在性的事故毫无察觉，要分析事故成因，做好前馈控制，把事故消灭在萌芽状态。

② 同步控制

同步控制也称同期控制、事中控制、现场控制、及时控制，是指在工作运行过程中，同时同步进行控制，包括观察工作的进行，对工作给予监督和指导，常用于基础管理人员对现场工作进行监督和检查，确保工作按要求、按计划完成。

同步控制的优点：同步控制能够确保工作过程中出现的问题、偏差和错误得到及时的纠正和调整，减少企业的损失。此外，通过管理人员的监督和指导，或通过管理人员与工作人员之间对问题的讨论，能够提高企业人员的业务水平，并能使工作流程、操作方法等得到改进。

同步控制的缺点：同步控制的效果会受到管理者自身水平、过去相关经验、自身时间投入等因素的影响。此外，因受到实施控制的管理者的时间、精力等方面的制约，控制的范围和对象也是有限的。因此，同步控制不能作为组织的唯一控制手段，它必须与其他控制手段搭配使用。

③ 反馈控制

反馈控制也称为事后控制，是在工作结束后，对工作结果进行评价、分析、比较和总结，找出工作中的偏差和不足，从而吸取教训，为下一阶段的工作提供经验和改进的方式。

反馈控制的优点：有很多事情，只有在事后才能看清产生的原因和具体的实际情况。因此，在前馈控制和同步控制都未能取得令人满意的效果时，反馈控制更能为管理者提供有效的、真实的信息，从而能更有效地制订新的计划和改进工作。

反馈控制的缺点：反馈控制的最大缺点是纠正偏差存在滞后性，往往在实施反馈控制的时候，损失已经产生。

（2）按控制力量的来源划分

根据控制力量的来源，可以将控制分为外部控制和内部控制两种类型。

①内部控制

内部控制是一种自我控制，它是指一个单位或个人自我制订计划、开展控制工作，检查发现问题，并自行纠正偏差的一种自我责任控制。例如组织让底层管理人员或一线员工参与目标的制定或制定自己的目标计划，并自我检查、评估工作执行情况，并采取相应的处理措施。

内部控制的优点：内部控制使员工参与管理和控制的过程，激发员工的积极性，使员工能更热情地去参加控制。

内部控制的缺点：内部控制的缺点是要成功实施内部控制，要求员工具有较高的素质和业务水平，同时员工的个人目标和组织的目标差距较少。

②外部控制

相对于内部控制而言，外部控制是指强行性控制，一个单位或个人的计划制订和相应的控制工作，都是由其他单位或个人承担，也就是说通过行政权力系统由上级单位或个人承担。

外部控制的优点：外部控制适合于员工人数较多，员工素质与水平较低的情况下实施。它能确保安排更有能力的单位或个人承担控制，保证控制的成功实施。

外部控制的缺点：与内部控制相比，外部控制较难调动员工热情，它需要有严格的标准和规章制度保障控制的顺利实施。

管理现场 11.1

张经理提高生产率的措施

张经理是一家家具生产部的经理。张经理的生产部今年要在员工数量不变的情况下，生产效率提高10%。为了完成这一计划，张经理采取了一系列措施。

张经理认为要提高生产率，关键是在于改进生产流程。因此，他召集了各生产小组的组长，对生产流程进行了改良。为了确保新生产流程能顺利开展，张经理和组长们根据可能出现的问题，撰写了新的工作指引，并组织生产工人进行了培训。在新的生产流程运行后，生产组长负责在生产过程中进行指导，张经理也会抽空对生产过程进行巡视，查看生产情况。在巡视过程中，张经理很高兴地发现新的生产流程运行得很顺畅，但是生产员工的技术水平存在差异，有些新员工生产出来的东西经常不合格，需要返工。针对这个状况，张经理要求各生产组长加强对生产水平较差的员工进行指导，在适当的时候利用非工作时间给予个别或集中培训。

到了年底，生产部的生产效率提高了9%。张经理发现有些生产小组的生产效率已经达标，但有些小组仍未过关。因此，张经理要求各生产组组长针对自己生产组的生产情况做详细的分析，找出自己生产组成功达标或未能达标的原因。张经理计划明年的生产率要有进一步的提高。

1. 张经理为了完成提高生产率的计划，采取了哪些控制措施?

2. 请根据控制的时间先后分类方式，将张经理的控制措施进行分类并填入下表。

3. 你是如何评价张经理的控制措施呢?

前馈控制	同步控制	反馈控制

11.2 控制的方法

控制的方法及其分类是多样的，本节根据控制的内容（对象）将控制方法进行分类，分别介绍针对控制的五个对象（人员、财务、作业、信息和组织绩效）所采取的常见的控制方法。

11.2.1 人员控制方法

人是实现组织目标和计划的主体，实施人员控制的核心就是要合理配置人力资源，激发人员的积极性，充分发挥人的潜能，使人的行为能符合管理者的要求，从而实现企业的目标与计划。人员控制方法主要包括甄选与配置、目标设定、职务设定、行为规范化、培训、监督检查、绩效评估、报酬和奖惩，如图 11.3 所示。

图 11.3　人员控制方法

甄选与配置是为组织选聘与组织计划相匹配的人员及人员数量，且其价值观、态度、个性与能力都符合执行企业计划和目标所需，并将其配置到合适的岗位上。人员配置还包括控制组织内各类人员比率，如管理人员与操作人员的比率，后勤人员与一线人员的比率，正式职工与临时工的比率等。

目标设定包括设定员工个人及其所在集体的短期目标和长期目标，其目的是为了指导和限制员工行为，使员工为了达到目标，做出符合企业计划和发展的行为。

职务设定是具体为员工确定工作职责等，告诉员工需要做什么。

行为规范化包括利用规章制度、工作指引等方式告诉员工能做什么，不能做什么，指引员工的行为。

培训的形式是多样的，其作用包括提高员工能力、激励员工、传递企业文化等，最终目的是为了使员工符合企业计划和发展的需求。

监督检查是传统的人员控制方法，包括现场监督检查等，目的是保证员工的行为不偏离主要规定的工作行为。

绩效评估是通过建立工作评估指标，促使员工按照组织所期望的方式行动；然而要建立一套客观简明的评价指标有一定的困难。人们在不断的实践中，总结出一些可行的方法，如实地审查法、目标管理考评法、360 度反馈评价法以及偶然事件评价法。

报酬和奖惩是通过激励和惩罚的方式强化组织期望的行为和消除不利于组织计划和发展的行为。

11.2.2 财务控制方法

财务控制方法是组织控制的重要组成部分，它对组织全面控制和各部门的具体控制都起到了重要的作用，它包括预算控制、财务审计和财务分析，如图 11.4 所示。

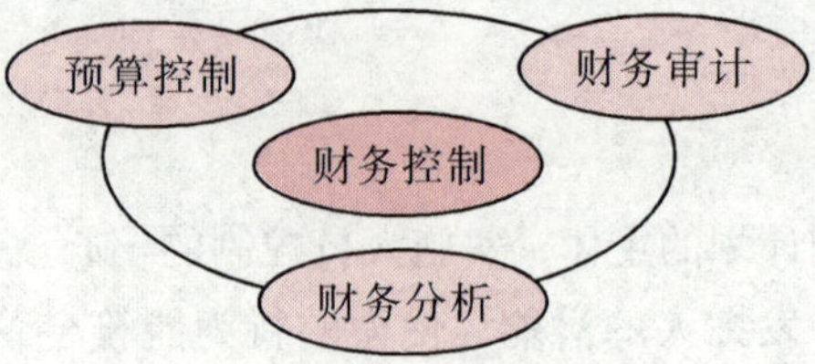

图 11.4 财务控制方法

(1) 预算控制

预算控制是一种传统的控制方法，在企业管理中被广泛地运用。它用数字的方式来编制计划，用货币单位来规划企业的各个活动，属于前馈控制。

预算控制的作用：预算控制可以帮助管理者了解组织的财务状况，协调组织的资源配置和有效利用资源，并有助于提高经济效益。

预算控制的优点：有利于管理者建立明确的控制标准，较为方便地比较不同部门、不同层次和不同时期的工作。

预算控制的缺点：预算控制有时候会过于繁琐、呆板，使企业在实际工作中失去自由度和创造力。

预算控制的注意事项：在做预算控制时，需要有一定的弹性，不能过细、过死。预算是为实现目标而制定的，在实施目标的过程中，不能盲目的控制费用支出不超过预算，而忘记了组织的目标。

管理百科

预算的形式

预算的形式是多样的，它主要包括以下三个方面：

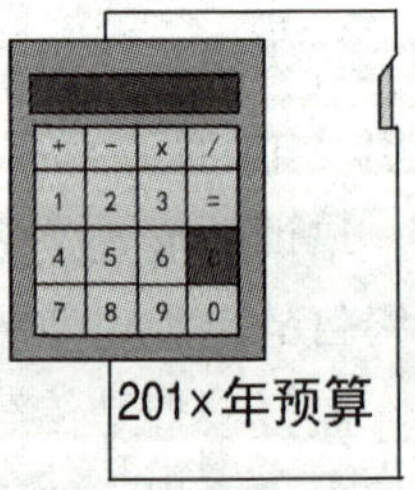

财务预算：指组织在计划期内反映有关预计现金支出、经营成果和财务状况的预算。它实际上是组织各项经营业务和透支的整体计划，因此它也被称为总预算。

经营预算：指组织日常各项活动的基本预算，包括销售预算、成本预算、生产预算、人工预算、管理费用预算等。

投资预算：指对组织固定资产的购置、扩建、改造等的可行性研究的预算，它反映在投资多少，什么时候投资，何时获得收益等方面上。

（2）财务审计

财务审计是指对组织运行的财务记录和财务报表进行审核与鉴定，判断其真实性和可靠性，它可以为控制提供依据。财务审计一般包括以下三种类型：

①外部审计

外部审计是指通过外部审计机构，如国家审计部门，对组织进行审计。

外部审计的用途：外部审计主要用于审查组织内部是否有虚假、欺骗和抵触国家法律法规的行为。

外部审计的优缺点：外部审计的优点是外部审计人员与被审计的组织没有隶属关系，能做出客观公平的审计；其缺点是外部审计人员对组织内部运作并不了解，当内部人员不愿意做出配合时其难度就会增加。

②内部审计

内部审计是指由企业内部安排独立的人员进行审计。

内部审计的用途：主要用于检查现有控制程序和方法能否有效地达成组织既定的目标和执行既定的政策，并做出改进建议。例如，在检查物资采购时，不仅要分析采购部门的账目是否清晰、齐全、准确，还要检测所采购物资的质量是否符合要求。

③管理审计

管理审计也称为管理诊断，它是在外部审计和内部审计的基础上，对企业政策、工作程序和计划的执行度进行测定，并提出建议。它可以由内部人员进行，也可以请外部的专家进行。

管理审计的用途：管理审计可以让管理者了解自己的优势和劣势，帮助企业判断经营与管理的健康程度。

（3）财务分析

财务分析是一种利用财务数据去分析组织的财务状况、企业经营状况及预测未来前景的一种方法，它可以分为财务比率分析和经营比率分析。财务比率分析可以用于分析组织的财务状况，如偿还债务的能力、盈利的能力等；经营比率分析可以协助管理者了解组织的经营效率和资源的利用情况。常用的财务分析指标如表 11.1 所示。

表 11.1　　常用的财务分析指标

序号	分析类型	比率名称	计算公式	作用及反映情况
1	财务比率分析	流动比率	流动比率 = 流动资产/流动负债	检验企业偿还短期负债的能力。流动比率越大，偿还能力越强
2		速动比率	速动比率 = （流动资产 - 存货）/流动负债	当组织有大量存货且周转率低时，能比较精确地反映偿还债务的能力
3		资产负债率	资产负债率 = 全部负债/全部资产	比值越高，组织的财务杠杆作用就越明显
4		销售利润率	销售利润率 = 税后净利润/销售总额	说明产品生产的利润能力
5		资金利润率	资金利润率 = 净利润/占用的全部资产	用于衡量组织资金利用效果

表11.1(续)

序号	分析类型	比率名称	计算公式	作用及反映情况
6	经营比率分析	存货周转率	存货周转率＝销售收入/存货	反映了与销售收入相比，存货数量是否合理，指标越高，存货资产的利用率就越高
7		固定资产周转率	固定资产周转率＝销售总额/固定资产	表明组织资产的利用程度
8		销售收入与销售费用的比率	销售收入/销售费用	反映了组织营销活动的效率

11.2.3 作业控制方法

作业控制是要对组织运行的各个环节进行控制，以确保其在生产产品或提供服务的能力上的效率和效果，它包括生产控制、库存控制、质量控制、成本控制等。

生产控制是对组织生产过程的作业活动、进度、生产速度等各个方面进行控制，如监督和指导生产活动、利用图表对生产进度进行分析等。

库存控制是对库存物质的掌握与控制，确保生产经营过程中物质的供应，合理安排库存资金占用，以求库存保存在最佳水平，主要的做法有库存定量控制和库存定期控制。此外，人们已经普遍以数学和计算机为基础开发了许多库存模型，如准时库存系统（JIT）等。

质量控制是企业作业控制中重要的一环，主要是为了保证企业生产的产品或提供的服务的质量，目前普遍采用全面质量控制管理。全面质量管理主要包括三个特点：一是实行全过程管理，强调质量管理思想贯穿从用户调查到售后服务的整个过程中；二是全部工作保证，建立一个包括全部相关工作过程的质量保证体系；三是全员参加，组织的全体人员都参与质量管理。

成本控制是指根据一定的标准，对产品形成的整个过程进行监督和控制，从而降低各项费用和劳动力的支出。成本控制一般使用事前建立标准和预算，事中进行观察、信息反馈和调整，事后分析使用情况的方式。

11.2.4 信息控制方法

信息控制是确保管理者有精确、完整和及时的信息来完成他们的工作。目前信息控制方法主要是利用计算机建立管理信息系统来进行控制。建立管理信息系统的基本步骤可以归纳为五步，如图11.5所示。

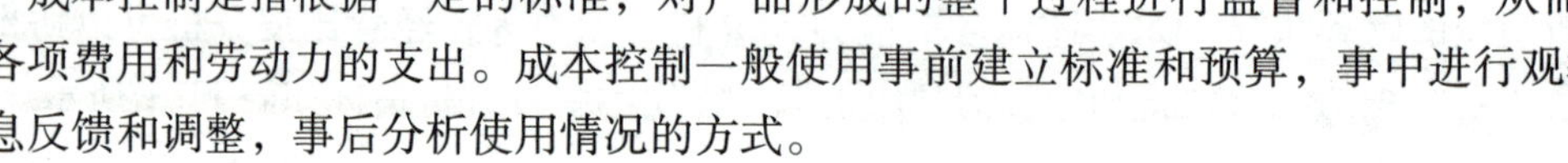

图11.5 建立管理信息系统的步骤

第一步：系统分析。调查和分析信息使用者的信息要求，分析和整理作业流程、业务属性、数据等，并撰写详细的调研报告。

第二步：系统设计。根据调研报告，设计具体的实施方案。

第三步：建设。计算机程序编写，设备购入，操作人员培训，数据信息录入。

第四步：验收、调试和评价。对管理信息系统进行试运行和评价，对不理想的地方进行调整。

第五步：运行、维护和改进。运行管理信息系统，并对其进行维护，若有需要，根据情况变化随时进行改进。

11.2.5 组织绩效控制方法

组织绩效的控制就是要维持改进一个组织的整体效果。上述所说的人员控制方法、财务控制方法、信息控制方法等的最终目的都是为达成组织目标和计划，因此，这些方法都是控制组织绩效的方法。

管理百科

标杆管理

标杆管理是一种管理方法，也是一种组织绩效控制方法。其核心是通过与强大的竞争对手或同行领导者进行对比找出自身的不足，进行调整，从而提高组织绩效的管理控制过程。美国的施乐公司是最早采用标杆管理的企业，它通过找出与日本领先企业的差距，在经营战略等方面进行了全面调整，成功地夺回了市场份额并降低了成本。

此外，在组织绩效控制中，还有一个关键就是需要有科学的方法来衡量组织绩效。组织绩效很难用一个单一的指标来衡量，生产率、效率、利润、产量、市场占有率、组织成员福利、组织成长性等都有可能成为衡量的指标。因此，衡量组织绩效关键是看组织的目标取向。管理者需要根据组织的目标取向来建立一套属于自身组织的衡量指标。

管理现场 11.2

小张服装店专卖

小张服装店专卖

小张是某大学服装设计专业的学生，毕业后开设了一家小小的网上服装店，专卖自己设计的服装。她自己负责设计、购买布料等原材料、为设计的服装制作样板、网上销售的工作等。同时，她还租了一个小工作间，作为生产和存货的地方，聘请了一位裁缝师傅和自己一起在工作间内制作服装。服装店开业后，小张所设计的服装很受年轻人欢迎，销量不错。然而，开店后第一个月小张在计算盈利的时候，她发现自己亏本了。由于没有及时寻找原因和采取控制手段，几个月过去了，虽然服装销售量在不断增加，但仍然没有扭亏为盈，而且还出现了很多问题，如因为裁缝师傅生产的服装和自己网店上的样板服装不一致，退货的情况不断增加；因为看到好的原材料就进货，小工作间堆满了各类存货，使小张做设计和裁缝做衣服的空间变得很拥挤，而且积压了大量资金；尽管裁缝师傅工作表现不十分理想，但裁缝师傅觉得销量在增加，总是要求增加工资；因为没有做好预算和成本核算，设计和生产过程中有大量的原材料出现了浪费……

小张的服装店由于没有采取控制手段，出现了很多问题。你认为小张的服装店有哪些地方需要采取控制措施呢？你建议小张采取哪些控制方法呢？请填写下表：

控制对象	控制方法	控制的目的和作用
1.		
2.		
3.		
4.		
5.		

11.3 控制过程

控制的过程总的来说可以分为三个步骤：一是建立控制标准；二是衡量绩效；三是分析偏差并纠正，具体如图 11.6 所示。

图 11.6 控制的过程

11.3.1 建立控制标准

建立控制标准就是根据组织的计划和目标建立一套考核评定标准体系，去衡量和检查各项工作及工作结果，它是实施控制的基础。

(1) 标准的要求与类型

控制标准是根据组织计划和目标而确定的，但组织的计划和目标往往是宏观的，控制标准不能完全照搬计划或目标。管理者需要找出关键的衡量指标，并将其量化和细化，使控制标准符合以下要求：

- 表述简单明了、通俗易懂；
- 体现协调一致、公平合理、一视同仁的原则；
- 能准确反映组织活动的状态；
- 便于对组织各部门的工作进行衡量，具有操作性；
- 不能要求过高或过低，应是经过努力能达到的，具有可行性；
- 在短期内不宜随意变动，并具有一定的稳定性，但同时具有弹性，能适用环境的变化；
- 既能符合现实的情况，又能与未来的发展相结合。

企业常见的控制标准类型有时间标准、数量标准、质量标准等，如表 11.2 所示。

表 11.2　　常见的控制标准类型

序号	标准类型	例子	备注
1	时间标准	工时、交货期	
2	数量标准	生产数量、库存数量	
3	质量标准	合格率、顾客满意度、产品等级	
4	价值量标准	销售额、成本、利润、	一般以货币形式来衡量
5	程序标准	工作规程、作业规范	
6	无形标准	上级对下级的评价	

（2）制定标准的方法

制定控制标准的方法常见的有三种：统计计算法、经验估计法和工程标准法。

统计计算法是通过统计组织相关历史数据，加以分析来确定控制标准。这种方法简便易行，但有可能低于行业标准。

经验估计法是根据专家或管理者的经验和判断来确定控制标准。这种方法在缺乏数据的时候，仍然能够制定控制标准，但标准往往缺乏精确性、科学性和合理性。

工程标准法是通过对工作进行客观的定量分析来制定控制标准，如通过对生产时间和生产动作进行研究，制定出生产控制标准。这种方式较为客观、合理，并且准确性高，但要花费大量时间和成本进行研究才能制定出标准。

11.3.2　衡量绩效

衡量绩效就是根据控制的标准，对实际工作情况进行衡量与评价，并如实反映和评价计划执行情况。因此，衡量绩效就是一个收集和反馈控制对象有关信息的过程。

常用的衡量绩效的方法有亲自观察、分析资料、召开会议和抽样检查，如表 11.3 所示。

表 11.3　　常见的衡量绩效的方法

序号	方法	具体做法	优点	缺点
1	亲自观察	管理者通过现场观察或电子监控设备直接衡量绩效	直接获取信息，避免信息遗漏、忽略或失真	消耗管理者大量时间和精力；受管理者的时间、经验等因素制约，观察的信息可能不够全面和深入
2	分析资料	对控制对象的各类报表、报告进行分析	节省时间、效率高	资料有可能存在虚假、片面等情况
3	召开会议	让各部门在会议上汇报工作进程和存在的问题	信息透明，有利于相互了解情况、吸收经验和相互监督	可能存在报喜不报忧的情况；不利于隐秘工作的汇报；可能会有不良竞争和评论
4	抽样检查	管理者随机抽取一部分工作进行衡量	节省时间和精力	对选择的样品要求较高，否则会出现较大的偏差

要有效地衡量绩效，管理者需要做到以下几点：

● 因为上述衡量绩效的方法各有优缺点，需要根据组织的实际情况，结合几种方法来进行绩效衡量；

● 根据控制对象的性质与实际情况，如可能发生重大变化的间隔，确定控制的频率；

● 建立有效的信息收集系统，为控制工作提供及时、准确和适用的信息；

● 在衡量绩效的同时，考虑检验标准的客观性和有效性，注意标准本身是否存在问题。

11.3.3　分析偏差并纠正

在衡量绩效后，下一步需要做的就是分析偏差并采取相应的纠正措施。这一步实际上包括了以下三个方面的内容：

（1）评价偏差

在实际工作中，偏差往往是不可避免的，评价偏差就是指对偏差性质和严重程度进行评估，确定是否采取下一步措施。偏差的性质可以分为两种，一种是优于控制标准，有利于组织发展和实现最终目标的正偏差；另一种是劣于控制标准，不利于组织发展的负偏差。偏差的严重程度也需要认真进行评估，有些偏差非常小，或只是因为偶尔、暂时的因素引起的，不会产生严重后果，可以忽略不采取纠正；有些偏差则会产生严重后果，需要尽快纠正。

（2）分析原因

偏差产生的原因是较为复杂的，归纳起来主要由三方面的因素造成：一是外部环境发生了重大变化，如贷款利率突然提高致使资金成本提高，使组织原定的计划无法实现；二是计划执行不力，如员工工作能力不佳，责任心不强等；三是计划本身制订得不合理，如制订计划时太乐观，把目标定得太高。

管理控制人员需要对偏差产生的原因进行全面、深入、认真的分析，若不能找出正在造成偏差的原因，纠正措施就无法见效。

（3）纠正偏差

偏差的纠正要根据原因分析的结果采取相应的措施。若是由于外部环境不可控的变化造成，组织需要对计划和策略做出相应的调整，以适应外部环境的变化；若是由于计划执行不力造成，就需要落实部门、人员、方法和步骤，采取监督等手段，纠正偏差；若是由于计划本身制订得不合理，则需要合理修改组织计划。

管理百科

海尔的内部控制系统

日日清控制系统是海尔集团在实践中总结出来的一套内部控制系统，是一个每人、每天对自己所从事的每件事进行清理、检查的控制系统。它包括两个方面：一是“日事日毕”，即对当天发生的各种问题（异常现象），在当天弄清原因，分清责任，及时采取措施进行处理，防止问题积累，保证目标得以实现。二是“日清日高”，及时对工作中的薄弱环节不断改善、不断提高。要求职工“坚持每天提高1%”，70 天后工作效率就可以提高一倍。

（资料来源：林志扬．管理学原理［M］．4 版．厦门：厦门大学出版社，2009：416.）

管理现场 11.3

学习目标控制

假如你是一名学生的家长，你为孩子制定了一个学期的学习目标，要求期末考试语文、数学和英语三科总成绩由年级 100 名晋升到年级前 50 名。

为了帮助孩子完成这一学习目标，你将如何采取相应的控制工作呢？根据控制过程的三个步骤，请将你控制的具体做法填入下表。

制定控制标准	衡量实际绩效	分析偏差并纠正

11.4 有效控制

作为一项重要的管理职能，无效的控制将导致计划无法实现。要实施有效的控制，必须遵循相应的控制原则和相关注意事项。

11.4.1 有效控制的原则

（1）反映计划要求原则

控制和计划的关系紧密，控制的目的是为了确保组织计划能顺利完成。因此，管理者在制定控制系统和设立控制工作时，都应该考虑到计划的特点。确立什么标准、控制的具体对象、收集什么信息、采取什么方法进行评价、采用什么纠偏措施等，都是需要根据不同计划的要求，具体来设定。

（2）适用组织结构特点原则

控制工作需要人的实施和执行，因此，管理者在确立控制系统时，因充分考虑组织结构的特点，包括组织信息的传递方式和组织成员的职责和分工，确保反映实际工作的信息能顺畅传递，控制工作才能做到责任到人。

（3）突出关键点原则

在实际控制工作中，管理者不可能关注到计划执行的全部细节。古人云：牵牛要牵鼻子走。实际上管理者只要抓住能促使计划顺利完成的工作关键点，加以控制，就能够达到有效控制。

（4）强调例外原则

强调例外原则是指要特别注意例外的偏差，即比一般情况好很多或差很多的情况。在工作中，并非所有例外原则都需要注意，管理者需要将突出重点原则与强调例外原则相结合，将注意力集中在重点工作或关键工作的例外偏差。

（5）灵活性原则

灵活性原则要求控制措施与方法根据组织所处环境的变化和组织内部自身的变化，如计划的改变，进行灵活调整。

（6）及时性原则

及时性原则要求控制工作能及时进行，否则将影响控制的效果，甚至使控制不起作用或引起负面作用。

（7）直接控制原则

直接控制原则是指注重培养员工的素质，发挥员工的主动性，使其进行自我控制。直接控制比间接控制更有利于发挥员工的积极性，减轻管理人员的负担，并能提供控制的及时性。

管理百科

横山法则

横山法则是由日本社会学家横山宁夫提出的。他认为触发个人内在的自发控制是最有效并持续不断的控制，而不是强制。这个观点被称为“横山法则”。

（8）经济性原则

控制工作虽然能确保组织计划的顺利实施从而保证企业的收入，甚至为组织增加利润。然而控制工作也会产生成本，往往控制工作越复杂，控制力度越大，控制的成本就越高。因此，设计和实施控制时，需要考虑经济因素，提高经济性，使花费一定费用的控制能得到足够的控制收益。

11.4.2 实现有效控制的注意事项

（1）控制要有科学、可行的计划

此处说的计划包括两层含义：一是指组织的计划。控制的目的是为了确保组织计划的顺利实施，若组织无计划，控制则无意义；若组织的计划是不合理、不科学、不可行的，控制工作也很难实施。另一层含义是指控制本身要有一套控制计划。管理者不能无计划地乱控制，而是需要有目标、有重点、有步骤、有方法地进行控制。

（2）建立专门的控制部门、人员和明确职责

控制原则中有直接控制原则，然而，完全由本部门和个人自行监督、管理，容易出现因为自身利益和本位主义造成弄虚作假的问题，也会因为员工与部门的时间精力有限，无法很好地完成控制工作。因此，建立专门具有控制职能的部门或控制人员是有必要的。组织管理者需要明确各部门和各员工在控制工作中的职责与角色，充分发挥控制部门、人员的作用和直接控制的优势。

（3）具有全局观并能抓住关键点

控制工作需要具有全局观，即要从组织的整体发展出发，围绕组织目标的实现而展开工作。根据突出关键点原则，管理者需要在把握全局的前提下，抓住关键点工作实施控制。但是，这就要求管理者能妥善处理好全面控制和关键点控制的关系。既不能无重点地进行控制，也不能因为顾及局部目标而忽略了组织的全局目标。

管理百科

鱼刺图法

鱼刺图法是一种帮助管理者找出实现组织目标的关键工作的方法。画鱼刺图时，鱼头是组织的目标，大鱼刺是企业要控制的关键点。选好大鱼刺后，可以再根据情况和指标，画出二级鱼刺、三级鱼刺等。如一家企业的组织目标是提高企业在行业中的竞争力，管理者确定了大鱼刺（关键点）包括产品竞争力、售后服

务质量等。确定了大鱼刺后，再细分二级鱼刺。如售后服务质量这个大鱼刺，可以再细分为服务及时性、服务态度等，如图 11.7 所示：

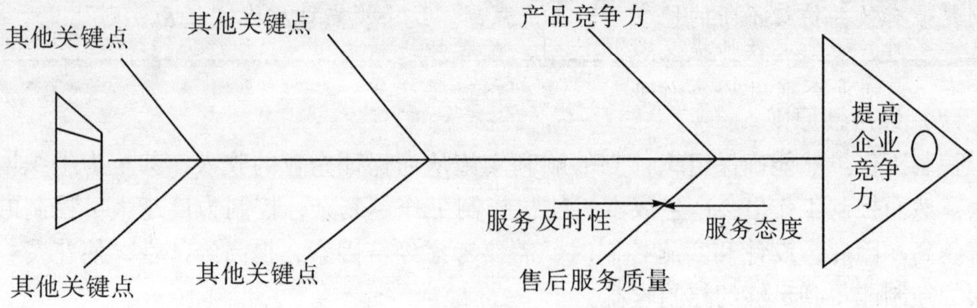

图 11.7　关键点鱼刺图示意图

（4）根据实际情况建立适合自身的控制系统

控制的种类、方法、手段都是多样的，它们各有各的优点和缺点。管理者不能只根据理论和别人的做法生搬硬套进行控制。要根据组织的实际情况，结合多种方法和手段，建立一套适合组织自身情况的控制系统。

（5）建立畅通的信息反馈渠道

信息反馈是控制过程的一个重要环节，信息反馈的速度和准确性关系到控制指令的正确性和纠正偏差的及时性和准确性。因此，有效控制需要有畅通的信息反馈渠道，这需要明确控制人员在信息传递中的任务与责任，设计好传递程序和时间要求，并建立管理信息系统，提高信息收集、传递、分析和处理的能力。

（6）注意反控制行为

在控制过程中常常会遇到被管理者对控制的抵制，做出一些反控制行为。产生抵制的原因主要有控制标准过高、衡量工作的方式不公平或不准确、对纠正措施产生厌恶感、管理者的态度居高临下令人厌恶等。为避免或解决反控制行为的影响，管理者需要树立正确的态度，采用科学的管理手段，做到适度控制，做好被管理者的引导教育、奖励考核等工作。

管理现场 11.4

学习效果控制

学校为了确保学生学习能达到预期的效果，会采取相应的控制，如要求教师提交教学计划，对教师进行教学检查等。教师也会通过检查作业、与学生交流等方式，确保学生能掌握应掌握的知识。

1. 你所就读的学校为了保证你的学习效果，做了什么控制工作呢？是否遵循了控制原则？

2. 请根据本节所学的内容，对你所就读学校的控制工作的有效性进行评价并给予建议。

控制原则	是否遵循	
反映计划要求原则	是	否
适用组织结构特点原则	是	否
突出关键点原则	是	否
强调例外原则	是	否
灵活性原则	是	否
及时性原则	是	否
直接控制原则	是	否
经济性原则	是	否
评价及建议		

精要回顾

控制是指管理者根据组织的目标和计划，用设定的标准对组织的实际工作进行衡量和评估，发现偏差，寻找原因并纠正偏差的过程。控制有助于减轻环境变化的影响，协调组织活动，并能避免和减少失误所造成的损失。控制的对象主要包括人员、财务、作业、信息和组织绩效五个方面。控制有多种分类方式，如按时间来划分和按控制力量来源来划分。

控制方法是多样的，根据控制的内容（对象），主要分为人员控制方法、财务控制方法、作业控制方法、信息控制方法和组织绩效控制方法。

控制的过程总的来说可以分为三个步骤：第一步是根据组织计划和目标，建立控制标准；第二步是根据控制标准，对实际工作情况进行衡量和评价；第三步是分析偏差并采取纠正措施。

控制作为一项重要的管理职能，对组织有着重要的作用和意义。无效的控制将导致计划无法实现。要实施有效的控制，必须遵循相应的控制原则和注意相关事项。

重点概念

1. 控制　2. 前馈控制　3. 同步控制　4. 反馈控制
5. 内部控制　6. 外部控制　7. 预算控制　8. 财务审计
9. 财务分析　10. 作业控制　11. 生产控制　12. 库存控制
13. 质量控制　14. 成本控制　15. 信息控制

管理工作坊－11

思考题

1. 什么是控制？控制的对象包括什么？
2. 前馈控制、同步控制和反馈控制各有哪些优缺点？
3. 控制的主要方法有哪些？
4. 控制的过程主要包括哪些步骤？
5. 实施有效控制要遵循哪些原则？

操作题

请与你的组员一起，通过书刊、网络、企业、亲友等渠道寻找下列问题的答案，并带回充分的证据资料与大家分享：

1. 除了本章介绍的控制方外，你还接触过其他的控制方法吗？请收集整理一到两个你感兴趣的控制方法或相关案例故事，与老师和同学们分享。

2. 调查一家本地企业，了解这家企业具体采取了哪些控制工作，通过所学的知识，对其控制工作进行评价并提出改进建议。

3. IKEA（宜家）在20世纪40年代以文具邮购开始起家，发展到现在已经成为全球最大的家居用品零售商。IKEA的成功在于同时成功地控制品牌和成本，做到品牌与成本两相宜。请查阅资料，找出IKEA是如何有效地控制品牌和成本的。

学习档案

为了证明你在完成这一章的学习之后，已经掌握了相关的理论知识和技能技巧，达到了本章提出的学习目标，你需要提供以下资料：

1. 对本章“引导案例”的分析理解；
2. 对本章“管理现场”的分析理解；
3. 对本章“关键概念”的理解回答；
4. 对本章“管理工作坊－11”提出的“思考题”的分析理解，以及对“操作题”的完成情况（包括书面报告、口头演示、材料整理等）；
5. 在本章学习过程中的其他相关管理活动的参与情况、课外学习的成果（包括资料、方式证据与反馈等）。

12 创新

学习目标

通过本章的学习，要求：

1. 理解创新的含义、类型、作用和原则；
2. 掌握创新的内容；
3. 掌握创新的过程；
4. 能运用创新的技法；
5. 理解组织进行创新的动因和基本条件；
6. 了解提高组织创新能力的方法。

内容结构图

- 创新
  - 创新概述
    - 什么是创新：创新的含义；创新与维持的关系
    - 创新的类型：按规模和影响程度划分；按创新与环境的关系划分；按创新发生的时期划分；按创新的组织程度划分
    - 创新的作用：推动组织发展；带来经济效益；增强竞争优势；推动社会进步
    - 创新的原则：调研原则；可行性原则；重点原则；系统原则；允许失败原则
  - 创新的内容
    - 观念创新：概念、作用、要求
    - 制度创新：概念、内容、意义
    - 组织创新：概念、内容、要求
    - 技术创新：概念、内容、创新的主体
    - 管理方式创新：概念、内容、意义
  - 创新实践
    - 创新的过程：寻找契机；提出构想；实施构想；坚持不懈
    - 创新的技法：列举法；头脑风暴法和逆向脑风暴法；6M法则；综摄法
  - 创新的组织
    - 创新的动因：外在动因；内在动因
    - 创新的基本条件：创新意识；创新氛围；创新目标；较好的基础管理；创新奖励制度
    - 提高创新能力：借用外部力量；引进优秀人才；把握国家政策；持续创新

引导案例

先建市场，再建工厂

应该如何创办乳制品生产企业呢？

按照一般人的想法，应该是先要建厂房、订购设备并安装调试、生产产品，然后打广告、做促销，等产品有了知名度之后，再谈论市场维护和建设的问题。然而，这种方法是最好的吗？还有其他方法吗？

蒙牛集团的创始人牛根生在创建蒙牛集团的时候，就没有运用这种传统的方法，而是运用了一种创新的方式——先建市场，再建工厂，把有限的资金用于市场推广之中，然后把全国的工厂变成自己的加工车间。

1999 年，在没有一头奶牛的情况下，牛根生用 1/3 的启动资金即 300 多万元，在呼和浩特进行广告宣传，形成铺天盖地的广告效应，几乎在一夜之间，人们都知道了“蒙牛”。

接着，牛根生与中国营养学会联合开发了新的产品，然后再与国内的乳品厂合作，以投入品牌、技术、配方，采用托管、承包、租赁、委托生产等形式，“借鸡下蛋”生产“蒙牛”产品。蒙牛把这种“两头在内，中间在外”——研发与销售在内、生产加工在外的企业组织形式，称作“杠铃型”。

通过这种创新的运作，在短短的两三个月的时间内，牛根生盘活了近 8 亿元的企业外部资产，完成了一般企业几年才能完成的扩张。蒙牛在 1999 年创立，半年之中，在中国乳制品企业销售收入排行榜中，蒙牛由千名之末跃升至第 119 位。2000 年，蒙牛实现销售 2.94 亿元，是 1999 年的 6.7 倍，销售额居全国同行业排名第 11 位；2002 年，蒙牛实现销售收入 21 亿元，是 2000 年的 8 倍，蒙牛总资产达 11 亿元，主厂区占地面积 55 万平方米，建筑面积 14 万平方米，形成年产液体奶、冰激凌各 20 万吨的生产能力。到了 2005 年底，蒙牛集团的营业收入已经突破 100 亿元，到 2006 年的销售收入达到了 162 亿元！如今蒙牛的成长性在世界乳业中排名第一，被称为“一头牛跑出了火箭的速度”。

我们可以试想，如果牛根生采用传统的方式来创建蒙牛集团，把大部分的启动资金都用于建筑工厂和设备，然后再慢慢一步步开拓市场，蒙牛集团可能还是像一头牛一样慢慢向前行走，很难在短短的时间内有这么迅速的发展。牛根生打破了传统的束缚，使用了创新的方式，创办了一家发展速度像火箭一样的企业。

[根据柳瑞军. 向牛根生学逆向思维 [J]. 中小企业管理与科技（下旬刊），2008（9）整理改编]

案例讨论

1. 结合牛根生创建蒙牛集团的创新故事和你的经验，谈谈你对创新的作用和理解。

2. 你认为组织为什么要进行创新，什么时候要进行创新呢？

12.1 创新概述

12.1.1 什么是创新

（1）创新的含义

创新一般指人们改造自然和社会时所作的革新，它包括发明新的事物，发现和认识新的事物本质和发展规律，对旧的事物进行创新和变革等。创新可以运用于很多领域，本章所谈论的创新主要是指运用于组织的管理范畴的创新，指的是管理创新。我们把管理创新的含义理解为：

管理创新是指为了使组织处于良好的状态和良性的发展，根据内外部环境的变化，在科学理论的指导下，对组织各项管理资源进行改革、更新、重组或创造。

管理百科

创新理论的提出

创新的概念最早是由美籍奥地利经济学家熊彼特在其1912年出版的《经济发展理论》一书中提出的。他认为创新就是建立一种“新的生产函数”，实现生产要素和生产手段的“新组合”，它包括引进一种新产品，采用一种新的生产方法，开辟一个新的市场，获得一种原材料或半成品的新的供给来源和实行数种新的企业组织形式。

经济学家熊彼特

（2）创新与维持的关系

在前面的章节，我们认识了管理的四个基本职能，包括计划职能、组织职能、领导职能和控制职能。从本质上说，这四个职能都是为了确保组织系统的活动顺利进行，属于管理的“维持”的范畴。然而，从组织系统的发展上来看，系统除了需要维持外，还需要不断发展，呈现新的状态，这就需要有创新。管理的本质内容是维持和创新。

维持和创新是相互联系、不可或缺的。组织是在不断地在“维持——创新——新的维持”程序上运行。创新是在维持的基础上发展，而维持则是创新的逻辑延续；维持是为了实现创新的成果，而创新则是为更高层次的位置提供依托和框架。因此，管理工作的运作，是维持和创新的组合。

12.1.2 创新的类型

创新的类型可以从不同的角度进行划分，在此介绍四种常见的划分类型，如图12.1所示。

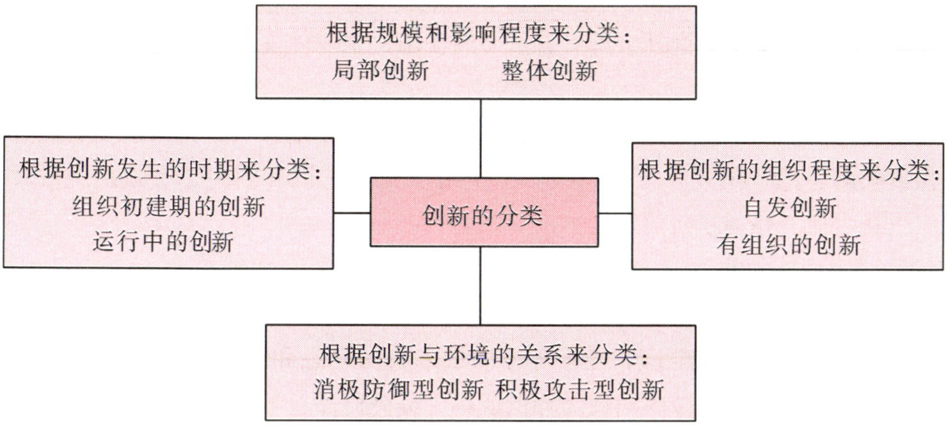

图12.1 创新的分类

（1）按规模和影响程度划分

根据创新的规模和影响程度，可以将创新划分为局部创新和整体创新。局部创新是指在组织的性质和目标不变的前提下，组织内部发生局部的变动，如某些活动内容、某些要素的性质或组织社会贡献的形式发生变动。整体创新是指组织的目标、使命、运行方式和社会贡献等都发生性质上的改变。

（2）按创新与环境的关系划分

根据创新与环境的关系，可以将创新分为消极防御型创新和积极攻击型创新。消极防御型创新是指外部环境的变化阻碍或威胁到组织的生存或运行，为了避免或减轻环境变化的影响，组织进行局部或全局性的调整。积极攻击型创新则指组织通过观察环境的变化，敏锐预测未来可能出现的机遇并加以积极利用，主动进行组织战略、技术等方面的改革。

（3）按创新发生的时期划分

根据创新发生的时期来分类，可以把创新分为组织初建期的创新和运行中的创新。组织初建期的创新是指组织初始建设的过程中组织目标、结构、运行规划等方面从无到有的建设。组织新建本身就是一项创新活动。运行中的创新指组织“守业”和发展的过程中，所做的调整、改革。

（4）按创新的组织程度划分

根据创新的组织程度，可以将创新分为自发创新和有组织的创新。自发创新指组织系统下的各子系统，如部门或个人，根据环境变化的要求，积极或消极地对工作内容、工作方式、工作目标等进行的调整。有组织的创新包含了两层含义：一是组织领导根据创新的客观要求和规律，制度化地对内外部环境和创新机会进行研究，有计划、有组织地进行创新；另一层含义是组织管理者积极引导自发创新，使自发创新与组织其他有计划的创新相协调，使整个组织的创新活动有组织地进行和展开。

12.1.3　创新的作用

创新对组织甚至是整个社会都有着重要的作用，主要体现在以下四个方面：

（1）推动组织发展

创新就是使组织不断进行自我审视，改变陈旧的、不适应内外部环境变化的部分，积极探索新的思想、模式、方法和技术，使组织充满生机和活力，有效地适应环境，使组织更具生命力并不断向前发展。

（2）带来经济效益

组织作为经济运行的基本单位，是创新的主体，这使创新从本质上来说是一种经济活动。创新能使组织在生产、经营等方面带来新的思想和方法，为组织带来经济效益，如提高劳动生产率、减少消耗、降低成本、提高产品竞争力以获取更多收益等。

（3）增强竞争优势

目前，信息技术革命和全球化竞争不断对组织的经验活动、制度框架、组织模式和管理模式等方面都提出了新的要求。此外，商品趋向于多样化和个性化，也要求组织要在产品创新方面加以努力。创新是适应现代激励的竞争环境，战胜对手和增强企业竞争力的重要途径。

（4）推动社会进步

虽然组织的创新对于整个社会来说，只是一个小的改变，但是成功的创新必定符合社会法则的需要。它必定具有扩散作用，势必能带动其他组织，从而推动整个社会的变革。就如马克思所说，人类文明发展史实际上是一部生产力的发展史。组织的创新能带动组织生产力的提高，从而带动组织所在行业的生产力的提高，最后推动整个社会的发展和进步。

12.1.4　创新的原则

创新原则是指在创新过程中应该遵循相应的行为准则，它对创新能否最终顺利实现有着重要的意义。创新的原则主要包括 5 个方面，如图 12.2 所示。

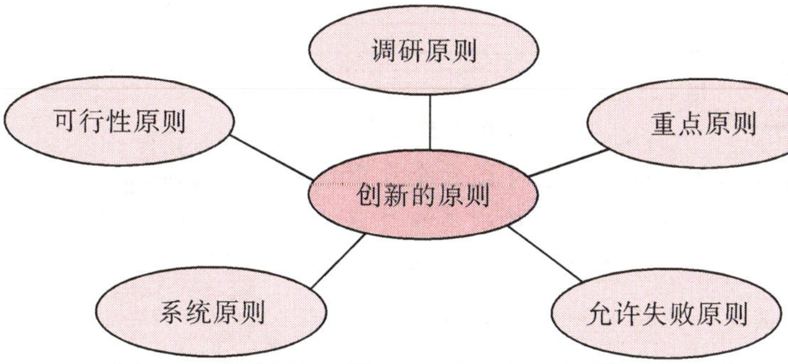

图 12.2 创新的原则

（1）调研原则

创新并不是凭空想象、毫无理论和实践的盲目行动，创新需要有理论的支持和对实际情况进行分析研究。成功的创新需要经过理性的思考、理论研究、获取真知灼见后，再针对创新实际所涉及的对象和范围进行实际的调查，经过研究分析后，再采取相应的行动。

（2）可行性原则

创新需要符合组织实际情况，在组织实际工作中确实可行。这是指创新所需要的条件必须是组织能够提供的，如资金、人才、设备等，要力求在有限的资源内进行创新，以满足企业的实际需要，解决企业的实际问题。

（3）重点原则

若组织在创新上没有重点，从各个方面都全面铺开，期望有很多创新成果，往往会造成许多创新都在设想阶段，导致创新的速度减慢。因此，组织对于创新需要有重点地进行，先解决主要问题，主攻某一个方面，集中精力、人力和物力，才能见效快。

（4）系统原则

组织面对多变的内外部环境和相互关系复杂的各项管理工作，这要求组织对于创新需要有系统地进行。组织需要有明确的创新目标，并协调组织内部各部门和成员的工作，团结合作，集中力量地进行创新。

（5）允许失败原则

在创新的过程中，由于对客观事物、客观规律的理解和揭示出现了偏差甚至错误，或在选择方法、手段上不够科学等情况都会导致创新的失败。创新是一个不断探索，不断尝试的过程，组织管理者应该用积极的态度对待创新的失败，鼓励创新者从失败中吸取教训，保护创新者的积极性。

管理现场 12.1

博士后与小工

网上流传着一个笑话：一家跨国大企业引进了一条香皂包装生产线，结果发现这条生产线有个缺陷：常常会有盒子里没装入香皂。为了解决这个问题，跨国大企业请了一个学自动化的博士后设计一个方案来分拣空的香皂盒。博士后组成了一个十几人的科研攻关小组，综合采用了机械、微电子、自动化、X 射线探测等技术，花了几十万元，成功解决了问题。每当生产线上有空香皂盒通过，两旁的探测器会检测到，并且驱动一只机械手把空皂盒推走。

中国南方有个乡镇企业也买了同样的生产线，老板发现这个问题后大为光火，找了个小工对他说："你必须得把这个问题解决，否则你就走人！"小工很快想出了办法：他花 90 块钱买了一台大功率电风扇放在生产线旁边猛吹，于是空皂盒都被吹走了。

（资料来源：根据 http://wenku.baidu.com/view/40901b24dd36a32d73758130.html 修改）

在这则笑话中，大企业和小企业都进行了技术创新，都解决了生产线上的问题，但是大企业却比小企业耗费了更多的人力和金钱。很多人都取笑博士后，表扬小工的聪明，然而事实确实是这样吗？

1. 博士后的设计真的是一个浪费人力和金钱的方案吗？你怎么看？

2. 小工的做法分别在小企业和大企业中运用能达到同样的效果吗？

请根据创新的作用和意义以及创新原则中的可行性原则，分别对博士后和小工的创新做出评价。

博士后的方案	小工的方案

12.2 创新的内容

在组织管理中，创新所涉及的范围包括组织生产、技术、经营等各个领域。因此它的内容非常广泛，本节主要介绍创新的几个基本内容，如图 12.3 所示。

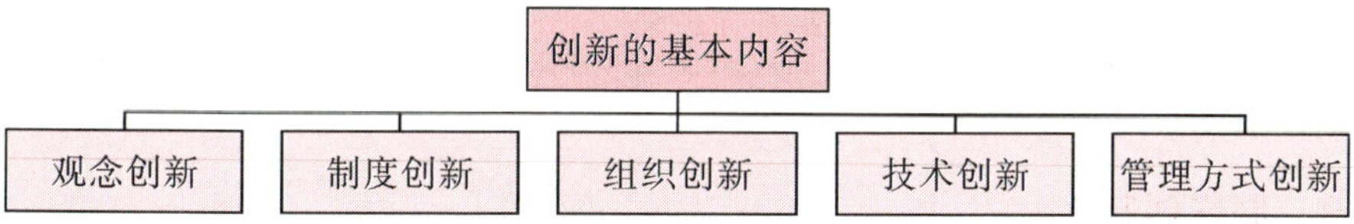

图 12.3 创新的基本内容

12.2.1 观念创新

(1) 观念创新的概念

观念创新是指组织或组织管理者在科学、准确地把握客观世界变化的规律和发展趋势，以及深刻理解现行制度和规范的基础上，对现行组织、现行制度、规范和管理活动进行审视，创造或运用体现时代进步的新思想和新方法进行管理。观念创新的直接表现是思维活动的创新，改变或否定旧的长期存在于组织中的陈旧的、不利于组织发展的思想观念和行为模式。

(2) 观念创新的作用

观念创新在管理中具有非常重要的作用。虽然观念创新是一个无形的东西，但它是组织创新的前提和基础，它是组织进行创新最直接的推动力，对组织管理开辟新的局面起到了重要的作用。此外，管理者在进行观念创新的过程中，是一种学习管理知识和积累管理经验的过程，因此，观念创新是提高管理者管理水平的重要途径。

(3) 进行观念创新的要求

观念创新要求管理者做到以下几点：

- 积极学习和吸收先进的管理思想、管理方法和管理经验，从而做到推陈出新；
- 勇于挑战自己现有的思想，接受新的思想和观念；
- 敢于向传统和权威提出挑战，冲破不合理的规章制度的束缚和打破不合理的现有利益格局；
- 能用积极的态度面对各种风险、打击和排斥。

管理百科

无为管理

——观念创新的新思维

无为管理是一种新型的管理理念，它是指打破旧的权威管理和严格管理，把领导者的管理权力分散到组织成员手中，人人都是管理者，都参与重大的决策。无为管理的目的不是不管理，而是让领导者摆脱日常事务管理的束缚，有更多的时间和精力去考虑组织发展的根本大计。

12.2.2 制度创新

（1）制度创新的概念

制度创新是指为了使组织适应社会经济体制环境，以及使观念创新和组织创新的活动和成果得以制度化和规范化，修改或制定新的组织制度的创造性活动。

（2）制度创新的内容

制度创新主要包括产权制度创新、经营制度创新和管理制度创新三个方面的内容：

产权制度是组织的根本性的制度，它规定了组织所有者的权利、利益和责任，也就是涉及组织的所有制是私有制还是公有制的问题。目前，很多组织的产权制度都不是纯粹的公有制或私有制。因此，产权制度创新集中在如何最适度地组合“个人所有”与“共同所有”的问题上。

经营制度是关于经营权的归属和其行使条件、范围、限制等方面的规定，它规定了组织的经营方式，由谁来经营，谁来占有、使用和处理生产资料，由谁来确定生产方向、内容等方面的问题。经营制度的创新主要是寻求如何最有效地利用组织生产资料的方式。

管理制度是行使经营权、组织日常经营的各类具体规则的总称，如材料、人员、设备和资金的取得和使用的规定。在管理制度创新中，分配制度的创新是重要的内容之一，目的是通过制定和完善合理的分配制度，通过合理的报酬激发员工的工作热情。

（3）进行制度创新的意义

通过了解制度创新的内容，可以了解到，进行制度创新的意义在于通过不断调整和优化企业所有者、经营者和劳动者间的关系、权力和利益，从而提高领导行为的有效性，决策的合理性，激发劳动者的热情，使组织各个成员的作用得到充分的发挥。

12.2.3 组织创新

（1）组织创新的概念

组织创新是指管理者在创新观念的指导下，根据内外部环境的变化、相应的制度和规范，利用新的方式、方法来指挥和协调组织的人力与物力资源，从而对组织内部各种管理资源进行重组和调整，以促进组织自身的维持和发展，使组织的社会效益和经济效益最大化的活动。

（2）组织创新的内容

组织创新包括多方面的内容，主要包括以下三个方面：

● 组织结构的创新：主要涉及调整或改变组织内部管理者以及管理部门之间的关系，也就是集权和分权的问题。

● 组织机构的重组：对现有组织内的各管理部门的设立进行调整和重新建立，如合并或拆分部门等。

● 责任的重新划分：对组织的现有各管理部门的责任进行调整或重新划分。

管理百科

组织结构创新的方向

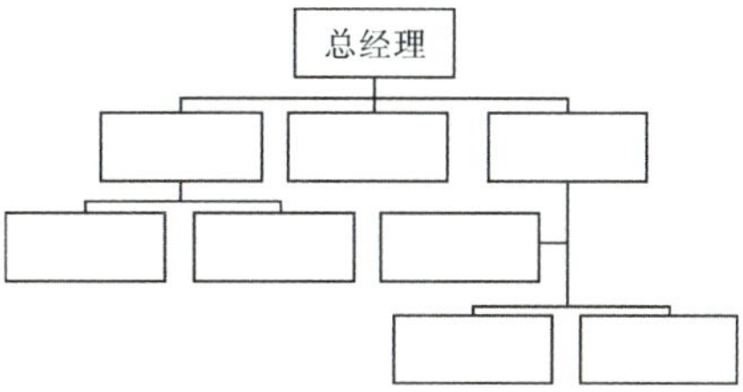

小型化：现在有观点认为小型组织人际关系较好，沟通较为顺畅，处事更为灵活，更能适应环境和市场变化。对于大型组织而言，组织机构庞大，结构复杂，容易僵化。因此，大型组织对组织结构进行创新时，往往会朝小型化、分散化的方向发展。

简单化：随着组织的不断发展扩大，组织结构往往繁冗，降低了管理效率。为了解决这个问题，组织结构创新一般向简单化方向发展。

弹性化：组织结构弹性化是指组织结构能根据组织战略目标的变动，进行相应的弹性化的调整，使之更能适应战略要求。

有机化：组织结构有机化是指组织结构像生命有机体一样，能自动和及时地对外部环境的变化做出反应，并能迅速适应。

（3）进行组织创新的要求

组织创新要求管理者打破常规的方式和方法调整或重构组织，要使组织内部的各项资源支持和配合管理者的新思想和新观念。在此过程中，关键是管理者要适时地设计和运用新的组织方式、结构和行为规范。

12.2.4 技术创新

（1）技术创新的概念

技术创新是将创新的技术运用于组织的生产和管理等方面的变革，从而达到提高组织生产力和管理水平等目的，为组织创造更多的价值。

(2) 技术创新的内容

技术创新主要包括要素创新、要素组合创新和产品创新三个方面的内容。

要素创新主要包括材料创新，设备创新，人事创新。如选用新的原材料，提高生产的机械化和自动化，注重员工对新技术、新知识的学习等。

要素组合创新主要包括使用新的设备改进生产和操作方法，以及在生产过程中不断研究和改进设备、生产工艺、劳动者等时间和空间的组合方式，在不增加要素的前提下，提高要素的利用率。

产品创新包括根据企业发展和市场需求，在开发出新的产品和原有产品的基础上，对原有产品进行改造。

(3) 技术创新的主体

技术创新是个系统工作，它的创新主体往往不能只局限于某一个组织，它需要企业、政府、科研机构、高等院校等共同合作完成。企业主要是将新的技术产业化，主要担当创新利益分配的主体、技术创新的决策主体、投资主体和开发主体。科研机构和高等院校主要是技术创新的源头，为企业创新提供技术、人才信息等，有些情况下也可以将科技成果产业化。政府在技术创新中起到引导作用，如制定技术创新的政策法规，投资关系到国际竞争力的重大科技创新等。同时，对于企业、政府科研机构和高等院校自身管理而言，可以在管理工具、技术、手段等方面做技术创新。

12.2.5 管理方式创新

(1) 管理方式创新的概念

管理方式创新是指对组织生产经营系统内的各种不同形式的管理方式、方法和手段进行完善、改变或变革。

(2) 管理方式创新的内容

管理方式创新包括管理手段、管理方式、管理资源的利用以及业务流程上的创新，它具体可以分为两种类型，一种是单一性的管理方式的创新，如库存管理法等；另一种是综合性的管理方式的创新，如全面质量管理（TQM）和准时生产（JIT）等。

(3) 管理方式创新的意义

管理方式创新是将创新作为管理基本内容的落脚点，它对于提供高生产效率，协调组织人员关系，优化组织资源整合，提高管理现代化水平，从总体上提高组织的综合管理素质都起到了重要的作用。

管理现场 12.2

海尔砸冰箱事件

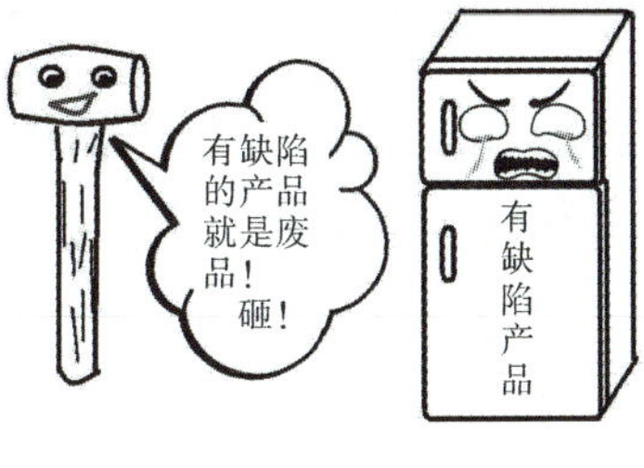

海尔砸冰箱事件是一个著名的管理案例。事情发生在 1985 年，海尔的厂长张瑞敏接到顾客来信，反映海尔的冰箱存在质量问题。经调查，仓库内有 76 台质量有问题的冰箱。张瑞敏意识到员工没有树立质量观念，便采用了砸冰箱的手段，“谁干的谁来砸”，并亲手砸了第一锤。砸冰箱震惊了海尔的员工，很多员工当场就哭了。但张瑞敏成功地进行了观念创新，在海尔树立了“有缺陷的产品就是废品”的质量观。

（资料来源：根据 http://www.haier.net/cn/about_haier/news/qt/201106/t20110601_49433.html 改编.）

1. 你认为砸冰箱事件对海尔的发展有什么重要的意义？如果不通过砸冰箱，你认为张瑞敏能顺利地树立员工的质量观，进行观念创新吗？根据观念创新的作用和进行观念创新的要求，谈谈你对海尔砸冰箱事件的看法。

2. 根据创新的内容，谈谈你所在的组织进行过哪些创新？这些创新对你所在的组织起到了什么作用和意义？

海尔砸冰箱事件	你所在的组织所进行过的创新

12.3 创新的实践

12.3.1 创新的过程

创新的过程归纳起来可以分为四个阶段，分别为：寻找契机、提出构想、实施构想和坚持不懈，如图 12.4 所示。

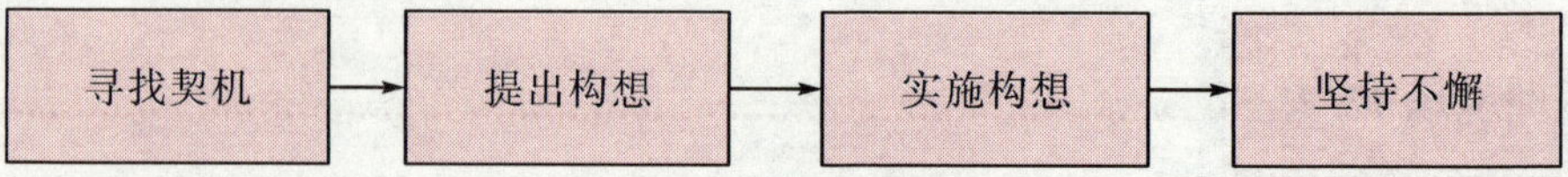

图 12.4　创新的过程

(1) 寻找契机

创新的契机或机会往往出现在外部环境的变化，或组织内部出现不协调现象的时候，组织需要抓住这些契机。常见的可能成为创新契机的现象，如表 12.1 所示。

表 12.1　可能成为创新契机的现象

类型	现象	影响
外部变化	技术变化	可能影响资源获取、生产设备及技术、产品技术等
	人口变化	对劳动力市场和产品销售市场都有可能产生影响
	宏观经济环境的变化	经济环境的好坏可能会影响消费者的购买能力
	文化与价值观念的转变	对消费者的选择偏好和劳动者对劳动报酬的态度都有可能产生影响
内部的不协调	生产经营中的瓶颈	对生产率和劳动者工作的积极性产生影响
	企业意外的成功或失败	对开拓和解放思维模式都有可能产生积极的影响

(2) 提出创新构想

在观察到不协调现象后，分析其产生的原因和发展变化趋势，并预测它对组织可能产生的影响，努力利用各种方法，提出解决问题、消除不协调、在组织系统的更高层次上实现平衡的创新构想，并对创新活动的内容、程序、人员等做出相应的安排。

(3) 实施创新构想

有了创新的构想后，下一个阶段就是实施创新构想。在这个阶段要注意两点：一是要迅速行动，犹豫不决、追求完美可能会错失良机；二是要在实施创新构想的过程中，对于创新构思中不完善、不妥当的安排不断调整和修正，根据实际情况采取行动。

(4) 坚持不懈

创新是一个复杂的过程，一帆风顺的情况非常罕见，创新的道路上往往会遇到很多挫折和困难，甚至会遇到失败。要最终获取创新的成功，需要总结经验，查找原因，坚持不懈地努力，坚定不移地走创新道路。

12.3.2　创新技法

创新是一个复杂的、没有固定运行轨迹的活动，人们在总结前人创新经验的基础上，发明了很多创新的技法。本节将介绍几种较为成熟的、常见的创新技法。

(1) 列举法

列举法是对所研究的问题用列举的方式将其展开，然后通过考察和分析从而得出创新的解决方法或途径的一类创新技法。它主要包括特性列举法、缺点列举法和希望列举法。

特性列举法是由美国学者克劳福特于20世纪30年代提出来的，它是通过列出研究对象的特性，主要包括形容词特性（如颜色、大小、形状等）、名词特性（如性质、材料、整体、部分和制作方式等）和动词特性（如机能、作用和功能等），然后通过分析和思考这些特性取得创新灵感和方案的方法。

缺点列举法是通过寻找、挖掘研究对象的缺点，提出切实有效的改进方案，以确定研究新目标的方法。

希望列举法是通过了解需求提出各种希望，列举出新事物所希望具有的属性，从而创造新事物的创新方法。

（2）头脑风暴法和逆向头脑风暴法

在第四章介绍定性决策方法时，介绍了由美国学者A. F. 奥斯本提出的头脑风暴法。它不但是一种决策方法，也是一种创新技法。它通过不受任何束缚敞开思想进行自由讨论从而产生新的想法和观念，是一种集体开发创造性思维的方法。头脑风暴法允许讨论者自由提出观点，禁止批评，激发尽量多的设想和方案。

逆向头脑风暴法，也称为质疑头脑风暴法，它和头脑风暴法禁止批评的做法相反，它要求对所提出的设想和方案进行质疑和批评，充分揭露矛盾，最终找到可行性强的设想和方案。逆向头脑风暴法的具体做法一般是将讨论人员分为两组，分别制定两组方案，然后再相互攻击对方的方案，从而揭露出方法的缺点和问题，最终通过解决这些方案中的问题找出更完善的方法。

（3）6M法则

6M法则也同样是由美国学者A. F. 奥斯本提出的，它是通过发问6个May（可以）来获取创新灵感和方式的创新方法。6个May包括：

- 可以改变吗？如能否改变颜色、形状、功能等；
- 可以增加吗？如能否增加时间、尺寸、强度等；
- 可以减少吗？如能否减短、省去、减轻等；
- 可以代替吗？如能否用其他方法、材料、部件等代替；
- 可以颠倒吗？如能否将前后、上下、左右的顺序颠倒；
- 可以重组吗？如能否在部件、方法、财务等方面进行重新组合、叠加、混合、综合等。

6M法则的创新思路就是在原有的事物的基础上进行的改造，从而创造出新事物。6M法则是一种常常被使用的创新方法。如当今的数码产品，常常在很短的时间就能推出新的产品型号，实际上就是运用了6M法则，在原有产品的基础进行改造，通过改变外形、增加功能、减少重量等方式，创造出新的产品型号。

管理百科

A. F. 奥斯本（1888—1966）是创造学和创造工程之父、美国 BBDO 广告公司创始人，发明了头脑风暴法、6M 法则等创新方法。他是美国著名的创意思维大师，创设了美国创造教育基金会，开始了每年一度的创造性解决问题讲习会，并任第一任主席。他的许多创意思维模式已成为家喻户晓的常用方式。所著《创造性想象》的销量曾一度超过《圣经》的销量。20 世纪 40 年代，奥斯本在其公司发起创新研讨。1953 年和帕内斯教授在纽约州立大学布法罗学院创办了世界上第一个创造学系，开始招收创造学专业的本科生和硕士研究生。1954 年，奥斯本作为布法罗州立大学的董事会成员，促成该校建立“创新教育基金会”。

（资料来源：百度百科，http://baike.baidu.com/view/1372944.htm）

（4）综摄法

综摄法是美国学者哥顿在 1952 年发明的一种开发创造潜力的方法。它指利用外部事物或已有的发明成果作为媒介，将其分为若干要素，对这些可能看起来毫不相干的但实际上有联系的要素进行研究、综合利用和提取其中的科学知识，激发出灵感，从而发明新的事物或找出解决问题的新方法。

哥顿的综摄法具有两大基本原则，实际上也就是综摄法的两种思考过程：一种是异质同化，即在处理不熟悉或陌生的事物时，把它看成已经很熟悉的事物，利用所具有的全部知识和经验来分析比较，做出很容易处理或很老练的态势，然后利用某种方法去处理，从而提出新的设想；另一种是同质异化，即根据需要，处理早已熟悉的事物时，摆脱旧的思想和方法的束缚，从新的角度来观察，运用新的知识来研究，从而启发新的创造性思想。

此外，为了更好地运用两大原则，哥顿还提出了四种类比的技巧，具体如下：

● 拟人类比：将自身与研究对象联系起来，用感情移入的方式进行思考，即假设自己变成某样事物后的感受和行动方式，从而寻找出解决问题的方案；

● 直接类比：将类比的事物作为范本与研究的对象联系起来进行思考，从而提出解决问题的方案；

● 想象类比：通过童话、小说、幻想、神话等来获取灵感，利用想象力来解决问题；

● 象征类比：将抽象事物与具体的事物联系起来，获取解决问题的灵感。

综摄法往往通过会议集体讨论研究的方式实施，实施时要注意以下几点：

①参加会议的人员约 10 人，其中包括 1 名主持人，其余参加者可以是同行内不同领域的研究人员；

②为了启发灵感，主持人一般采取先不公开议题，只广泛介绍与研究课题有关的资料，待讨论到议题时，才明确提出；

③充分考虑各种方案，不要随便抛弃不成熟的方案；
④通过整理综合各种方案，从中寻找出最佳方案。

管理现场 12.3

团队建设活动

张经理是一家公司的部门经理，该部门算上张经理共有10名员工，公司每季度都以200元/人的标准，给各部门经理经费，组织团队建设活动。因员工工作忙，都不想利用周六、周日的时间搞活动，所以张经理的部门所组织的团队建设活动一般都是下班后集体聚餐，饭后若时间充裕，就唱卡拉OK。公司里其他部门的情况基本也是如此。

最近张经理思考这种团队建设活动的效果，他觉得这种“聚餐＋卡拉OK”的团队建设活动，能在一定程度上增进同事间的感情，促进团队建设。但是，他觉得可以设计其他更好的团队建设活动。他希望能对部门团队建设活动进行创新。

1. 你是否同意张经理的看法，认为他的部门团队建设活动需要进行创新呢？
2. 有什么创新技法可以帮助张经理创新出新的团队建设活动呢？

请选用本节所介绍的创新技法，协助张经理对部门团队建设活动进行创新，为其设计一个新的团队建设活动，可独立思考，也可小组合作，将过程、结果及使用创新技法的感受（如使用过程中是否好操作，是否会遇到困难，是否能达到预期目标等）填入下表：

过程	选用的创新技法： 选用该技法的原因：	结果	新的团队建设活动：	感受	使用该技法的感受：

12.4 创新的组织

12.4.1 创新的动因

现今，国内外都涌现出大量积极进行创新的组织。推动组织进行创新的动因有多种，主要可以分为外在动因和内在动因，如图 12.5 所示。

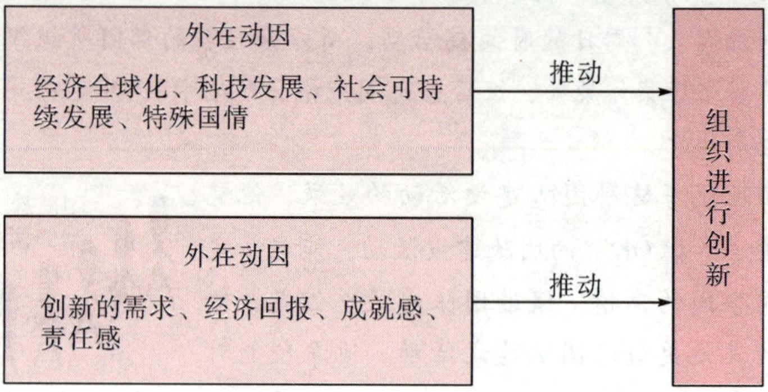

图 12.5　组织进行创新的动因

(1) 外在动因

推动组织进行创新的外在动因主要是受宏观环境的影响，其中主要包括：

① 经济全球化加剧了市场竞争

由于经济全球化，各国的经济都相互影响、相互渗透，组织的外部环境变得复杂多变。同时，随着跨国集团的不断扩张，加剧了市场的竞争，为组织的生存和发展带来了压力。这种复杂的环境和激烈的竞争迫使组织通过创新谋求发展。

② 科学技术的迅速发展

现代科技发展日新月异，为企业创新带来了技术支持。尤其是信息化的迅速发展，为全球商务活动网络提供了很好的平台。电脑、通信设备等办公用品的技术发展，能提高组织成员的办公效率和提高组织的管理效率。若组织不通过创新，不将最新的技术运用于管理中，最终将因落后而被淘汰。

③ 社会的可持续发展向组织提出了要求

人们已经意识到，过去社会和经济的繁荣发展伴随着环境污染、资源耗尽、生态破坏、贫富差距等问题的同时出现。因此，社会经济的可持续发展已成为当今世界的重要议题之一。组织也被要求履行社会职责，通过创新，为可持续发展做出贡献。

管理百科

绿色管理

受到可持续发展、绿色经济等观念影响，绿色管理成为了21世纪组织进行创新的方向之一。绿色管理追求组织与自然、社会间的和谐统一，减少企业对环境和生态的破坏，把经营过程绿色化，进行绿色设计、清洁生产、绿色包装、绿色营销等，实现经济发展与环境保护相协调。

④ 特殊国情的要求

我国从20世纪90年代开始，进行经济体制改革，目前我国也处于深化体制改革阶段。在这一特殊国情的推动下，我国组织特别是在老体制下建立的组织，需要不断改革创新，改变旧有思想、组织结构等，做到与时俱进，可持续发展。

（2）内在动因

推动组织进行创新的内在动因，主要来源于创新者的创新动机。创新者是多样的，包括组织各级管理人员、技术人员、一线员工。创新者的创新动机也是多样的，主要包括：

① 创新的需求

创新者的创新心理需求是受到个人成就、自我价值、社会责任、企业责任等的追求和内外部因素的刺激而产生。当创新者的创新心理需求不能得到满足时，创新者内心会产生不安，从而进行创新活动使创新心理需求得到满足。

② 经济回报

本章的前面的部分介绍了创新的作用，其中包括提高组织的管理水平，为组织带来经济利益等。创新从表面上看只为组织带来了好处，但组织最终会通过奖金、提升工资等奖励措施使创新主体最终获取经济回报。在当今经济社会中，创新者也是普通劳动者，仍然需要通过劳动获取经济回报，提高生活水平。因此，经济回报也是推动创新者进行创新的动因之一。

③ 成就感

成就感是当人们在某项工作上获得成功时产生的，它往往比经济上所带来的利益更能激励人。创新是一项具有挑战性的工作，它往往需要通过解决诸多难题才能够获取成功。然而，通过克服重重困难才获取的成功往往能使人们有更大的成就感，这种成就感是推动创新者进行创新的动因。

④ 责任感

创新者的责任感也是推动创新的动因之一。责任感主要来源于三个方面：一是对工作的责任感，创新者为了更好地完成自己的工作，改进工作中的不足，从而进行创新；二是对组织的责任感，创新者为了企业的更好发展而进行创新；三是对社会的责任感，创新者为了使组织更好地履行社会责任，为社会做贡献而进行创新。

12.4.2 创新的基本条件

组织要进行创新，需要具备以下基本的条件，才能顺利地开展创新活动，取得创新的成功（如图12.6所示）。

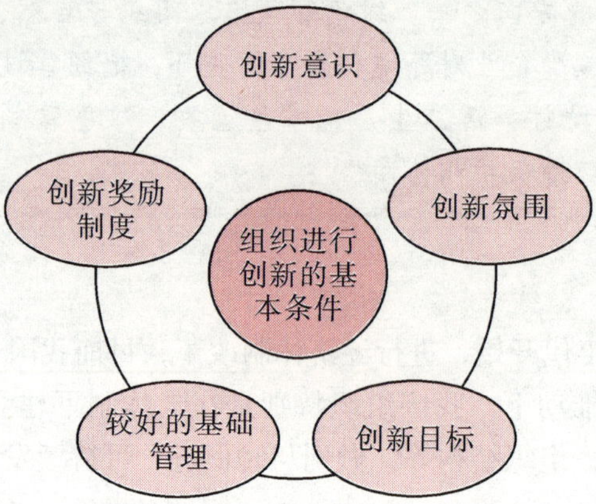

图12.6 组织进行创新的基本条件

（1）创新意识

创新意识是组织进行创新的最基本条件。只有组织成员具有创新意识，才能开展创新工作。尤其是组织的最高管理者，更需要具备创新意识，才能带动、引导和鼓励组织成员进行创新。

（2）创新氛围

创新是一个复杂而艰难的过程，创新者需要有组织的支持。创新者若在一个没有创新氛围的组织中，往往思想会变得僵化，面对创新过程中所遇到的困难时也很容易放弃。因此，组织需要具有良好的创新气氛，使组织成员思想活跃，奋发向上，大胆进取，人人谈创新，时时谈创新，面对困难时，能够共同克服创新中的各种困难，最终获取创新的成功。

（3）创新目标

组织进行创新需要确定创新的目标，否则组织成员在创新过程中往往会失去方向，盲目行动，浪费人力和其他企业资源。因此，组织进行创新，需要有明确的创新目标，使组织成员能够相互协调进行创新活动，使创新活动能够更顺利地展开。

（4）较好的基础管理

创新活动需要组织的基础管理工作来支持，为其提供基础数据和材料如存档文件、基础数据和统计数据、岗位职责、工作职责、工作规程和管理制度等。因此，组织基础管理工作做得好，能为创新提供准确、真实的数据和材料，对创新活动的顺利展开起到重要的作用。

（5）创新奖励制度

从创新的内在动因可以了解到，成就感和经济回报是推动创新的动因之一。组织激励组织成员进行创新，需要建立良好的创新奖励制度，给予创新者合理的物质奖励和精神奖励，不但要对创新成功的创新者进行奖励，还要注意对还在创新过程中或创新尚未成功的组织成员给予适当的奖励，鼓励其继续努力。

12.4.3 提高创新能力

创新往往是一项复杂而艰难的工作。管理者要提高组织的创新能力，更好地进行创新，可以从以下几个方面来考虑：

（1）借用外部力量

借用外部力量是一个迅速提升创新能力的方法，组织可以通过借用其他组织的力量来协助自己完成创新。例如，组织可以通过管理咨询公司或外部学者，对创新方案进行指导；还可以通过出资购买先进组织的管理技术或通过合作经营，从中学习合作者的先进方法，再根据组织自身的情况，加以改良，进行创新。

（2）引进优秀人才

在当今知识经济时代，优秀人才对于组织的发展起到了重要的作用。创新工作的实施，更是需要有优秀的组织成员的参与。企业创新能力的强弱，与是否拥有优秀的人才有着直接的关系。因此，企业提高创新能力，需要根据组织的创新目标，引进相关领域的优秀人才。

（3）利用和把握国家政策

组织的创新对于社会的发展有着积极的作用，国家也有相应的政策扶持支持组织进行创新。组织可以通过利用和把握国家政策，借助国家的支持来提升创新能力。

管理百科

我国对组织的创新工作有相关的扶持和支持政策。如在党的十六大就提出了“大力推进企业的体制、技术和管理创新”。为了落实此精神，国资委在2003年发布了《关于进一步组织做好全国企业管理现代化创新成果有关工作的通知》，对成果创造单位和成果创造个人都给予表彰和经济奖励，对鼓励组织进行管理创新、推广创新成果都有着重要的指导意义。

（资料来源：http://www.sasac.gov.cn/n1180/n1211/n2740/n4787/12351789.html）

（4）持续创新

创新能力强的组织，往往并不会因为在某一方面取得创新成功后，就不再创新，停滞不前，反而会持续创新，不断推出新的创新成果。无论一项创新是失败还是成功，组织都能从创新的过程中吸取经验。总结过去创新的经验，坚持持续创新，组织必能从中提高创新能力。

管理现场 12.4

饭馆的创新

王老板原来在一家大型饭店当经理，离职后凭着在大型饭店工作的经验和家里的积蓄，开了一家中等规模的饭馆。王老板的饭馆现在已经经营了5年，已经进入一个稳定时期，基本能够获取盈利，但并未能获取太大的利润，因而也没有扩大规模。最近两年，经济环境越来越好，人们都愿意多花钱在饭馆吃饭。眼看同行的生意越来越好，然而自己的生意基本没有变化，王老板感觉到了压力，但他不明白自己的问题在哪里。

直到有一次王老板参加同行的交流聚会，王老板才发现同行业经营者都在热烈地谈论创新，有的在谈菜式上的创新，有的在谈工资制度的创新，有的在讨论管理方式上的创新……王老板突然发现这5年来自己的饭馆在经营上一直沿用自己在大型饭馆照搬过来的经营方式，除了偶尔仿照别的餐馆的菜式推出一些新菜式外，基本没有做过任何创新。

王老板开始意识到自己的饭馆需要创新，他觉得自己过去的基础管理做得不错，但怀疑自己的饭馆缺乏管理创新的基本条件，他的员工似乎对创新也还没有概念，他也不知道如何为创新做准备……

1. 根据组织进行创新的基本条件，王老板的饭馆要进行创新，还缺乏哪些条件呢？

2. 根据王老板餐馆的情况，你认为王老板要进行创新，现在需要做什么？请给王老板一些建议。

饭馆进行创新所缺乏的基本条件：
给王老板的建议：

精要回顾

创新可以运用于多个范畴，本章谈论的创新是指运用于管理范畴的创新，指的是管理创新。管理的本质内容是维持和创新。创新可以从规模和影响程度、创新与环境的关系等方面进行分类。创新能使组织保持活力，推动发展，带来经济效益和推动社会进步。创新原则包括调研原则、可行性原则、重点原则、系统原则和允许失败原则。

在组织管理中，创新的内容非常广泛，主要包括观念创新、制度创新、组织创新、技术创新和管理方式创新。

创新的过程归纳起来可以分为寻找契机、提出构想、实施构想和坚持不懈四个阶段。创新的技法有很多，较为成熟的和常见的创新技法有列举法、头脑风暴法、逆向头脑风暴法、6M 法则和综摄法等。

现今，国内外涌现了大量积极进行创新的组织，推动组织进行创新的动因有多样，主要可以分为外在动因和内在动因。组织进行创新，需要具备创新意识、创新氛围、创新目标、较好的基础管理工作和创新奖励制度五个基本条件。组织可以通过借用外部力量、引进优秀人才、利用和把握国家政策、坚持持续创新来提高创新能力。

重点概念

1. 管理创新　2. 局部创新　3. 整体创新　4. 消极防御型创新
5. 积极攻击型创新　6. 自发创新　7. 观念创新　8. 制度创新
9. 组织创新　10. 技术创新　11. 管理方式创新　12. 列举法
13. 头脑风暴法　14. 逆向头脑风暴法　15. 6M 法则　16. 综摄法

管理工作坊－12

思考题

1. 在组织管理中，创新与维持是什么关系？创新有什么作用？
2. 什么是观念创新？观念创新的作用是什么？
3. 组织创新包括哪些方面的内容？
4. 创新的过程包括哪几个阶段？
5. 组织进行创新的基本条件有哪些？

操作题

请与你的组员一起，通过书刊、网络、企业、亲友等渠道寻找下列问题的答案，并带回充分的证据资料与大家分享：

1. 除了本章介绍的创新技法之外，你还接触过其他的创新技法吗？请收集整理一两个你感兴趣的创新技法，与老师和同学分享。

2. 全面调查本地的一家企业，了解企业管理创新的情况，看看该企业在哪些方面进行了创新？效果如何？试着运用所学的知识评价该公司在创新上所做的工作。

3. 联想集团创建于1984年，经过近30年的艰苦奋斗和卓越创新，从一个只有11人的小公司发展成为国内外享有较高声誉的科技产品跨国企业。这跟联想集团锐意进取、不断创新息息相关。请登录联想集团及相关网站收集资料，从中学习联想集团是如何进行管理创新的。

学习档案

为了证明你在完成这一章的学习之后，已经掌握了相关的理论知识和技能技巧，达到了本章提出的学习目标，你需要提供以下资料：

1. 对本章“引导案例”的分析理解；

2. 对本章“管理现场”的分析理解；

3. 对本章“关键概念”的理解回答；

4. 对本章“管理工作坊－12”提出的“思考题”的分析理解，以及对“操作题”的完成情况（包括书面报告、口头演示、材料整理等）；

5. 在本章学习过程中的其他相关管理活动的参与情况、课外学习的成果（包括资料、方式证据与反馈等）。

参考文献

1. http://baike. baidu. com/view/102959. htm.

2. http://baike. baidu. com/view/116764. htm.

3. http://baike. baidu. com/view/1372944. htm.

4. http://baike. baidu. com/view/322768. htm.

5. http://baike. baidu. com/view/43184. htm.

6. http://baike. baidu. com/view/60490. htm.

7. http://baike. baidu. com/view/755185.

8. http://baike. soso. com/v447011. htm? ch = ch. bk. innerlink.

9. http://home. donews. com/donews/article/8/81429. html.

10. http://jpkc. scezju. com/glx1/showindex/551/4.

11. http://news. 163. com/12/0316/02/7SMELD2S00014AED. html.

12. http://wenku. baidu. com/view/40901b24dd36a32d73758130. html.

13. http://wenku. baidu. com/view/6beac616866fb84ae45c8da5. html.

14. http://www. chinahrd. net/manage/info/185279.

15. http://www. esoftbank. com. cn.

16. http://www. haier. net/cn/about_haier/news/qt/201106/t20110601_49433. html.

17. http://www. sasac. gov. cn/n1180/n1211/n2740/n4787/12351789. html.

18. http://www. wccep. com/html/2006828174756 - 1. Html.

19. http://www. yuloo. com/news/110805. html.

20. http://zh. wikipedia. org/wiki/SMART.

21. Richard L. Daft & Raymond A. Noe. 组织行为学 [M]. 杨宇，闫鲜宁，于维佳，译. 北京：机械工业出版社，2004.

22. Stephen P. Robbins & David A. DeCenzo. 管理学原理 [M]. 毛蕴诗，主译. 大连：东北财经大学出版社，2005.

23. Stephen P. Robbins. 组织行为学 [M]. 孙健敏，李原，译. 北京：中国人民大学出版社，2005.

24. 安德鲁 · J. 杜柏林. 管理学精要 [M]. 7 版. 胡左浩，郑黎超，译. 北京：电子工业出版社，2007.

25. 彼得 · 圣吉. 第五项修炼——学习型组织的艺术与实践 [M]. 张成林，译.

北京：生活·读书·新知三联书店，1994：24.

26. 蔡茂生，黄秋文. 管理学基础［M］. 广州：广东高等教育出版社，2004.

27. 陈俊红. 综摄法在广告创意中的运用［J］. 艺术教育，2011（5）.

28. 陈琳，苏艳芳. 管理理论与实务［M］. 北京：科学出版社，2009.

29. 陈荣耀，等. 现代管理学［M］. 上海：东华大学出版社，2004.

30. 崔明爱. 企业组织结构创新三化［J］. 中国邮政，2006（2）.

31. 丁溪. 管理学原理［M］. 北京：中国商务出版社，2010.

32. 冯拾松，赵红英. 管理学原理［M］. 北京：机械工业出版社，2006.

33. 弗里蒙特·E. 卡斯特，詹姆斯·E. 罗森茨韦克. 组织与管理：系统方法与权变方法［M］. 傅严，等，译. 北京：社会科学出版社，1985：143.

34. 郭丽，冯光福. 管理学基础［M］. 2版. 北京：化学工业出版社，2009.

35. 韩伯棠，尚赞娣. 人力资源绩效评估方法的比较与选择［J］. 科技管理研究，2002（6）：77－79.

36. 胡君，李刚. 新编管理学原理［M］. 北京：北京理工大学出版社，2009.

37. 胡雪梅. "奥斯本6M法则"与创新［J］. 长江建设，2000（2）.

38. 黄翀胤. 管理学原理［M］. 北京：清华大学出版社，2009.

39. 乐安，腾悦然，黄根艺. 向《西游记》学管理［M］. 深圳：海天出版社，2008.

40. 李鼎新，李海峰. 简明管理学教程［M］. 北京：科学出版社，2004.

41. 李宏林. 管理学简明教程［M］. 北京：经济科学出版社，2006.

42. 李立新. 管理学［M］. 北京：北京理工大学出版社，2011.

43. 李永清，钱敏. 管理学［M］. 北京：化学工业出版社，2010.

44. 梁明波，金春华，田林子. 管理学［M］. 北京：社会科学文献出版社，2006.

45. 林志扬. 管理学原理［M］. 4版. 厦门：厦门大学出版社，2009.

46. 刘邦治. 管理学原理［M］. 上海：立信会计出版社，2008.

47. 刘婵. 管理学［M］. 广州：中山大学出版社，2010.

48. 刘慧. 猎人与猎狗——管与被管的技巧［M］. 北京：中华工商联合出版社，2004 .

49. 刘志坚，徐北妮. 管理学——原理与案例［M］. 广州：华南理工大学出版社，2002.

50. 柳瑞军. 向牛根生学逆向思维［J］. 中小企业管理与科技（下旬刊），2008(9).

51. 路宏达. 管理学基础［M］. 北京：高等教育出版社，2008.

52. 路易斯·戈麦斯－梅西亚，戴维·鲍尔金，罗伯特·卡迪. 管理学——原理、案例与实践［M］. 3版. 詹正茂，译. 北京：人民邮电出版社，2009.

53. 吕朝晖. 管理学［M］. 北京：化学工业出版社，2008.

54. 罗宾斯，贾奇. 组织行为学［M］. 12版. 李原，孙健敏，译. 北京：中国人民大学出版社，2008.

55. 罗玲玲，唐淑凤. 科技团体创造力的经典研究——评哥顿在全体创造实证研究方面的贡献 [J]. 科学技术与辩证法，2004，21（6）.

56. 迈克尔·希特，斯图尔特·布莱克，等. 管理学 [M]. 2版. 张晓，译. 北京：中国人民大学出版社，2009.

57. 潘大钧. 管理学教程 [M]. 北京：经济管理出版社，2002.

58. 钱耀军，宋军. 管理学基础 [M]. 北京：化学工业出版社，2009.

59. 芮明杰. 管理学：现代的观点 [M]. 上海：上海人民出版社，2002.

60. 沈波，等. 管理学概论：理论·职能·案例 [M]. 南京：东南大学出版社，2008.

61. 斯蒂芬·P. 罗宾斯，玛丽·库尔特. 管理学 [M]. 9版. 孙健敏，译. 北京：清华大学出版社，2009.

62. 苏慧文，姜忠辉. 管理学原理与案例 [M]. 青岛：中国海洋大学出版社，1999.

63. 孙班军，陈晔. 管理学 [M]. 北京：科学出版社，2005.

64. 谈庆，易晓明. “6M”法则与企业改革创新 [J]. 科技资讯，2007（31）.

65. 谭力文，刘林青. 管理学 [M]. 北京：科学出版社，2009.

66. 滕发祥. 一种成熟的创新技法——列举法 [J]. 重庆职业技术学院学报，2004，13（2）.

67. 王建民. 管理学原理 [M]. 北京：北京大学出版社，2006.

68. 王利平. 管理学原理 [M]. 北京：中国人民大学出版社，2000.

69. 王晓君. 管理学 [M]. 北京：中国人民大学出版社，2004.

70. 王筱萍，薛耀文. 管理学基础教程 [M]. 北京：清华大学出版社，北京交通大学出版社，2009.

71. 吴价宝. 管理学原理 [M]. 北京：高等教育出版社，2011.

72. 吴玺玫，周思勤. 管理学基础 [M]. 北京：科学出版社，2004.

73. 吴翔华. 管理学概论 [M]. 2版. 北京：化学工业出版社，2010.

74. 吴秀敏. 管理学原理 [M]. 成都：西南财经大学出版社，2010.

75. 武博. 现代管理学教程 [M]. 北京：清华大学出版社，北京交通大学出版社，2010.

76. 熊勇清. 管理学 [M]. 长沙：湖南人民出版社，2005.

77. 徐小平，孙庆莉. 管理学 [M]. 北京：科学出版社，2010.

78. 晏旖嫔. 管理学 [M]. 成都：西南交通大学出版社，2010.

79. 杨明刚. 现代实用管理学——知识·技能·案例·实训 [M]. 上海：华东理工大学出版社，2001.

80. 杨想生，刘文华. 管理学原理 [M]. 北京：科学出版社，2004.

81. 杨玄烨. 管理学基础［M］. 武汉：武汉理工大学出版社，2009.

82. 翟学智，王强，刘元元. 管理学基础教程［M］. 北京：清华大学出版社，北京交通大学出版社，2009.

83. 张阿芬. 管理学基础［M］. 北京：经济科学出版社，2010.

94. 张德. 管理学是什么［M］. 北京：北京大学出版社，2006.

85. 张莉蓉. 组织行为学［M］. 徐州：中国矿业大学出版社，2009.

86. 张英奎，孙军. 现代管理学［M］. 北京：机械工业出版社，2007.

87. 张永良. 管理学基础［M］. 北京：北京理工大学出版社，2010.

88. 赵丽芬. 管理理论与实务［M］. 北京：清华大学出版社，2004.

89. 周三多. 管理学：原理与方法［M］. 上海：复旦大学出版社，1997.

附件：评价指引与评价标准

评价目的

此评价指引旨在帮助评估学生对“学习目标”提出的知识与技能的掌握程度。本书每章开头都提出“学习目标”，明确本章要求理解和掌握的知识和技能。为了帮助学生达到“学习目标”的要求，教材安排了各种不同形式的任务，活动涉及小组讨论、案例分析、报告撰写、社会调研、资料收集、方案策划、演示报告等。学生为了展现其学习成果，必须提供他们完成上述任务与活动的证据，证据材料可包括讨论笔录、分析报告、策划书、演示文件、现场演示等。为了评估学生完成这些任务与活动的质量和水平，评估人员需要对作业的过程和结果进行评价。因此，我们制定了一系列的评价标准供教师与其他评估人员使用。学生自己也可以利用这些标准来引导自己的学习，并对学习效果进行自我检查。

评价标准分类

针对不同的活动形式，我们制定了四个不同的评价标准，包括书面报告评价标准、口头演示评价标准、过程表现评价标准和多媒体作品评价标准。

1. 书面报告评价标准适用于各类活动结果的书面报告，包括：

▶ 案例分析报告；

▶ 社会调查报告；

▶ 方案策划报告；

▶ 活动总结报告。

2. 口头演示评价标准适用于评价各种口头活动的效果，包括：

▶ 案例分析结果演示；

▶ 管理现场分析结果演示；

▶ 管理活动汇报演示等。

3. 过程表现评价标准用来评价学生在完成任务与活动过程中的具体行为表现，包括：

▶ 各种技能：如策划组织能力、采集与整理资料的能力、理论应用的能力、解决问题的能力、创新能力、沟通能力和时间管理能力等；

▶ 协作态度：如协作意愿、交流讨论、分工合作等。

4. 多媒体作品评价标准用来评价学生以电子文件形式上交的展现其学习成果的各类作品，如：

▶ PPT 文件；

▶ 策划报告电子文件；

▶ 视频音频作品等。

评价标准使用说明

教师在使用这些评价标准时，要注意以下事项：

(1) 教师要根据不同的评价项目，选取相应的评价标准。

(2) 教师应该事先告知学生任务与活动结果的相关评价标准，以便学生可以对照要求完成任务。

(3) 评价标准的制定一般是根据学生的能力而编写的，教师宜根据学生的具体情况而作相应的调整。

(4) 教师须决定每个评价项目所占总分的比例，如：A、B、C、D 四个等级各自相应的具体分数，既可以用定性化标度，如采用“优、良、中、差”或“甲、乙、丙、丁”等语言来描述；也可以用定量标度，即采用分数形式进行标度，如“90 分以上，90 ~ 80 分，80 ~ 60 分，60 分以下”等。

(5) 教师宜留意某些持续性项目，如协作能力、时间管理能力等，并不宜等到项目完成时再作评价。

(6) 教师可以选择一些须进行持续评价的项目，让学生进行自我评价或同伴评价。比如，教师在评价学生的沟通能力时，须不断观察学生的表现，才可作出正确及客观的判断。当教师须评价大量学生的表现时，可考虑给予学生已修订的评价标准，让他们自行评价自己或其他同学的表现，以减轻教师的工作量。

评价标准

1. 书面报告评价标准

评价指标	评价等级	评价标准	得分
报告内容与理论应用	优秀	内容充实切题，论述中肯客观；有充足的理论支持，并与实际结合充分；能妥善利用图表处理数据和资料	
	良好	内容比较充实，表述具体；有较充足的论据支持，比较切合实际；能善用图表将资料和数据作清晰的表述	
	中等	内容不够充实，表述的论点欠论据支持；有理论阐述但与实际结合不够充分；未能善用图表处理数据和资料	
	差	内容模糊不清；理论应用不当或无理论应用	

续上表

评价指标	评价等级	评价标准	得分
逻辑与组织	优秀	报告结构合理，思路清晰，逻辑性强，组织严谨，行文流畅易懂	
	良好	结构比较合理，思路比较清晰，有一定的逻辑性，组织较严谨，行文较流畅	
	一般	结构还算合理，思路还算清晰，组织不够严谨，行文还算通顺	
	差	结构不合理，思路混乱，行文欠流畅	
设计与表现	优秀	版面设计精美，善用色彩与图表，能吸引读者深入阅读； 目录简明，能够规范地列出所有参考资料来源	
	良好	版面设计美观，附有合适的插图； 目录较清楚，能列出所有参考资料来源，但略欠规范	
	一般	版面设计一般，欠缺美感； 目录不清楚，也未能列出全部参考资料来源	
	差	版面设计草率，不美观； 缺目录，也未交代参考资料来源	

2. 口头演示评价标准

评价指标	评价等级	评价标准	得分
演示内容	优秀	演示内容丰富，能将内容扼要地、有条理和清晰地表达出来	
	良好	演示内容比较丰富，较能扼要地、有条理地将内容表达出来	
	一般	演示内容一般，或者表达的内容繁杂，稍欠条理	
	差	内容空洞，或者未能将内容有条理地表达出来	
演示技巧	优秀	恰当运用演示技巧，举止大方得体，声音洪亮，表达清晰流畅，与听众互动良好，能很好地吸引听众注意力	
	良好	演示技巧运用不错，举止较得体，声音适中，表达清楚，与听众互动较好	
	一般	演示技巧运用一般，举止还算得体，声音颇适中，表达尚清晰；尝试与听众互动接触	
	差	演示技巧运用差，声音较弱，别人要很费劲才能听到；欠缺与听众的互动，演示对听众无吸引力	
演示工具	优秀	演示辅助工具齐全充足，例如设计精美的 PPT 文件、恰当的演示实物等，能很好地提升演示效果	
	良好	有必要的演示辅助工具，如 PPT 演示文件等，对演示效果起到较好的辅助作用	
	一般	演示辅助工具设计一般，对演示效果有一定的帮助	
	差	演示文稿准备草率，或者缺乏演示辅助工具	

3. 过程表现性评价标准

一级指标	二级指标	评价等级	评价标准	得分
能力	策划能力	优秀	无须教师监督，能制订可行的工作日程和研究方案	
		良好	在教师的监督下，能制定可行的工作日程和研究方案	
		一般	在教师监督下，只能列出简单的工作日程	
		差	在教师的监督下，仍无任何具体计划和工作日程	
	搜集资料的能力	优秀	能按照研究需要，有效地安排各种途径以搜集资料，并能选用合适的工具去搜集第一手资料，例如问卷、访问问题等，所搜集的资料非常丰富、适当和准确	
		良好	能针对题目的要求，选择各种合适的途径搜集第一手资料和第二手资料，基本掌握其中的技巧，所搜集的资料较准确、适当和切题	
		一般	尝试通过各种途径搜集第一手和第二手资料，但未能完全掌握其中的方法，所搜集的资料亦不够全面，且有些资料未能切题	
		差	只能通过一两种途径搜集第二手资料，而所得的资料不够丰富和不准确，且未能切题	
	整合运用能力	优秀	能根据研究需要筛选、整合所得数据资料，并把它们恰当运用到报告中，成为有力的论据	
		良好	能根据研究需要，较好地筛选、整合所得数据资料，并运用它们作为支持论据	
		一般	对数据资料有初步的筛选、整合，并尝试运用它们作为支持论据	
		差	数据资料的整合运用差，或未能运用数据资料支持论点	
	解决问题的能力	优秀	完全了解要解决的问题及明白其重点所在，并能在数个可行的解决方案中选择最合适的一个	
		良好	了解要解决的问题及明白重点所在；并能运用一个可行的解决方案	
		一般	能识别要解决的问题，但不明白问题的重点，故未能采用合适的解决方法	
		差	需要教师从旁协助才能识别要解决的问题，也未能提出解决问题的方法	
	创新能力	优秀	创新能力强，提出许多别具一格且切合实际的创意	
		良好	颇有创造力，有一些创意并且不生搬硬套别人的套路	
		一般	有一定创新能力，但只能提出有限的意念，而且不太独特	
		差	只是照抄或模仿他人的意念	
	沟通能力	优秀	有很强的沟通意愿与能力，运用高效的沟通方式，与组员及其他相关人员进行及时沟通，取得良好的效果	
		良好	有较强的沟通意愿与能力，运用恰当的沟通方式，与相关人员进行沟通，效果不错	
		一般	愿意并尝试与相关人员进行沟通，但沟通方式以及效果欠佳	
		差	沟通方式不当，未能与相关人员进行有效沟通，沟通效果差	

续表

一级指标	二级指标	评价等级	评价标准	得分
能力	时间管理能力	优秀	绝大部分时间自发地在限期前完成所指派的任务，并能妥善地分配时间以便分阶段完成所有任务	
		良好	经常能自发地在期限前完成所指派的任务	
		一般	经教师催促后才能于期限前完成所指派的任务	
		差	虽经教师催促，仍未能在指定的时间内完成所指派的任务	
态度	协作意愿	优秀	与其他组员通力合作，并协助他人完成所指派的任务	
		良好	积极地参与小组工作，与其他组员合作无间	
		一般	不积极参与小组工作，但仍能完成所指派的工作	
		差	不愿意与其他小组成员合作	
	交流讨论	优秀	非常主动地参与小组的讨论，积极与其他成员交流想法，并善于听取他人意见，提出中肯和富有建设性的建议	
		良好	主动参与小组讨论，能发表自己的观点或听取同伴意见，并提出建议	
		一般	不积极参与小组讨论，讨论中能听取他人见解，但不善于或不能对问题提出自己的观点和看法	
		差	不愿意与其他小组成员进行讨论交流	
	分工合作	优秀	能积极主动承担小组的各类任务，并有计划地完成任务，若同伴需要能提供帮助	
		良好	能较积极地承担任务，并根据计划较好地完成任务	
		一般	能参与小组工作，但需要别人安排任务，在同伴的督促下能根据计划完成任务	
		差	不能积极参与小组工作，不愿认领各类任务，不能根据计划完成任务。没有责任心，往往由同伴代替完成	

4．多媒体作品参考评价标准

评价标准	评价指标	得分
思想性科学性（28 分）	主题明确、内容积极、健康向上（7 分）	
	能科学、完整地表达主题思想（7 分）	
	内容切合学习和生活实际（7 分）	
	文字内容通顺，无错别字和繁体字（7 分）	
创造性（27 分）	素材获取及其加工属原创（10 分）	
	具有想象力和个性表现力（7 分）	
	主题表达形式新颖，构思独特、巧妙（5 分）	
	内容、结构设计独到（5 分）	

续上表

评价标准	评价指标	得分
艺术性（25 分）	准确、合理地应用多媒体素材表达主题（7 分）	
	整体布局平衡合理（7 分）	
	页面设计与主题风格一致、界面美观（7 分）	
	反映作者有一定的审美能力（4 分）	
技术性（20 分）	选用制作工具和制作技巧，运用恰当（7 分）	
	画面衔接流畅，视听效果好（7 分）	
	交互设计合理、导航和链接准确（6 分）	
评价等级	优秀：100 ~ 90 分，良好：89 ~ 80 分，一般：79 ~ 60 分，差：59 ~ 0 分	
作品点评（特色及不足）		总分：